Thorsten Paprotny

Die philosophischen Verführer

Thorsten Paprotny

Die philosophischen Verführer

Nachdenken über die Liebe

Die Herausgabe des Werkes wurde durch
die Vereinsmitglieder der WBG ermöglicht.
Satz: Setzerei Gutowski, Weiterstadt
Gedruckt auf säurefreiem und alterungsbeständigem Papier
Printed in Germany

Besuchen Sie uns im Internet: www.wbg-darmstadt.de

ISBN-13: 978-3-534-18113-1
ISBN-10: 3-534-18113-1

„Wer den Gipfel der Weisheit erreichen will,
muss zum Gipfel der Liebe gelangen,
denn niemand ist vollkommen im Wissen,
der nicht vollkommen ist in der Liebe."

Rabanus Maurus

Inhalt

I. Einführung: Das Phänomen der Liebe – philosophisch betrachtet

Seit alters verstehen wir unter dem Begriff „Philosophie" eine Tätigkeit des Geistes, die für das vernunftbegabte Lebewesen Mensch kennzeichnend ist. Vielfältige Bestimmungen und ganz unterschiedliche Theorien hierüber kommen uns in den Sinn. Leicht begeben wir uns auf zuweilen atemberaubende Exkursionen des Intellekts durch große Denkgebäude, von Platon und Aristoteles über das Mittelalter und die Neuzeit bis hin zur Postmoderne. Wir vermögen Begriffe zu bilden und versuchen mit diesen die Welt, die uns umgibt, und uns selbst zu verstehen.

Philosophierend träumen Menschen von Gerechtigkeit und erdenken sich Utopien. Andere versuchen allein mit den Mitteln der intellektuellen Reflexion in der spannungsvollen Geschichte der Menschheit die Vernunft zu entdecken. Erahnen sie ein verborgenes Ziel, das sich in den wechselnden Zeitläuften anzudeuten scheint? Oder lässt sich das Ziel der Geschichte sogar, wie manche Philosophen überzeugt sind, mit spekulativer Metaphysik erkennen? Zu philosophieren heißt für sie, sich auf jenes „Reich der Freiheit" auszurichten, in der das Individuum, welches alle seine Anlagen entfaltet hat, in einer voll entwickelten Gemeinschaft glücklich und zufrieden lebt. Wiederum andere sehen sich philosophierend ausschließlich auf die Gegenwart verwiesen. Beschäftigen uns heute nicht wichtige Probleme in Staat, Wirtschaft und Gesellschaft, so dass wir mit der Stimme der Philosophie, die doch das abendländische Denken auszeichnet, Stellung beziehen müssen, um so in moralischer Hinsicht Grenzen aufzuzeigen, z. B. bei der Gentechnologie und Embryonenforschung – oder in Anbetracht interkultureller Konflikte und interreligiöser Spannungen die Idee der Toleranz für unsere Zeit neu ins Gespräch zu bringen? Philosophieren heißt für viele Forscher auch, die Spuren des Geistes ganz zu entziffern, etwa die Genese des Begriffs „virtus“ in der römischen Philosophie zu erhellen, die filigranen Kontroversen in der mittelalterlichen Philosophie sorgfältig darzulegen und zu analysieren oder auch die oft vertrackt anmutenden Begriffswendungen in der Philosophie des Deutschen Idealismus zu erläutern. Für viele Menschen, die mit anderen Wissenschaften befasst sind, ist es unbegreiflich, dass noch immer die philosophischen Systeme von Platon oder Augustinus, Thomas von Aquin oder Gottfried Wilhelm Leibniz, Jean-Jacques Rousseau oder auch Immanuel Kant nicht gänzlich entschlüsselt sind und wir immer wieder neue Sichtweisen auf ihre Zeit und ihre Werke gewinnen. Zudem sehen wir, dass in der Philosophie, anders als in den Naturwissenschaften, Gedanken und Systeme selten verblassen. Im Licht der Gegenwart können wir die Weisheit des Sokrates neu entdecken. Wer würde bestreiten, dass dessen berühmter Ausspruch „Ich weiß, dass ich nichts weiß“ – das nüchterne Eingeständnis im Blick auf die Grenzen des Wissens und die Begrenztheit menschlicher Erkenntnis – nicht auch zu unserer Zeit Gültigkeit beansprucht? Genauso dürfen wir wohl sagen, dass die politischen Diskurse über die Gerechtigkeit noch nicht ihren Abschluss gefunden haben, dass die menschlichen Gesellschaften und Staatsentwürfe unvermindert unvollkommen und verbesserungsbedürftig und alle theoretisch scheinbar perfekt eingerichteten oder mit absolutem Anspruch konstruierten totalitären Staatssysteme ungeachtet aller humanen Ansprüche mit einer zutiefst menschenverachtenden Praxis verbunden sind.

Welche Aufgabe aber kommt der Philosophie der Gegenwart zu? Man begegnet ihr mit wachsendem Interesse, doch zugleich scheint der Ruf, der ihr vorauseilt, selten schmeichelhaft. Trotz aller Bemühungen um Verständlichkeit gilt die Philosophie oft als verstiegen und schwierig. Zu oft wird vergessen, dass gedankliche und sprachliche Klarheit zwei Seiten derselben Medaille sind. Manchmal wird Philosophen vorgehalten oder unterstellt, dass die Probleme des Alltags in ihren Darlegungen zu kurz kommen oder sogar bewusst ausgeklammert werden. Die Kritiker haben nicht selten Recht. Gerade wenn es sich um die Fragen handelt, die doch jeden Menschen zu bewegen scheinen – man bezeichnet diese auch als existenziell bedrängend –, und den Dreiklang des Liebens, Leidens und Sterbens betreffen, erhalten wir von Philosophen oft unbefriedigende oder unzureichende Antworten. Scheuen sie sich vor der existenziellen Dimension des menschlichen Daseins? Leicht lässt sich zugestehen, dass es schwer fällt, diese Phänomene zu analysieren oder auf den Begriff zu bringen. Bleibt aber nicht dann ein wesentlicher Bereich des menschlichen Daseins ausgeblendet? Wer denkt bei prominenten Namen wie Kant und Hegel oder auch Bertrand Russell und Karl Jaspers sogleich an diese Thematik? Würden wir die großen Denker der Geistesgeschichte, die Werke der fernen wie nahen Vergangenheit, nicht eher lesen, wenn wir uns davon Einsichten für das moralische Handeln erhofften oder die Probleme der menschlichen Erkenntnis bei ihnen entfaltet sähen? So denken wir, sofern wir uns mit den Fragen des Lebens, konkret gesagt: mit den Problemen der Liebe beschäftigen, eher an Dichter denn an Philosophen, an Goethe vielleicht, an Heinrich Heine und die Poeten der Romantik. Doch kennen wir auch nur einen Philosophen, der sich geistvoll über das Phänomen der Liebe mitzuteilen versteht?

Nein – so zumindest lautet das Vorurteil, das sich hartnäckig hält. Doch ist es auch berechtigt? Teilweise gewiss, aber dennoch möchte ich versuchen, in diesem Buch zwar nicht einen Gegenbeweis anzutreten, aber doch auf die gleichsam verborgene Seite des Denkens aufmerksam zu machen. Auch ich entschied mich bei der Abfassung dieses Buches für ein Abenteuer besonderer Art. Nach knapp zwanzig Jahren Beschäftigung mit der Philosophie habe ich mehr Zeit bei der akribischen Analyse der Begriffe, mit den Windungen und Wandlungen der Metaphysik und den Forderungen von Ethik und Moralphilosophie zugebracht, als dass ich das weite Land der menschlichen Seele und ihrer Leidenschaften philosophisch erkundet hätte. Besonders wenn man sich wesentlich von Berufs wegen mit der antiken, namentlich der römischen Philosophie auseinander setzt, lernt man den Menschen als „occupatus“ kennen, also als „Beherrschten“, der sich frei dünkt und doch nur Sklave seiner

Affekte und Begierden ist. In der alltäglichen Lebenserfahrung kehrt diese Einschätzung anschaulich wieder. Wir vermögen förmlich an nichts anderes zu denken, wenn wir affektbeherrscht sind, fühlen uns eigentümlich gebunden und auf gewisse Weise auch eingespannt, ja in unserer Freiheit beschränkt. Seneca empfiehlt, wie viele andere Philosophen, die Besinnung auf die Vernunft, die uns nicht zuletzt Seelenruhe schenkt – und emotional aufgewühlt, wie Menschen, auch Studierende der Philosophie, oftmals sind, halten wir diesen Ratschlag für ebenso klug wie beherzigenswert. Wer sich mit dem abendländischen Denken beschäftigt, lernt zwangsläufig die Geschichte der menschlichen Vernunft kennen und sieht rasch ein, wie schwer es dem „animal rationale“ fällt, sich gegen die machtvolle Unvernunft, in der Welt wie bei sich selbst, zu behaupten. Es ist die Vernunft, die uns fasziniert und beschäftigt, ein Vermögen, dem wir uns, während wir das Philosophieren lernen, ganz besonders widmen, vielleicht auch aus der Einsicht heraus, dass die Forderung, oftmals wie ein Stoßseufzer artikuliert, es möge vernünftiger in Politik und Gesellschaft, im Alltag zugehen, nur allzu berechtigt erscheint. Sofern wir uns der Geschichte der Philosophie zuwenden, erkennen wir alsbald, dass diese Besinnung auf die Vernunft eine zeitlose Aufgabe ist, ein großer Wunsch, eine starke Hoffnung, eine notwendige Forderung, die uns von der griechischen Antike bis in die Gegenwart hinein begleitet. Aber erschöpft sich damit alle Philosophie? Bleiben wir bei der Stoa, so ließe sich ganz vereinfacht sagen, dass die Vernunft den Kosmos durchwaltet, ja als ein göttliches Prinzip gänzlich beherrscht, und dass das Heil der menschlichen Seele erreicht wäre, wenn ein jeder von uns ein von der Vernunft bestimmtes Leben führen würde. Doch genügt dies wirklich?

Ich erinnere mich an eine gehaltvolle Vorlesung über „Moral und Metaphysik“. Das Auditorium lauschte mit gespannter Aufmerksamkeit den Ausführungen des Professors. Nachdem der Applaus verhallt war und fast alle Anwesenden den Hörsaal verlassen hatten, schrieb ein etwas wunderlicher Student ein paar Worte an die Tafel: „Und wo bleibt die Liebe?“ Ich gestehe, dass wir solche Fragen oft zu leicht abtun. Wir betrachten sie als thematische Abschweifung.

Aber manchmal ist es tatsächlich der Narr, welcher als Einziger die Wahrheit spricht. Der Redner hatte darüber nichts gesagt und den Raum längst verlassen. Mich beschäftigte dieser Gedanke seither. Spielt die Liebe, so könnte man sagen, im weiten Feld der abendländischen Philosophie überhaupt eine Rolle?

Wer die Werke großer Philosophen aufmerksam studiert, entdeckt erstaunt, dass sich zahlreiche Denker – darunter auch die nicht unbedingt als Meister der Sprache bekannt gewordenen Immanuel Kant und Georg Wilhelm Friedrich Hegel – mit dem Phänomen der Liebe gehaltvoll auseinander gesetzt haben.

Aber: waren nicht so viele Philosophen unverheiratet? Es scheint, als seien sie viel stärker von der Welt ihrer Gedanken angetan gewesen als von einem jungen Mädchen oder einer reifen Dame, die sie erwählt hätten. Doch von den Klischees, an denen zuweilen zwar manches stimmig und zutreffend ist, darf man sich beim sorgfältigen Studium nie stören lassen. Mancher Philosoph hegte gewiss auch diskrete Passionen, die sich in seinen Werken nicht unbedingt widerspiegelten, und es wäre allzu billig, die individuelle Lebensform der Ehelosigkeit als Indiz für ein mangelndes Verständnis von Liebe und Emotionalität, ja vielleicht sogar Sexualität zu nehmen.

Legen die Werke einen Schluss über das Leben nahe? Dass etwa Seneca ein liebevoller, treusorgender Ehemann war, lässt sich an seiner oft als hartherzig gescholtenen Philosophie nicht auf den ersten Blick erkennen. Allzu unbarmherzig erscheinen seine Ausführungen, mit denen er Trost spenden wollte und auf die göttliche Natur verwies, die Leben schenkt und nimmt. So müsse man vernünftigerweise gar nicht trauern, wenn die Menschen sterben, die einem so sehr am Herzen liegen. Seneca empfiehlt vielmehr einen stoischen Heroismus, eine souveräne Haltung gegenüber all dem, was nicht in unserer Macht steht. Wer sich wissenschaftlich in der Welt orientiert, der passt sich der in der Natur wirkenden Vernunft an und erkennt, dass es vermessen ist, einem sterblichen Individuum im Ganzen des Kosmos absolute Bedeutung beizumessen. Dennoch rät Seneca dazu, soziale Pflichten zu erfüllen und sich der Freunde zu erfreuen, solange sie unter uns weilen. Unter anderem empörte sich

Boethius in seiner Schrift „Trost der Philosophie“ über diesen ethischen Rigorismus der Stoa und über die empfohlene Teilnahmslosigkeit, ja er hielt dieses Verhalten weder für wünschenswert noch für realisierbar. So würden auch wir uns von einer stoischen Betrachtung deutlich distanzieren, mit Bedenken, auch mit einem sichtbaren Unbehagen jedem Denker trotzen, der solche Denk- und Lebenswege für angemessen und erstrebenswert hält.

Ist es nicht durchaus richtig, den Philosophen als gesellschaftlichen Sonderling anzusehen, als einen rätselhaften Zeitgenossen, versponnen, entrückt und oft einfach nur wunderlich? Verstehen wir nicht auch ein wenig Xanthippe, die Gattin des Sokrates, die über die philosophischen Gespräche ihres Ehemannes verärgert und frustriert war? Vertrieb dieser Philosoph sich die Zeit nicht mit Sinnlosem? Zeigte Sokrates etwa seine Liebe zu Xanthippe oder auch nur seine Sorge um den Hausstand, wenn er Jünglingen folgte und ihnen Fragen stellte? Xanthippe bedauerte gewiss mehr als einmal, Sokrates geheiratet zu haben. Er kommunizierte unausgesetzt mit anderen, oder er stand einfach da, nachdenklich in sich versunken, und schwieg. Xanthippe hatte zahlreiche Gründe, um mit Sokrates zu streiten. Doch weder zornige Worte nochTaten – sie übergoss ihn einmal mit einem Kübel Wasser – änderten sein Verhalten ihr gegenüber. Wie sollen sich eigentlich Philosophen in Sachen Liebe verhalten und Treffliches darüber sagen, wenn schon ihr geistiger Ahnherr ein offenbar schwer gestörtes Verhältnis zu diesem Phänomen menschlicher Existenz hatte? Man könnte sogleich auch an handfeste Aussprüche denken. Die viel zitierte „kleine Wahrheit“, die in Nietzsches berühmtem Werk „Also sprach Zarathustra“ das „alte Weiblein“ verkündet, lautet bekanntlich: „Du gehst zu Frauen? Vergiss die Peitsche nicht!“ Spricht aus dieser Wendung nicht ein abgrundtiefes Ressentiment? Wir können Nietzsches Worte etwas variieren: „Du gibst dich mit Frauen ab? Das lohnt sich nicht. Sie verfügen über keinen Verstand. Sie begreifen nicht, was du sagst. Du versuchst ihnen auf die Sprünge zu helfen, aber sie sind ratlos. Vielleicht kichern sie. Oder sie schauen dich an, als lebtest du auf einem anderen Planeten. Du wirst sie auf vielfältige Weise züchtigen müssen. Anderes haben sie gar nicht verdient." Diese Ignoranz finden wir durchaus in Teilen der Wissenschaft bis heute. Immer noch ist die Gleichberechtigung der Geschlechter eine Forderung, keine Wirklichkeit, immer noch finden sich abschätzige Bemerkungen zu bestimmten Richtungen der Wissenschaftstheorie, etwa zum wichtigen Forschungsbereich „Gender" – und sicherlich herrschen, auch in so genannten „herrschaftsfreien Diskursen", Vorurteile gegenüber Frauen, die nur subtiler formuliert sind als Nietzsches Ausspruch. Wir denken oft in konstruierten, vorgefertigten Rollenmustern und nehmen diese, ebenso anmaßend wie selbstgewiss, unkritisch als gültig hin.

Doch zurück zu Nietzsche: Wenn wir heute auch denken mögen, dass der Philosoph vielleicht ein paar Hiebe verdient gehabt hätte für die Torheiten, die er zu Papier brachte, so sollten uns seine Worte freilich nicht abschrecken, sondern eher neugierig machen. Einleitend wollen wir uns nämlich mit Nietzsche befassen, der zu den schillerndsten und faszinierendsten Gestalten der Geistesgeschichte gehört, ehe wir auf den Spuren der Liebe eine kleine Reise durch die abendländische Philosophie von Platon bis hinein in unsere Zeit antreten, auch in dem Wissen, dass der Begriff Philosophie mit „Liebe zur Weisheit" übersetzt wird.

Das 19. Jahrhundert war die Blütezeit der Romantik. Nur die wenigsten Philosophen indessen können wir uns als schwärmerische, phantasievolle Dichter vorstellen, zu nüchtern muten ihre anthropologischen Betrachtungen an, zu ernüchternd wirken sie. Von einem Philosophen erwarten wir kaum, dass er uns enthusiastisch mit seinem Denken zu betören versucht oder sich mit tiefsinnigen Einsichten gleichsam buhlerisch einem Mädchen nähert, einem Zauberkünstler gleich, der auf die Magie der Sprache vertraut und mit Worten allein zu verführen sucht. Friedrich Nietzsche erklärt: „Die Kurzsichtigen sind verliebt." Er empfiehlt bessere Augengläser, denn eine „stärkere Brille" würde jeden Menschen, der sich von einer Leidenschaft für einen begehrten Mitmenschen beherrschen lässt, von dieser Krankheit heilen. Die Aufwallungen des Gemüts hält Nietzsche für eher unangenehm und störend. Er müsste sich nur vorstellen, wie die als reizvoll beurteilte Dame aussähe, wenn sie zwanzig Jahre älter sei, mit runzliger Haut und ergrautem Haar. Alle Schönheit, in welche der „Kurzsichtige" vernarrt sei, verflüchtige sich früher oder später. Die „Abgötterei" nennt er übertrieben, die Liebe sei nicht mehr als ein perfides Spiel von Täuschung und Getäuschtwerden. Ein „gleich bleibendes Maß von Liebe" in einer Partnerschaft hält Nietzsche für ausgeschlossen. Taugt ein Philosoph überhaupt für das „Glück der Ehe"? Von Gewohnheiten umgeben, schließlich eingeengt und gelähmt, empfindet er die Bindung als Gefängnis, wie ein „immer fester werdendes Netz von Spinneweben", die zu „Stricken" werden. Der „Freigeist" mag sich weder kasernieren noch in das trostlose Immergleiche des alltäglichen Einerleis einfügen lassen. Er widerstrebt, sucht Freiheit, spürt aber, dass er sich „als Spinne in der Mitte" dieses Netzes befindet, eine „Spinne", welche „sich hier gefangen hat und von ihrem eigenen Blute zehren muss". Der institutionalisierten Liebesbeziehung mit ihren lauen „Gewöhnungen" und festen „Regeln" steht er voller Hass gegenüber, sträubt sich wider „alles Dauernde und Definitive", stört sich an allem Begrenzenden und Begrenzten, zerreißt in berserkerhafter Wut das „Netz", leidet dabei auch, fügt Schmerzen zu, muss fortan an zahlreichen „kleinen und großen Wunden" leiden, „denn jene Fäden muss er *von sich*, von seinem Leibe, seiner Seele abreißen". Nietzsche schreibt weiter: „Der Freigeist muss dort lieben lernen, wo er bisher hasste, und umgekehrt. Ja es darf für ihn nichts Unmögliches sein, auf dasselbe Feld Drachenzähne auszusäen, auf welches er vorher die Füllhörner seiner Güte ausströmen ließ. – Daraus lässt sich abnehmen, ob er für das Glück der Ehe geschaffen ist." Nietzsche spricht vom Segeln auf dem weiten Meer des Denkens, und wer sich der Erkundung des „Ozeans der Zukunft" verpflichtet weiß, wird sich nicht mit Frau und Kind belasten, dem graut schier vor der Konversation über die täglichen Sorgen des Daseins, vor beliebiger Schwätzerei, leichter Unterhaltung, denn er lässt sich ungern von den „Angelegenheiten der höchsten Art" ablenken. Der Philosoph ist als Ehemann nicht vorstellbar, und darum sind „alle Verheirateten" Nietzsche auch in hohem Maße verdächtig. Sie wissen nichts vom Wesentlichen, nichts von der Kunst des Denkens und der Ergründung philosophischer Probleme, bleiben eingespannt in das schäbige, trostlose Einerlei des Alltags, stumpfen ab, werden selbstzufrieden, langweilig und fade. Nietzsche verweist, gallig und voller Häme, auf Sokrates: „Es gibt mancherlei Arten von Schierling, und gewöhnlich findet das Schicksal eine Gelegenheit, dem Freigeiste einen Becher dieses Giftgetränkes an die Lippen zu setzen, – um ihn zu ‚strafen', wie dann alle Welt sagt. Was tun dann die Frauen um ihn? Sie werden schreien und wehklagen und vielleicht die Sonnenuntergangs-Ruhe des Denkers stören: wie sie es im Gefängnis von Athen taten. ‚O Kriton, heiße doch jemanden diese Weiber da fortführen!', sagte endlich Sokrates ..." So eindeutig scheint sich Nietzsche wider die Liebesregungen der Frauen zu positionieren – dann auch gegen den sorgenvollen Jammer und die tiefe Traurigkeit, die sich doch wohl mit dem Gefühl der Wärme und Zuneigung erklären lassen –, die von dem scheidenden Sokrates nicht lassen wollen, während dieser in „Sonnenuntergangs-Ruhe" friedlich und philosophisch sterben möchte. Nietzsche nennt die Liebe eine „menschenfreundliche Verstellung", einen fortwährenden Betrug, eine Gaukelei – und äußert sich andernorts en passant, ganz unerwartet, doch positiv und geradezu sehnsüchtig über dieses rätselhafte, menschlich-allzumenschliche Phänomen: „Was ist denn Liebe anders als verstehen und sich darüber freuen, dass ein Anderer in anderer und entgegengesetzter Weise, als wir, lebt, wirkt und empfindet? Damit die Liebe die Gegensätze durch Freude überbrücke, darf sie dieselben nicht aufheben, nicht leugnen." Weiterhin heißt es: „Es ist in dem Worte Liebe etwas so Vieldeutiges, Anregendes, zur Erinnerung, zur Hoffnung Sprechendes, dass auch die niedrigste Intelligenz und das kälteste Herz noch etwas von dem Schimmer dieses Wortes fühlt. Das klügste Weib und der gemeinste Mann denken dabei an die verhältnismäßig uneigennützigsten Augenblicke ihres gesamten Lebens ..."

Wer sich aufmacht, um das Phänomen der Liebe in den Werken der Philosophie zu entdecken – ganz gleich, ob bei Platon oder Immanuel Kant, bei Georg Wilhelm Friedrich Hegel oder Karl Jaspers –, muss gelegentlich ein bisschen suchen, begibt sich zuweilen gar auf abseitige oder vielen unbekannte Pfade des Denkens. Dass sich diese Reise lohnt, habe ich erlebt, als ich an diesem Buch arbeitete, vielleicht auch deshalb, weil es gelingt, die großen Philosophen von einer ganz anderen Seite kennen zu lernen. Mit Kant beispielsweise verbinden wir das epochale Werk „Kritik der reinen Vernunft" und den „kategorischen Imperativ" – ich lade Sie ein, seine Ansichten und Meinungen zum Phänomen der Liebe zu studieren. Andere Philosophen, Platon und Sören Kierkegaard, aber auch den philosophisch inspirierten Dichter Ovid werden Sie als Verführer entdecken. Schließlich bahnen wir vielleicht neue Wege zu der oft als schwer verständlich beurteilten mittelalterlichen Philosophie am Beispiel Thomas von Aquins. Dass auch Philosophen des zwanzigsten Jahrhunderts sich mit dem Phänomen der Liebe beschäftigt und Interessantes wie Bedenkenswertes dazu bemerkt haben, werden wir gemeinsam bei Bertrand Russell, Max Scheler und Karl Jaspers vielleicht mit dem der Philosophie eigentümlichen Affekt, dem Staunen, entdecken.

Geradezu einen Hymnus auf die Liebe verdanken wir dem Florentiner Paul Mantegazza, der 1877 ein heutzutage vergessenes Werk mit dem schönen Titel „Die Physiologie der Liebe" veröffentlichte. Mantegazzas Worte mögen wegweisend für unsere philosophischen Erkundungen zur Liebe sein: „So oft ich eine Blume sehe, die am Rande eines Abgrunds ihren Kelch entfaltet und zum Himmel lächelt, kommt mir stets der nämliche Gedanke: So ist die Liebe, die zwischen zwei Unendlichkeiten erblüht, zwischen der unendlichen Höhe und der unendlichen Tiefe. Während sie mit ihren Wünschen hoch empor strebt, während sie den Himmelsräumen Luft und Licht zu entnehmen scheint, senkt sie ihre Wurzeln doch in die feinsten Äderchen des Felsgesteins, in die dunkelsten Tiefen des Abgrunds. Bald ein Stern, der in der Unendlichkeit des Idealen erglänzt, bald eine Wurzel, welche tiefer und tiefer sich in die Steinmassen einbohrt – so verbindet sie die Höhe mit der Tiefe. Sie ist die menschlichste aller Leidenschaften, und doch hat man sie zu allen Zeiten unter die göttlichen gezählt; sie ist die tiefinnerlichste – und doch auch die ätherisch-unbewussteste; mit den Gedanken schwingt sie sich auf zu den Gipfeln der Berge – mit den Nerven haftet sie im Tale. Sie geleitet den Dichter bei seinem begeisterten Fluge ins Paradies, sie führt den Menschen bei seinem reinsinnlichen Verlangen. Wenn das wahre Leben gleichbedeutend ist mit der schönsten Form des Lebens, so stellt die Liebe den Reichtum, den Glanz und den Luxus des Lebens dar: die Liebe ist das Göttliche des Menschen."

II. Die philosophischen Verführer: Platon, Ovid, Kierkegaard

Philosophische Traktate erweisen sich in der Regel als ausgesprochen spröde. Verführen uns Philosophen zum Lesen, gar zum Lieben? Auch kunstvoll gefügte Poesie mag, wenn sie sich der existenziellen Dimension menschlichen Daseins widmet, mitunter gespreizt, abgeschmackt oder gar peinlich wirken. Ein feinsinniger Dichter, der mit mutmaßlich graziöser Eleganz die Anmut der fernen Geliebten preist, wählt seine Worte mit Bedacht und zugleich zielorientiert. Verfolgt er feste Absichten, so muss er besonders sorgfältig vorgehen. Hegt der Dichter keinerlei Ambitionen, gilt dasselbe, denn vielleicht erkennt die umworbene Dame hinter der virtuosen Macht des Wortes die Glut inbrünstiger Leidenschaft und bekennt sich zu dem Poeten, der, ganz erstaunt, die Flucht ergreift, vielleicht weil ihm, dem passionierten Jäger, das Jagen selbst mehr behagt als das gejagte Wildbret … Ganz gleich, was große und kleine Dichter beabsichtigen und erreichen, der Philosoph steht etwas bedrückt und vielleicht auch bekümmert, gar missmutig, neben dem ausgewiesenen Kenner der Leidenschaften der menschlichen Seele, welcher sozusagen für jede Regung des menschlichen Gemütes den passenden Vers mit sprachlicher Magie zu formen versteht.

Auch in der abendländischen Geistesgeschichte entdecken wir die Spuren von Denkern, die auf je eigene Weise als philosophische Verführer gelten können. Platons, Ovids und Sören Kierkegaards Werke vermögen durch ihren Gehalt und die Kraft ihrer Sprache noch heute zu bezaubern. Anders als andere Philosophen „erzeugen" diese Denker selten störrisch-widerborstige Leser, die den verborgenen Tiefsinn hinter schwerblütigen oder schlicht umständlichen Formulierungen zuweilen vergeblich suchen und maulend-desperat an der gespreizt wirkenden Begriffsartistik verzagen. Mit diesen Reflexionen, die zwar nicht in konkrete Handlungsvorschläge, aber doch in zuweilen sogar amüsante Betrachtungen über mögliche Wege münden, wie das Begehren befriedigt und die Sehnsucht nach Liebe gestillt werden könnte, wollen wir uns nun vertraut machen.

Platon

Platons Philosophie weist mannigfache Vorzüge auf, literarischen Glanz, eine sensible Menschenkenntnis, dialogische Kunstfertigkeit, aufrichtiges, unermüdliches Ringen um das Gute, eine tiefe Ernsthaftigkeit – und zugleich eine spielerische Leichtigkeit. Von Sokrates erbte er gleichsam Redlichkeit und Wahrhaftigkeit, das stilistische Vermögen beherrschte der abtrünnige Dramatiker Platon selbst. Er war, besonders in der Phase seiner so genannten „Meisterdialoge", gewissermaßen der Mozart unter den Philosophen. Die Sprache verstand er sinfonisch zu orchestrieren, bis hin zur Fülle des Wohllauts, ohne je preiszugeben, was zu ergründen er beabsichtige, stets ausgerichtet auf das Höhere, von dem her der Mensch seine Bestimmung erhält, auch wenn er außerstande ist, diese Wahrheit zu erkennen, zu der er sich hingezogen fühlt. Platon schrieb meisterlich und wusste zugleich, dass es wesentlich nicht auf die erzählerische Könnerschaft ankommt. Denn dass Worte verführen können, hatte er lernen müssen, am Beispiel der Sophisten, die Rhetorik unterrichteten, aber nur den Gebrauch der Sprache für wichtig erachteten, während sie die aus philosophischer Sicht wünschenswerte Konzentration des Redners auf die Wahrheit hingegen hochmütig und selbstgewiss ignorierten.

In seinem Dialog „Der Staat" empfiehlt Platon ungeniert, die Dichter aus dem Gemeinwesen zu verbannen, aus dem einfachen, plausiblen und für ihn hinreichenden Grund, dass sie nichts als Lügengeschichten verbreiteten, zur sittlichen Substanz der Gesellschaft aber nicht das Mindeste beitrügen. Wer Platon einmal gelesen hat, wird ihn stets hochschätzen, seines philosophischen Tiefsinns wegen, doch auch für seine sprachliche Kraft und die Macht der Worte: wenn er in der Maske des Sokrates den Richtspruch über die

Ungerechtigkeit der Vaterstadt verkündet, wenn er vom Streben nach Wahrheit und von der Gerechtigkeit spricht, wenn er die Unsterblichkeit der Seele zu beweisen sucht oder wenn er einen Mythos von der Entstehung des Kosmos erzählt. Nicht wenige Studierende sagen, nachdem sie Aristoteles, auch Descartes, Kant und Hegel studiert und die unbestreitbaren Qualitäten dieser Denker kennen gelernt haben, die anderen hätten ihre Vorzüge, aber eines bleibe ihnen in all ihrer Verschiedenheit gemein – zu Platon bestehe ein himmelweiter Unterschied. Dass die Philosophen des Abendlandes nichts anderes zu Wege gebracht hätten als „Fußnoten zu Platon" zu schreiben, hat der amerikanische Philosoph Alfred North Whitehead sehr treffend – und zugleich freilich maßlos übertrieben – zum Ausdruck gebracht.

Platons Auseinandersetzung mit dem Phänomen, das uns beschäftigt, mit der Liebe also, findet besonders in dem Dialog „Das Gastmahl" statt. Vielleicht hat es eine besondere Bewandtnis, dass der Philosoph ausgerechnet bei einer solchen Gelegenheit, bei der die Anwesenden bacchantischen Gelüsten nachgehen und in einen dionysischen Taumel geraten, über die Liebe spricht. Für trockene Diskurse und filigrane Begriffszergliederungen eignet sich diese Problematik ganz offensichtlich nicht. Wie aber soll sich ein Philosoph dann mit dieser schwierigen, bewegenden Frage auseinander setzen? Verhält es sich mit der Liebe nicht ähnlich wie mit der Erkundung der Frage des Glücks, zu der auch ein jeder glaubt, etwas Gescheites beitragen zu können, und dazu manchmal (vielleicht sogar an einem einzigen Tag) mindestens drei verschiedene, auch einander widersprechende Aussagen trifft? Platon lässt die Gesprächsteilnehmer seines Dialogs erzählen. Er gewährt ihnen Raum. So beginnen sie zu berichten, teilen Mythen und Vermutungen mit. Gerade die Geschichte, der wir uns hier nun besonders widmen möchten, weist eine schier überschäumende Fülle an philosophischen Implikationen auf und wirkt bis heute sogar in unseren alltäglichen Sprachgebrauch hinein, auch wenn wir uns dessen gar nicht bewusst sind. Einer der Gesprächspartner im „Gastmahl", der Dichter Aristophanes nämlich, gibt einen Mythos über die Entstehung der Liebe wieder – und erklärt auf diese Weise, warum wir alle bis heute gewöhnlich unsere Partnerin oder unseren Partner als die „bessere Hälfte“ bezeichnen. Platon löst mit dieser Theorie gewissermaßen sogar ein scheinbares Paradoxon auf, von dem auch der Volksmund weiß. Ausgedrückt ist es in den offenbar widersprüchlichen Aussagen, die über die Wahl des „richtigen“ Partners kursieren – „Gleich und gleich gesellt sich gern“ sowie „Gegensätze ziehen sich an“. Um aber zu zeigen, dass das Einanderentsprechende zugleich außerordentlich gegensätzlich sein kann, bedarf es wohl eines Philosophen vom Range Platons. Wenn wir die Lösung dieses Rätsels vorwegnehmen, so zeigt sich uns bereits der Weg der philosophischen Einsicht, der sich mit dem dann folgenden Mythos ergibt, und zudem sehen wir, dass wir manchmal mit Sprichwörtern sogar großen Philosophen auf die Spur kommen können.

Wie verwenden wir eigentlich diese Aussprüche? Menschen suchen gern nach Ähnlichkeiten. Ein überzeugter Spaziergänger, womöglich Akademiker, vielleicht ein belesener Germanist, dem jedes Fahrzeug einen unsagbaren Schrecken einjagt und der noch immer die Ablösung der Pferdedroschken durch das Auto bedauert, wird kaum eine Motorradfahrerin – im Fachjargon: eine Bikerin –, die die Geschwindigkeit liebt, sonntags mit irrsinnigem Tempo über die Autobahnen braust und ihre Lederkluft auch noch im Konzerthaus tragen würde, ehelichen. Oder etwa doch? Besteht in irgendeinem Punkt zwischen diesen beiden Menschen Gleichheit? In keinem, möchte man meinen, und wer nun ein solches wunderliches Paar verbunden sähe, der würde nur mit dem Kopf schütteln, mögen auch, wie der Volksmund weiß, Gegensätze sich anziehen.

Nehmen wir an, beide suchen nach einem Partner fürs Leben, aber nicht so verzweifelt, dass sie den „Nächstbesten“, der ihre Wege kreuzte, akzeptieren würden. Vielleicht haben auch beide Enttäuschungen erlebt. Der Germanist verbrachte viel Zeit mit einer begabten Dramaturgin. Aber aus den Gemeinsamkeiten erwuchs keine Liebe, nur Gewohnheit, die sie beide, jeder für sich, mit Liebe verwechselten. Sie trafen sich regelmäßig, bis sie eines Tages nur noch im Streit miteinander lagen, worauf sie beschlossen, einander für immer aus dem Weg zu gehen. Seither studierte der gelehrte Mann viele Bücher. Ausschau nach einer neuen Gefährtin hielt er nicht. Zu tief saß der Schmerz, denn alle Freunde sagten, sie seien einander so ähnlich gewesen – und gleich und gleich, das geselle sich doch gern … Verständlich, dass der Germanist diesen Ausspruch nicht mehr hören konnte, auch wenn er dessen Gehalt prinzipiell für richtig hielt. Nach jemand Gegensätzlichem zu suchen, widerstrebte ihm sehr. Stellen wir uns nun die Bikerin vor. Sie war überglücklich mit einem anderen rasanten Motorradfahrer, bis dieser plötzlich, unerwartet und wortlos aus ihrem Leben raste, vielleicht sogar mit überhöhter Geschwindigkeit. Sie suchte den Abschiedsbrief, vergeblich. Man hatte sie lange Zeit zusammen gesehen, und sie gaben ein scheinbar ideales Paar ab, mit und ohne Motorrad. Trotzdem war er mit einem Mal fort, und sie fuhr nun allein durchs Leben. Dabei war sie doch sehr hübsch, humorvoll und nur gelegentlich etwas schwermütig. Die Melancholie steigerte sich fortan mit jedem Tag, und die nachtschwarze Kleidung schien ihren Seelenzustand widerzuspiegeln. Seit ihr Freund entschwunden war, besuchte sie wieder öfter die Büchereien. Sie wollte ganz und gar nicht allein sein, aber die hartnäckigen Verkupplungsversuche ihrer Freundinnen und Freunde behagten ihr auch nicht. So zog sie sich immer mehr zurück, vergrämt über die Mitmenschen, traurig über ihre Einsamkeit.

Der Germanist und die Bikerin begegneten einander, nicht auf der Straße, aber in der Bibliothek. Sie suchte nach einem Roman, wirkte etwas ratlos vor dem Regal, und er konnte ihr helfen. Beide kamen ins Gespräch. Nach einer Weile sagte er: „Wenn Sie noch ein wenig Zeit für eine Tasse Kaffee haben …“ Das hatte sie nicht, zumindest nicht an diesem Tag. Sie verschoben das gemeinsame Kaffeetrinken auf den Tag, da sie einander wieder begegnen würden. Als beide anderntags um dieselbe Zeit in der Bücherei auftauchten, mussten sie herzlich lachen und setzten ihre Absprache in die Tat um. Dabei blieb es nicht. Sie waren denkbar verschieden, manche sagten: Das kann nicht gut gehen, sie haben nichts gemein. Erstaunlicherweise entdeckten sie doch Verbindendes. Die Bikerin las immer mehr, unter der sanften Anleitung des Germanisten. Er entdeckte die Welt draußen vor der Tür, zugegeben, nicht auf dem Motorrad, noch nicht – aber sie unternahmen viele gemeinsame Ausflüge, gingen spazieren, tanzen und lernten, dass zwischen ihnen, trotz aller Verschiedenheit, Gemeinsamkeiten bestanden. Nach einer Weile schien es beiden, dass sie ihr Glück gefunden hätten – verliebt waren sie vom ersten Augenblick an –, denn sie konnten nicht voneinander lassen.

Hätten die Verliebten Platon gelesen, so hätten sie verstanden, dass sie einander angehörten – und wären sie zu früheren Zeiten als „Kugelmensch" nicht von Göttervater Zeus entzweigeschnitten worden, vielleicht hätten sie beschwingt und mächtig tatsächlich den Himmel erstürmt. Sie verstanden sich nun über die Maßen gut, erkannten einander in ihrer Verschiedenheit an, entdeckten unerwartete Berührungspunkte und liebten sich innig. Wechselseitig nannten sie den anderen jeweils die „bessere Hälfte".

Zwar ist das nur eine Geschichte, herzbewegend für die einen, unrealistisch für die anderen, doch sie ist ebenso wahr wie erfunden. Vor allem weist sie auf Platon. Sie bereitet uns gleichsam auf den Mythos vor. So kehren wir nun zu Platon zurück und folgen seinen Ausführungen zum Phänomen der Liebe, während wir diese Begebenheit im Hinterkopf behalten sollten. Auf den ersten Blick ist es verwunderlich, dass ein Philosoph wie Platon, dem doch an einer exakten begrifflichen Bestimmung gelegen sein müsste, Mythen erfindet und erzählt. Das hat jedoch seinen guten Grund: Es ist der Versuch, dem Phänomen der Liebe auf eine möglichst adäquate Weise gerecht zu werden, im Wissen (um die Tücken mythischen Redens, vor allem aber) darum, dass Definitionen zwar ein hohes Maß an Exaktheit aufweisen, den Gegenstand der Untersuchung aber – wie in diesem Fall – nachgerade verfehlen. Platon wird gewusst haben, dass die Liebe schlechterdings gar nicht „auf den Begriff" zu bringen ist, was aber nicht bedeutet, dass Philosophen sich hierüber nur beredt ausschweigen oder sich gar den beliebigen Meinungen des „common sense", in Geschichte und Gegenwart, anschließen dürfen.

Wie erwähnt findet im „Gastmahl“ paradoxerweise eine Art friedvolle Kontroverse statt, die sich ganz anders entwickelt als die aus Platons Dialogen bekannten, vehement und hartnäckig geführten Dispute, ganz gleich, ob es sich dabei um den Versuch einer Klärung des Begriffs der Gerechtigkeit oder um eine Auseinandersetzung über verschiedene Tugenden handelt. Es scheint, als würde die diffizile Thematik den Tonfall nachhaltig prägen, denn die Atmosphäre ist fast liebevoll zu nennen, zärtlich, behaglich und angenehm, in gewisser Weise auch dezent und zurückhaltend. Niemand wird vorgeführt oder in die Enge getrieben. Freunde begegnen sich und tauschen sich über die Liebe in all ihren Facetten aus, ohne sich jedoch in erschöpfendem Enzyklopädismus zu ergehen. Vielleicht ist eine harmonische Gesprächsrunde dem durchaus aufregenden, aufwühlenden Gegenstand auch schlechthin angemessener? Über das Thema Liebe sollte wahrlich nicht lieblos diskutiert werden. Würde in ungezügelter Erregung ein Problemfall erörtert, dann nähmen möglicherweise am Ende der Debatte jene Leidenschaften überhand, die der verhandelten Thematik selbst doch entgegenstehen. Das sucht Platon zu vermeiden. Noch heute erobert besonders der besagte Mythos, den er von Aristophanes erzählen lässt, sein Publikum – wie damals in Athen, so stellen wir uns vor – , wenn beispielsweise in Seminaren junge Studentinnen und Studenten gemeinsam mit ihrem Dozenten die philosophische Erörterung Platons der Liebe aufmerksam nachvollziehen. Buchstäblich herrscht dann einen Augenblick Atemstille, gebannte Erwartung, leise Spannung und Schweigen. Wenn man diesen Textabschnitt mit angemessener Betonung vorträgt, dann sind das stille Einvernehmen, die Zustimmung und das Leuchten in den Augen der Studierenden zu spüren. Platon gelingt offenbar, wozu nur wenige Philosophen imstande sind: Sie bewegen, rühren an und überzeugen gleichsam auf eine zugleich argumentative und nichtargumentative Art der literarisch-philosophischen Darstellung.

Warum also sucht jeder Hans seine Grete? War dies schon am Anfang der Geschichte der Menschheit so? Stellen wir uns vor, dass zu Beginn der Zeiten ein drittes Geschlecht, das „Mannweibliche“

genannt, auf der Erde lebte. Neben diesem bevölkerten offenbar auch schon Frauen und Männer die Lande. Das „Mannweibliche" aber vereinigte die besten Eigenschaften beider Geschlechter. Die Frau bezeichnet Platon als „Abkömmling der Erde", den Mann als „Ausgeburt der Sonne". Vollständig war, und bildete somit ein geschlossenes Ganzes, allein das „Mannweibliche". Platon liefert eine liebenswürdige Beschreibung dieses Geschlechtes. Mit leichter Heiterkeit verfolgt mancher anfangs die Geschichte, wenn er sie sich zum ersten Mal vergegenwärtigt, ehe er schließlich ergriffen und bewegt den Gedanken des Philosophen in sich widerklingen lässt. Platon also schreibt: „Die ganze Gestalt eines jeden Menschen war rund, so dass Rücken und Brust im Kreis herumgingen. Und vier Hände hatte jeder und Schenkel ebensoviel wie Hände und zwei Angesichter auf einem kreisrunden Halse einander genau ähnlich und einen gemeinschaftlichen Kopf für beide einander gegenüberstehenden Angesichter und vier Ohren, auch zweifache Schamteile und alles Übrige, wie es sich hieraus ein jeder weiter ausbilden kann. Er ging aber nicht nur aufrecht wie jetzt, nach welcher Seite er wollte, sondern auch wenn er schnell wohin strebte, so konnte er, wie die Radschlagenden jetzt noch, indem sie die Beine gerade im Kreise herumdrehen, das Rad schlagen, ebenso, auf seine acht Gliedmaßen gestützt, sich sehr schnell im Kreise fortbewegen."

Es wäre zu kurz gedacht, wenn wir uns an die oben erzählte Geschichte vom Germanisten und der Motorradfahrerin erinnern und uns vorstellen, diese beiden Menschen wären am Anfang ein solcher „Kugelmensch" gewesen. In unserer Fantasie wären sie unbeholfen miteinander verknotet. Platon aber denkt hier an eine Vollkommenheit, die uns Menschen eigentlich fehlt, besser gesagt: die wir verloren haben. Das Runde und Kugelförmige repräsentiert diese Perfektion. Der aufrechte Gang, auf den wir uns so viel einbilden, scheint gar kein Merkmal zu sein, dessen man sich rühmen sollte. Es ist anerkennenswert, gewiss, aber der „Kugelmensch" ist auf vielfältige Weise begabt. Wenn er möchte, geht er aufrecht. Die „Kugelmenschen" können einfach ein Rad schlagen, sofern sie dies tun wollen, ohne sich verrenken zu müssen. In diesem Zustand ist der „Kugelmensch“ auch mit sich selbst einig, das heißt, er muss noch gar nicht die „andere“ oder gar „bessere Hälfte“ suchen.

Die Vollkommenheit fassen wir als Prädikat auf, das Menschen gar nicht zukommt – und jene Artgenossen, die sich eine besondere Könnerschaft zuschreiben oder sich für genial, unwiderstehlich und hochintellektuell halten, betrachten wir eher als anmaßende, aufgeblasene, wenig erträgliche Vertreter der Spezies, welcher auch wir angehören. Nehmen wir den idealtypischen Verführer, der so anmutet wie ein selbstgefälliger Hochstapler in Sachen Liebe, maßlos eitel, außerstande, die Wirklichkeit des Mitmenschen zu erkennen. Denken wir an einen sehnsuchtsvoll Liebenden, der sich hingebungsvoll wie hoffnungslos verzehrt, weil er die auserwählte Partnerin, die „bessere Hälfte“, zwar erkannt hat – doch hilft dieses, wenn sie nicht erkennt, dass sie einander zugehörig sind? So bleiben beide unglücklich in des „Lebens labyrinthisch irrem Lauf“ (Goethe), während der genussvolle Bonvivant weiter umherschweift, mit einer aus der Distanz besehen bemerkenswerten Souveränität. Doch ist er glücklich, gar einer jener platonischen „Kugelmenschen“? Ganz gewiss nicht, denn wer sich selbst für vollkommen hält, muss es ja nicht sein. Ein überheblicher Mensch, der die eigenen Ecken und Kanten, die konstitutiven Unzulänglichkeiten seiner selbst, die Ergänzungsbedürftigkeit nicht bemerkt, ist zwar nicht zwingend hoffnungslos verloren, doch mangelt es ihm an Selbsterkenntnis – da er sich im bezeichneten Zustand als unfähig erweist, die eigenen Fehler und Unvollkommenheiten zu erkennen. Platons „Kugelmensch“ hingegen verfügt über außerordentliche Fähigkeiten und Fertigkeiten. Nicht näher bezeichnete „große Gedanken“ hegt ein solcherart begabtes Lebewesen. Platon deutet nur ein Beispiel hierfür an. Die „Kugelmenschen“ lebten nicht genügsam und zufrieden, sie wollten sich mit den Göttern messen. Nun könnte man den oben erwähnten Bonvivant zwar als „Liebling der Götter“ bezeichnen, als besonderes weltliches Glückskind vielleicht, aber zu besonderer Furcht bei himmlischen Mächten führte sein blasiertes Treiben doch nicht. Der „Kugelmensch“ stellte hingegen eine echte Bedrohung für die Götter dar. Er war wie berauscht und beflügelt, mit außergewöhnlichen Kräften begabt. Ein wenig vielleicht wirkte der „Kugelmensch" so mächtig wie jene Liebenden, deren wohl gefügte Zweisamkeit, wie wir heute noch sagen, nicht nur zu einer verborgenen, unsichtbaren Einheit führt, sondern gleichsam Flügel verleiht und zu ungewöhnlichen Handlungen, beherztem Auftreten und abenteuerlichen Plänen motiviert, die jeder Mensch für sich allein nie ernsthaft erwogen hätte. Die „Kugelmenschen" verfügten über eine schier unbezwingbare Energie. Sie jagten den Göttern Angst ein. Die „Kugelmenschen" wollten sich einen Weg zum Himmel bahnen, die Macht der Götter brechen und selbst ihren Platz einnehmen. Verständlicherweise also verfolgten Zeus und die Seinen dieses Ansinnen der „Kugelmenschen" mit Sorge – entschlossen, sich nicht von ihrem angestammten Posten vertreiben zu lassen. Theoretisch erwogen wird, denn so weit reicht die Gewalt der Götter offenbar noch, die „Kugelmenschen" einfach kalt zu beseitigen. Andererseits mochten die Götter nicht auf die Opferkulte und die Ehrenbezeugungen verzichten, zu denen auch die „Kugelmenschen" verpflichtet waren. Die Schmeicheleien taten ihnen sehr wohl. Das unbotmäßige Verhalten der „Kugelmenschen" musste gleichwohl bestraft werden. Außerdem galt es, Pläne dieser Art von zudem niederen Kreaturen dauerhaft zu unterbinden. Zweifelsfrei stand fest, dass die „Kugelmenschen" körperlich viel zu kräftig waren und in euphorischer Stimmung in jeder Hinsicht über sich hinauswuchsen, eine neue, bedrohliche Stärke gewannen. Der Göttervater Zeus entwickelte einen Plan, dem auch die anderen Götter zustimmten. Die „Kugelmenschen" sollten in zwei Hälften zerschnitten werden. Die Götter versprachen sich von dieser Teilung zwei Vorteile. Die „Kugelmenschen" büßten erheblich an Kraft ein – und brachten den Göttern auch mehr Nutzen, weil sich die Anzahl der Menschen verdoppelte. Sollten die Menschen, die dann nur noch aufrecht stehen und sich auf zwei Beinen eher beschwerlich denn beschwingt fortbewegen konnten, weiterhin aufmüpfig sein, bliebe immer noch die Möglichkeit, sie ein weiteres Mal durchzuschneiden. Offenbar aber genügte die erste Maßnahme. Zeus zerteilte also die „Kugelmenschen" und ordnete ihre Körper neu:

„Nachdem nun die Gestalt entzweigeschnitten war, sehnt sich jedes nach seiner anderen Hälfte, und so kamen sie zusammen, umfassten sich mit den Armen und schlangen sich ineinander, und über dem Begehren, zusammenzuwachsen, starben sie aus Hunger und sonstiger Fahrlässigkeit, weil sie nichts getrennt voneinander tun wollten. War nun die eine Hälfte tot und die andere blieb übrig, so suchte sich die übrig gebliebene eine andere und umschlang sie, mochte sie nun auf die Hälfte einer einmaligen ganzen Frau treffen, was wir jetzt eine Frau nennen, oder auf die eines Mannes, und so kamen sie um."

Hier zeigt sich eine unaufhebbare Tragik, denn die verzweifelte Sehnsucht, welche die „Hälften" antrieb, führte nicht zu dem von den Göttern erhofften Ergebnis. Nun richteten die Menschen all ihre Kraft darauf, ihre fehlende „Hälfte" wieder zu finden. Es nahm kein gutes Ende mit ihnen: Vor lauter Wiedersehensfreude und dem Begehren, eins zu werden und zu sein – was ihnen aber nicht mehr möglich war –, vergaßen sie die Welt um sich her und die Befriedigung der eigenen existenziellen Bedürfnisse und fanden so den Tod. Man könnte also von einem Liebestaumel oder exakter noch: von einem Liebeswahnsinn sprechen – und empfindet sehr wohl die aussichtslose Lage der beiden „Hälften" nach, denen die Eigenständigkeit zu schaffen machte und das vorantreibende Verlangen, wieder in den Urzustand versetzt zu werden. Auffallend ist, dass die menschliche Vernunftbegabung in diesem Mythos überhaupt nicht erwähnt, aber auch nicht ausgeschlossen wird. Hätte nicht ein Lebewesen, das zu klarem, geordnetem Denken befähigt ist, die Leidenschaften und Triebe gezügelt, sich vielleicht sogar wie ein Stoiker mit den Gegebenheiten angefreundet, sich fatalistisch gezeigt und die Begierden unterdrückt, besser noch: mit Vernunft überwunden? Wir dürfen wohl annehmen, dass auch die ehemaligen „Kugelmenschen" bei allem Enthusiasmus und großer Begeisterungsfähigkeit vernunftbegabt waren. Somit müsste auch nach der Maßnahme der Götter diese Vernunft den beiden „Hälften" angehören. Nur, die Menschen scheinen diese Begabung nicht zu nutzen, vielleicht auch gar nicht nutzen zu wollen, da das Begehren, das sie zueinander zieht, übermächtig und unbezwingbar zu sein scheint – und sie zudem in eine aussichtslose Lage bringt. Diese Probleme hatten die Götter offenbar nicht bedacht. Zu philosophischer Distanz und reflektierter Nüchternheit sind die zerteilten „Kugelmenschen" nicht fähig, auch die befürchteten „großen Gedanken" bleiben aus. Die Furcht, dass die „Hälften" den Himmel erobern und die Götter verdrängen könnten, hegt Zeus nun nicht länger, aber vielleicht denken die Geschädigten nicht einmal mehr an Opfergaben. Was die Götter nun beobachten, ist außerordentlich bemerkenswert. Die beiden „Hälften" spüren, dass ihnen fehlt, was für sie lebenswichtig ist, nämlich die andere „Hälfte", die sie für die Vitalfunktionen allerdings gar nicht bräuchten. Die Menschen könnten ja nach Belieben essen und trinken, dürften sich vielleicht gar mit Philosophie oder anderem beschäftigen. Aber sie denken unentwegt an die Begegnung mit der komplementären „Hälfte". Groß ist ihre Freude, die „andere Hälfte" wieder zu erblicken, und so sind sie überglücklich, so sehr losgelöst, in ekstatischer Daseinsfreude begriffen, dass die Welt um sie so unwirklich erscheint wie ein Reich der Schatten. Die Menschen sterben beseligt, wenn sie auch verhungern müssen, aber sie wollen die „andere Hälfte" einfach nicht mehr loslassen. Aber auch das war nicht im Sinne der Götter. Platon führt hier die Begründung der gegengeschlechtlichen Liebe, wie auch der Sexualität ein, jedoch nicht ohne, entsprechend der Kultur seiner Zeit (und vielleicht auch den eigenen homoerotischen Neigungen folgend), auf den Wert der gleichgeschlechtlichen Liebe unter Männern hinzuweisen: „Nun aber verlegte Zeus die Schamteile nach vorne und bewirkte vermittels ihrer das Erzeugen ineinander, in dem weiblichen durch das männliche, deshalb, damit in der Umarmung, wenn der Mann eine Frau träfe, sie zugleich erzeugten und Nachkommenschaft entstände, wenn aber ein Mann den anderen, sie doch eine Befriedigung hätten durch ihr Zusammensein und erquickt sich zu ihren Geschäften wenden und, was sonst zum Leben gehört, besorgen könnten." Die Logik des erzählten Mythos selbst legt den deutlichen Verweis auf die homoerotische Liebe wie auch auf die päderastische Variante des Liebens nicht nahe. Dieses ganz eigentümliche Begehren war eine Form gesellschaftlich akzeptierter „Knabenliebe“. Platon selbst hat, soweit wir wissen, ausschließlich die homoerotische Liebe praktiziert, und scheut sich hier dennoch nicht, wenn auch nur in der Maske des Aristophanes, die gegengeschlechtliche Liebe und Sexualität als wesentlich zu benennen. Dass sich dies mit seiner Auffassung deckt, lässt sich auch daraus ersehen, dass die Sokrates-Gestalt diese Ausführungen weder kommentiert noch widerlegt. Halten wir also fest: Auch nach Platons Verständnis können zwei Männer einander sehr wohl zugeneigt sein, auch wenn sie von Natur aus nicht zueinander gehören. Ihre eigentliche Erfüllung und den Ausgleich ihrer nun konstitutiven Unvollkommenheit vermögen auch sie, trotz des intensiven Glückserlebens bei entsprechenden Begegnungen, der Logik des Mythos entsprechend, nur in einer gegengeschlechtlichen Partnerschaft zu finden. Die homosexuelle Verbindung kann den von Göttermacht zugefügten Bruch der menschlichen Natur nicht einmal für den Moment der sexuellen Begegnung wiederherstellen: „Von so langem her also ist die Liebe zueinander den Menschen angeboren, um die natürliche Natur wiederherzustellen, und versucht, aus zweien eins zu machen und die menschliche Natur zu heilen.“

Fassen wir einstweilen zusammen – zu lieben heißt, den durch göttliche Macht entstandenen Bruch in der menschlichen Natur, der den übermütigen „Kugelmenschen“ zugefügt wurde, zu kurieren, so gut das möglich ist in den Grenzen, die diesem Vorhaben gesetzt sind. Somit kommt der Liebe ein therapeutischer Nutzen zu. Sie wirkt wie eine wundersame Arznei und birgt zugleich alle Erquickung in sich. Allerdings, diese Nuance sollte beachtet werden, „versucht“ die Liebe heilsam zu wirken. Vorsichtig wie Platon ist, zeigt er doch, dass das Erhoffte, die vollständige Heilung, unmöglich ist: Trotzdem aber stellt die Liebe die einzige Chance dar, das Geschehene zwar nicht ungeschehen zu machen, doch vielleicht temporär zu lindern und die Illusion zu nähren, zumindest augenblicksweise, das Unglück, die Bestrafung der Hochmütigen, sei nie passiert. Die Liebe, so wie in diesem Mythos von ihr berichtet wird, verbindet Getrenntes neu. So lernen wir, dass nur tatsächlich Passendes sich dauerhaft auf beste Weise zueinander fügt. Was einander nicht zugehörig ist, lässt sich vielleicht zuweilen notdürftig oder mit viel gutem Willen, auch mit Gewalt, verbinden, und doch hat es niemals Bestand. Ob ein Bund zweier Menschen wahrhaft glücklich ist, steht nicht im Ermessen derer, die sich finden, denn sie können sich darüber täuschen, ob der Partner wahrhaft die erstrebte „andere Hälfte“ des einstigen Selbst darstellt. Sollte sich nämlich der Mitmensch wider Erwarten und trotz allen ergebnislosen Bemühens nicht als der ideale, einzig mögliche Partner erweisen – entsprechend des Mythos kann es nur einen einzigen Menschen geben –, so sind schmerzhafte Trennungen unvermeidlich, vielleicht ja auch deswegen, weil viel zu oft nicht lange genug gesucht wird und man sich zu leicht zufrieden gibt. So gibt beispielsweise die sexuelle Harmonie noch keinen Aufschluss über einen dauerhaften seelischen Einklang. Wesenhaft abhängig bleibt das Gelingen der Liebe von der menschlichen Natur, nicht vom erklärten Willen der Partner, auch nicht von Gesetzen und Morallehren, selbst wenn diese mit absolutem Anspruch formuliert sein sollten – so zumindest lehrt es dieser von Platon auf so wunderbar berührende Weise erzählte Mythos.

Das Streben nach Einigkeit mit dem idealen Lebens- und Liebespartner, mit der „anderen Hälfte“, wird als maßgebliche Sehnsucht des Menschen vorgestellt. Im Genuss des Augenblicks, auf der Höhe der geschlechtlichen Verbindung, wird die einst verlorene Vollkommenheit buchstäblich gefeiert, die Wiedergewinnung gepriesen und gerühmt. Wohlgemerkt zeigt sie sich in der sexuellen Erfüllung, aber diese allein genügt nicht. Vormals richteten sich Leidenschaft und Begehren der Menschen wider die Götter, jetzt besteht die größte Bestrebung darin, in dieser Welt denjenigen oder diejenige zu entdecken, durch den oder durch die wir erst ganz vollkommen sind. Nun trachtet der Mensch nicht mehr danach, den Himmel zu erstürmen, vielmehr, quasi auf Normalmaß zurechtgestutzt, versucht er werbend die Gunst zu gewinnen, in der Nähe des geliebten Mitmenschen zu verweilen, während er Außenstehenden wie behext erscheint – was nicht verwunderlich ist, hat er doch in seinem Partner das gesehen und gefunden, was ihm die Beseitigung seines Mangels verspricht: „Jeder von uns ist also ein Stück von einem Menschen, da wir ja, zerschnitten wie die Schollen, aus einem zwei geworden sind. Also sucht nun immer jeder sein anderes Stück."

Wenn wir nun erneut an die oben erzählte Geschichte denken, als sich der Germanist und die Motorradfahrerin trafen und einander erkannten, so müssen wir sicherlich zugestehen, dass diese beste Fügung jenseits aller Konventionen liegt, jenseits dessen, was man von außen als wohlgefügt betrachten würde. Man mag sich sogar manchmal über Paare wie diese ernsthaft verwundern und für sich denken, dass diese beiden Menschen unmöglich zueinander passen können, so verschieden wie sie aussehen und wirken. Das aber wäre unplatonisch gedacht. Was sich auf beste Weise zueinander fügt, muss für unsere Augen nicht sichtbar sein. Nur die „Hälften" werden für sich selbst wissen, wer allein zu ihnen auf beste Weise passt. Aus Platons Mythos leuchtet ein großer Optimismus hervor. Gewiss, es ist sicherlich unerfreulich zu wissen, dass man ursprünglich ein Ganzes war und zerschnitten wurde, aber deutlich wird doch, welche herausgehobene Bedeutung die Liebe im menschlichen Leben darstellt, besonders im Blick auf all das, was sich so wichtig ausnimmt, ohne es zu sein. Die Liberalität, die sich hier ausdrückt, zeigt, dass die Liebe gesellschaftliche Widerstände wahrhaft überwinden, Äußerlichkeiten ignorieren und für bedeutend Gehaltenes als nichtig erachten kann. Geradezu hymnisch, wie ein Preislied, lesen sich die nun folgenden Zeilen: „Wenn aber einmal einer seine wahre eigene Hälfte antrifft, dann werden sie wunderbar entzückt zu freundschaftlicher Einigung und Liebe und wollen sozusagen auch nicht die kleinste Zeit voneinander lassen; und die ihr ganzes Leben lang miteinander verbunden bleiben, diese sind es, welche auch nicht einmal zu sagen wüssten, was sie voneinander wollen. Denn dies kann doch wohl nicht die Gemeinschaft des Liebesgenusses sein, dass um dessen willen jeder mit großem Eifer trachtete, mit dem anderen zusammen zu sein; sondern offenbar ist, dass die Seele beider etwas anderes wollend, was sie aber nicht aussprechen kann, es nur andeutet und zu raten gibt."

Die Liebenden werden die ihnen verbleibende Zeit zu nutzen wissen. Die „Nebensächlichkeiten" gewinnen an Bedeutung. Sie wollen nicht voneinander lassen, das heißt, sie suchen Gemeinsames, Gemeinsamkeiten, genießen ihre Verbindung, die aber doch offensichtlich nicht allein ihr Genügen in sich findet. Mit dem Ausleben der Sexualität ist es nicht getan, auch nicht mit, modern gesprochen, gemeinschaftlich gepflegten Hobbys oder Eigentümlichkeiten. Es ist wunderschön zu lesen, dass die Liebenden ja gar nicht wissen, was sie voneinander wollen, denn es bindet sie kein Wille, keine Nützlichkeitserwägung, kein Bemühen um ein Ziel, das so eilends dahinschwinden würde mit der verstreichenden Zeit. Banal ausgedrückt: Nicht der Hausbau, nicht die Firma, nicht einmal ein gemeinsam verfasstes Buch stellt den Grund der letztlich scheinbar grundlosen Liebe dar. Die Liebenden wissen nicht zu sagen, was sie zueinander fügt, außer vielleicht dass sie zueinander gehören, dass sie die Einheit, die sie in der geschlechtlichen Liebe körperlich bestätigen, seelisch empfinden. Aber selbst auf diesen Genuss kommt es nicht an. Die Liebenden verfolgen keinerlei Absichten, jedes Projekt wäre im Vergleich zu ihrer Liebe letztlich trivial. Aber Platon scheint dennoch auf etwas Verborgenes verweisen zu wollen.

Angesprochen wird die Seele, die etwas möchte, nicht das Eigeninteresse, das eine jede „Hälfte" für sich verfolgen darf, sondern das wieder errungene Selbst, das nur in der seelischen Harmonie gegenwärtig ist, im vollendeten Einklang der bis zur Identität gleich gestimmten Seelen der Liebenden. Nur, was diese Seele will, ist nicht aussagbar, es liegt jenseits der Sprache. Es deutet sich bloß an, rational fassen lässt es sich nicht. Wer dies in Worte zu kleiden versucht, scheitert damit offenbar unweigerlich. Einzig erkennbar bleibt, dass die Lust nicht sich selbst genügen kann, dass sie über das Erleben hinausreicht, auf ein Wesentliches hin, das ebenso gegenwärtig wirkt, wie es verborgen bleibt. Wir spüren hier, dass Platon, wie sein Lehrer Sokrates, überzeugt war, dass das Wesentliche, worum sich alles Philosophieren bemüht, der „Funke der Erkenntnis", der bei der gemeinsamen Bemühung um die Sache aufleuchtet, nicht verschriftlicht werden kann. Auch hier entdecken wir andeutungsweise eine ungeschriebene und unschreibbare Lehre, deren substanzieller Gehalt den Liebenden, aber nur ihnen, existenziell erfahrbar ist – als Gewissheit, die tiefer reicht als alles vordergründig fixierte Wissen. Das Mysterium leuchtet auf, aber es lässt sich nicht erkennend fassen. Auch den Liebenden bleibt dies allein existenziell gewiss, in ihrem Bund der Vereinigung, der gelten soll, „solange ihr lebt", auf dass beide zusammen „als einer" leben und nach dem Tod in der Unterwelt nicht wieder geschieden, sondern auf ewig versöhnt und verbunden, somit „ein Toter" sind: „Also seht zu, ob ihr dies liebt und zufrieden sein werdet, wenn ihr es erreicht. Dies hörend, das wissen wir gewiss, würde auch nicht einer sich weigern oder zu erkennen geben, dass er etwas anderes wolle, sondern jeder würde eben das gehört zu haben glauben, wonach er immer schon strebte, durch Nahesein und Verschmelzung mit dem Geliebten aus zweien einer zu werden." Das „Trachten nach dem Ganzen" wird letztlich als Liebe bezeichnet. Die dem Menschen mögliche Glückseligkeit besteht darin, dass jeder „seinen eigentümlichen Liebling", die ihm zugehörige „Hälfte", erblickt und mit diesem sich in Liebe verbindet, um in tiefem Respekt für die Gottheit und in aufrichtiger Demut vor ihr zur „ursprünglichen Natur" zurückzukehren: „Wenn nun dies das Beste ist, so wird notwendig unter dem uns jetzt zu Gebote Stehenden das Beste sein, was jenem am nächsten kommt, und das heißt, einen Liebling zu finden, der jedem nach seinem Sinne geartet ist."

Die vielfältigen Interpretationen, die gerade dieser Mythos gefunden hat, münden nahezu einhellig in den Verweis, den auch der Platon-Forscher Werner Jaeger vor über fünfzig Jahren sichtbar gemacht hat – singuläres menschliches Dasein bleibt fragmentarisch, schlicht unvollständig, aber es besteht ein geradezu „metaphysisches Verlangen" nach der „Totalität des Wesens". Allein ist der Mensch hilflos in der Welt, die Vervollkommnung der Persönlichkeit gelingt nur in einem Verhältnis zu dem passenden Partner, zu der „anderen Hälfte". Der Eros erweist sich als bewegende Kraft auf dem Weg zur Bildung der Persönlichkeit, die, und das ist die eigentliche Pointe dieser Erzählung, niemals erreicht wird, sofern ein bloßes, über Reflexion und Erfahrung sich bildendes Selbstbewusstsein entsteht. Erst durch das Du gelangt das Ich wahrhaft zu sich selbst. Der Mensch ist auf den Nächsten angewiesen, freilich auch auf viele Mitmenschen in Staat und Gemeinschaft, ganz besonders aber auf den einen Partner, auf die eine und einzige „andere Hälfte", die ihm einstmals auch körperlich angehört hat. Somit kann dieser Mythos auch als Korrektiv der Selbsterhöhung und -überschätzung des Individuums gelten, vielleicht sogar als ironische Replik auf den Leitsatz der Sophisten, den Platon in vielen Dialogen, explizit genannt oder implizit gemeint, angreift. Dass nämlich der Mensch das Maß aller Dinge sei, wie Protagoras und in seinem Gefolge die Scharen der Sophisten meinten, kann nicht ernsthaft behauptet werden, wenn man sich seine eigenen Grenzen und die unabweisbare Begrenztheit, ja die Ergänzungsbedürftigkeit der menschlichen Existenz als solcher vergegenwärtigt. Etwas so Unvollkommenes, wie es der Mensch – nüchtern betrachtet – ist, ein ehemals vielfach begabter, aber ebenso hochmütiger „Kugelmensch", durch Götterzorn zerteilt, glaubt sich als einzige Instanz über ethische Maßstäbe, über den Geltungsbereich von Seiendem und Nichtseiendem setzen zu können? Nicht der Wille, nicht die Anmaßung von Maßstäben, die dem Menschen gar nicht zukommen, erweist sich als bewegend, wichtig und bedeutsam. Treibende Kraft ist der Eros, der zunächst aus dem unvollständigen Ich in der Begegnung mit der „anderen Hälfte" die geborstene menschliche Natur zumindest teilweise versöhnen und wiedervereinigen soll. Damit ist auch die selbstgewisse Behauptung jener Maßsetzung, die Protagoras vornimmt, entschieden zurückgewiesen, und vielleicht hören wir deswegen auch von Sokrates keinen Widerspruch gegen diese von Aristophanes vorgetragene Lobrede auf den Eros. Werner Jaeger schreibt resümierend: „Die Sehnsucht der Liebenden macht, dass sie sich nicht voneinander trennen mögen, sei es auch nur für kurze Zeit. Aber die Menschen, die ein Leben so zusammen verbringen, können doch nicht sagen, was sie eigentlich voneinander wollen. Denn dies ist offenbar nicht die körperliche Vereinigung, also bei der einer an dem Zusammensein mit dem anderen nur deswegen so große Freude hätte und so heiß danach strebte, sondern die Seele der beiden will offenbar etwas anderes, was sie nicht sagen kann und was sie nur wie die dunkle Ahnung der Lösung ihres Lebensrätsels besitzt. Die äußerliche Ganzheit, die durch die Zusammenfügung der aneinander passenden körperlichen Hälften wiederhergestellt wird, ist nur das grotesk-komische Abbild jener unaussprechlichen seelischen Harmonie und Ganzheit, die der Dichter hier als das wahre Ziel des Eros enthüllt."

In Platons Dialog „Das Gastmahl" werden zahlreiche Hymnen auf den Eros gesungen. Mehr oder weniger klingen sie alle schön, gut und gehaltvoll. Wie eine verborgene, geheimnisvolle Macht scheint der Eros zu wirken. Müssen wir uns dieser fügen, dürfen wir sie dankbar wie eine kostbare Gabe annehmen? Auf welche Weise stellen wir uns zu der Kraft, die uns treibt? Entspricht der Mythos überhaupt der Wahrheit? Platons Sokrates erwidert den Dichtern, die ihre Auffassung vortragen und auch mit Worten zu wetteifern scheinen, den Blick aber auf die Liebe, die sie zu ergründen suchen, niemals verlieren, nur wenig. Er weist nicht zurecht, aber er zweifelt. Vielleicht ist es darum wichtig zu begreifen, dass mythische Geschichten, poetisches Reden oder auch nüchterne Wissenschaft immer nur einen Aspekt erhellen, niemals das Ganze, auf welches sie in aller Unzulänglichkeit menschlicher Rede doch verweisen. Sokrates bewundert die Lobreden, warnt aber davor, sich am Klang wohlgefügter Worte zu berauschen. Welche Beziehung besteht zwischen der Macht des Eros und der Philosophie? Platon lässt Sokrates mit sanfter Ironie antworten: „Und da habe ich denn gemerkt, wie lächerlich ich war, als ich euch versprach, wenn ich an die Reihe käme, mit euch dem Eros eine Lobrede zu halten, und als ich sagte, dass ich gewaltig wäre in Liebessachen, da ich doch gar nichts von der Sache verstand, wie man, was es auch immer wäre, loben müsse. Ich dachte nämlich in meiner Einfalt, man müsse die Wahrheit sagen in jedem Stück von dem zu Preisenden …"

Auch in Sachen Liebe geht es allein um die Wahrheit. Nun wollte Sokrates nicht bestreiten, dass ein jeder sich auf seine Weise darum bemüht, aber sind die Dichter nicht allzu werbend aufgetreten, als buhlten sie um die Gunst des Publikums? Platon, auch in guter Selbsteinschätzung, empfindet den Wohlklang nur zu deutlich und kennt die Macht der Sprache. Die Gestalt des Sokrates verweist auf etwas Einfaches, aber doch so schwer zu Verwirklichendes: Nicht mit Worten gilt es zu überreden, sondern es geht allein darum, die Wahrheit zu sagen. Darum haben sich die Dichter möglicherweise bemüht, gewiss auch Aristophanes. Vielleicht könnte sogar ein Mann wie Sokrates einen Mythos erzählen oder ein Preislied vortragen. Doch er bleibt sich treu und bringt einen eigenständigen Beitrag vor, indem er sich an einen Dialog mit der Mantineerin Diotima, einer erfundenen Gestalt, erinnert. Den Eros charakterisiert er nun auf folgende Weise: „Zuerst ist er immer arm und bei weitem nicht fein und schön, wie die meisten glauben, vielmehr rau, unansehnlich, unbeschuht, ohne Behausung, auf dem Boden immer umherliegend und unbedeckt schläft er vor den Türen und auf den Straßen im Freien und ist der Natur seiner Mutter gemäß immer der Dürftigkeit Genosse. Und nach seinem Vater wiederum stellt er dem Guten und Schönen nach, ist tapfer, keck und rüstig, ein gewaltiger Jäger, allezeit irgendwelche Ränke schmiedend, nach Einsicht strebend, sinnreich, sein ganzes Leben lang philosophierend, ein arger Zauberer, Giftmischer und Sophist und weder wie ein Unsterblicher geartet noch wie ein Sterblicher, bald an demselben Tage blühend und gedeihend, wenn es ihm gut geht, bald auch hinsterbend, doch aber wieder auflebend nach seines Vaters Natur."

Personalisiert vorgestellt scheint der Eros eine durchaus zweifelhafte Gestalt zu sein. Noch immer ist auch von der Liebe die Rede, doch zugleich tritt er auf als Ränkeschmied, Tausendkünstler und Magier, der sich fragwürdiger Mittel bedient, trotz der Ausrichtung auf das Gute und Schöne. Er ist ein Mittleres zwischen Weisheit und Unverstand, sich selbst nicht genügend, somit begehrend: „Und auch zwischen Weisheit und Unverstand steht er immer in der Mitte. Dies verhält sich nämlich so. Kein Gott philosophiert oder begehrt weise zu werden, sondern ist es, noch auch, wenn sonst jemand weise ist, philosophiert dieser. Ebenso wenig philosophieren auch die Unverständigen oder streben danach, weise zu werden.

Denn das ist eben das Arge am Unverstande, dass er, ohne schön und gut und vernünftig zu sein, doch sich selbst ganz genug zu sein dünkt. Wer nun nicht glaubt, bedürftig zu sein, der begehrt auch das nicht, dessen er nicht zu bedürfen glaubt." Insofern muss der Eros ein Mittleres sein, weder die Götter, die als weise vorgestellt werden, philosophieren noch diejenigen, die den Mangel bei sich selbst gar nicht erfassen und sich für wissend halten. Die Philosophierenden spüren den Mangel. Sie leben im Wissen des eigenen Nichtwissens. Diotima sagt weiter, dass die Weisheit zu dem Schönsten gehört und der Eros die Liebe zum Schönen sei. Somit ist der Eros notwendig weisheitsliebend und steht philosophierend zwischen Weisheit und Unverstand, von einem weisen, wohl begabten Vater und einer unverständigen Mutter stammend. Der Eros ist, schließt Diotima, nicht das Geliebte, nicht das, worauf die Leidenschaft sich ausrichtet. Der Grund unseres Bezaubertseins liegt nicht im begehrten Mitmenschen, sondern allein in uns selbst: „Du glaubtest nämlich, wie ich aus dem, was du sagst, vermuten muss, Eros sei das Geliebte, nicht das Liebende. Daher, meine ich, erschien dir der Eros so wunderschön. Denn das Liebenswerte ist auch in der Tat das Schöne, Zarte, Vollendete, selig zu Preisende. Das Liebende aber hat ein anderes Wesen, so wie ich es beschrieben habe." Diese Ausführungen muten zwar wie ein ironisches Widerspiel des vorher erzählten Mythos an, doch schließen sich die beiden Auffassungen nicht gänzlich aus. Wenn, so lässt sich erwägen, die beiden „Hälften" tatsächlich das fehlende Stück ihrer selbst suchen, so sind sie beide Liebende, in denen der Eros gegenwärtig ist, der sie beflügelt und antreibt. Erkennen sie einander, so erblickt ein jeder genau in dem jeweils anderen die „andere Hälfte" seiner selbst, und der Eros ist sozusagen mit ihnen beiden, die füreinander Liebe empfinden und das Zusammensein begehren. Denn dies ist idealerweise ein beiderseitiger Wunsch, ein von den Partnern empfundenes Verlangen nach Wiedervereinigung. Der Gott, die göttliche, strebende, werbende Kraft, wird im Liebenden, nicht im Geliebten verortet, der zwar, wie wir lapidar sagen, vergöttert werden kann, aber sich eben durch die Eigenschaft des Liebenswerten, welchen Ideals auch immer, auszeichnet, nicht durch die Macht der Liebeskraft. Das Begehren zeigt sich auf der Seite dessen, der sich als mangelhaft erkennt, als ergänzungsbedürftig. Die Diotima-Rede greift durchaus, könnte man sagen, Motive des Aristophanes-Mythos auf, deutet sie aber in einem wesentlichen Punkt um und verändert sie dadurch nachhaltig. Die Philosophie wird mit dem Eros verbunden. Der Eros richtet sich auf das Schöne, dabei mag, wie wir wissen, der Liebende das Liebenswerte leicht verklären. Wer das Schöne begehrt, wünscht, dass es ihm zuteil werde. Mehr kann man dazu nicht sagen. Diotima schlägt vor, das Schöne durch das Gute auszutauschen. Auch hier möchte der Begehrende, dass es ihm zuteil werde. Es ist leicht zu sagen, inwiefern das Gute den Werbenden verändert: Wenn er es erhält, wird er glückselig. Über die Glückseligkeit hinaus kann man nichts erreichen und erstreben. Alle Menschen streben hiernach. Diotima erklärt, dass wir die Liebe leicht von ihr unterscheiden. Wir nehmen den Begriff und belegen diesen mit dem Namen des Ganzen, während wir doch nur einen Teil davon meinen: „Was die Liebe betrifft, ist im Allgemeinen jedes Begehren des Guten und der Glückseligkeit die größte und heftigste Liebe für jeden. Allein die übrigen, die sich anderswohin damit wenden, entweder zum Gewerbe oder zu den Leibesübungen oder zur Erkenntnis, von denen sagen wir nicht, dass sie lieben und Liebhaber sind; sondern nur die, die auf eine gewisse Art ausgehen und sich dieser befleißigen, erhalten den Namen des Ganzen, Liebe und Lieben und Liebhaber.“ Diotima nennt auch diejenigen Gestalten aus dem Mythos des Aristophanes, die ihre „andere Hälfte“ suchen und ohne Frage lieben. Ihre Rede richtet sich aber nicht an die von den Göttern Halbierten noch auf etwas Ganzes, wenn es nicht identisch ist mit dem Guten: „Denn die Menschen lassen sich ja gern ihre eigenen Hände und Füße wegschneiden, wenn sie, obgleich ihr Eigen, ihnen böse und gefährlich scheinen. Denn nicht an dem Seinigen hängt jeder, glaube ich, es müsste denn einer das Gute das Angehörige nennen und das Seinige, das Schlechte aber Fremdes. So dass es nichts gibt, was die Menschen lieben, als das Gute.“ Da die Menschen das Gute lieben, möchten sie auch das Gute erlangen, also richtet sich die Liebe darauf, das Gute immer zu besitzen. Freilich muss hier einschränkend darauf hingewiesen werden, dass das Verlangen nach dem Guten nicht zwingend personalisiert ist. Diotima erklärt ferner, dass der Eros als Verlangen bestimmt wird, aber auch als Zeugung im Schönen. Platon wendet sich erneut der Dimension der Geschlechtlichkeit zu und führt aus: „Alle Menschen nämlich sind fruchtbar, sowohl dem Leibe als der Seele nach, und wenn sie zu einem gewissen Alter gelangt sind, so strebt unsere Natur zu erzeugen. Erzeugen aber kann sie in dem Hässlichen nicht, sondern nur in dem Schönen. Des Mannes und Weibes Gemeinschaft nämlich ist Erzeugung." Das Hässliche wird als unangemessen, das Schöne als das allem Göttlichen Angemessene beurteilt. Die Erzeugung wird als etwas Göttliches bestimmt. Dass die geschlechtliche Liebe ohne die Absicht der Fortpflanzung bestehen, auch etwas Schönes und in sich selbst Sinnvolles sein kann, blendet Platon aus. Für die Menschen stellt dieser Akt etwas Unsterbliches dar, die Empfängnis in gleicher Weise wie die Erzeugung: „Deshalb, wenn das Zeugungslustige dem Schönen naht, wird es heiter und von Freude durchströmt und erzeugt und befruchtet; wenn aber Hässlichem, so zieht es sich finster und traurig in sich zusammen und wendet sich ab und schrumpft ein und erzeugt nicht, sondern trägt mit Beschwerde seine Bürde weiter. Darum beeifert sich, wer von Zeugungsstoff und Lust erfüllt ist, so sehr um das Schöne, weil es ihn großer Wehen entledigt."

Nicht das Schöne selbst, sondern die geschlechtliche Vereinigung als Zeugung und Geburt im Schönen, wird als Unsterbliches angestrebt, in der Ausrichtung auf das Gute. Den Eros bezeichnet die Diotima-Gestalt als das Verlangen sterblicher Menschen nach Unsterblichkeit, als die Ewigkeit wollende Lust. Man mag hierzu in moderater Distanz stehen und Platon zugleich romantisierende Überhöhung wie auch eine unabweisbare Ausrichtung auf die gegengeschlechtliche Liebe vorhalten. Der Eros wird als bestimmende Daseinsmacht gezeigt, welcher sogar die Menschenwelt mit dem Tierreich verbindet. So unterläuft Platon, gewollt oder nicht, eigentlich sogar die Absichten, die er Sokrates aussprechen lässt. Wollte er nicht, anders als die Dichter es taten, auf ein Preislied verzichten? Wie verhält es sich nun mit der ganz und gar nicht nüchternen Diotima-Rede, die er kommentar- und kritiklos referiert? Wir lesen weiter darin: „Was meinst du wohl, o Sokrates, dass die Ursache dieser Liebe und dieses Verlangens sei? Oder merkst du nicht, in welchem gewaltsamen Zustande sich alle Tiere befinden, wenn sie begierig sind zu erzeugen, geflügelte und ungeflügelte, wie sie alle krank und verliebt erscheinen, zuerst wenn sie sich miteinander vermischen, und auch bei der Aufzucht des Erzeugten, wie auch die Schwächsten bereit sind, dieses gegen die Stärksten zu verteidigen und dafür zu sterben; und wie sie sich selbst vom Hunger quälen lassen, um nur jenes zu ernähren, und so auch alles andere tun? Denn von den Menschen könnte man sagen, sie täten dies mit Überlegung; aber welches der Grund sein mag, warum auch die Tiere sich so verliebt zeigen, kannst du mir das sagen?"

Als Erklärungsversuch bleibt das Bemühen, Unsterblichkeit zu erlangen und zumindest den Augenblick genussvoll zu erleben. Mit gemäßigtem Anspruch dies zu betrachten und zu deuten, möchten wir vielleicht einwenden, ginge das nicht auch? Für Diotima ist es offenkundig, dass die „sterbliche Natur" Ewigkeit, Unsterblichkeit will, und dies gelingt ihr einzig durch die Fortpflanzung, also durch die Geschlechterliebe. Wäre aber dies nicht wieder ein egoistisches Bestreben? Etwas so Unvollkommenes wie der Mensch möchte seinem begrenzten Dasein unbeschränkte Dauer verleihen? Eine richtige Lebensgier scheint sich hier über die Liebe den Weg zu bahnen. Außerstande, sich der eigenen Vergänglichkeit zu widersetzen, bemüht sich der Mensch über die Liebe, im Schönen zu zeugen, das Eigene im Anderen bestehen zu lassen. Doch er selbst muss altern und sterben: „Denn ganz ebenso wie dort sucht auch hier die sterbliche Natur nach Vermögen, immer zu sein und unsterblich. Sie vermag es aber nur auf diese Art durch die Erzeugung, dass immer ein anderes Junges statt des Alten zurückbleibt. Denn auch von jedem einzelnen Lebenden sagt man ja, dass es lebe und dasselbe sei, wie einer von Kindesbeinen an immer derselbe genannt wird, wenn er auch ein Greis geworden ist: und heißt doch immer derselbe, ungeachtet er nie dasselbe an sich behält, sondern immer ein neuer wird und altes verliert an Haaren, Fleisch, Knochen, Blut und dem ganzen Leib. Und nicht nur an dem Leibe allein, sondern auch an der Seele, die Gewohnheiten, Sitten, Meinungen, Begierden, Lust, Unlust, Furcht, hiervon behält nie jeder dasselbe an sich, sondern eins entsteht und das andere vergeht. Und viel wunderlicher noch als dieses ist, dass auch die Erkenntnisse nicht nur teils entstehen, teils vergehen und wir nie dieselben sind in Bezug auf die Erkenntnisse, sondern dass auch jeder einzelnen Erkenntnis dasselbe begegnet. Denn was man Nachsinnen heißt, geht auf eine ausgegangene Erkenntnis. Vergessen nämlich ist das Ausgehen einer Erkenntnis. Nachsinnen aber bildet statt der abgegangenen eine Erinnerung ein und erhält so die Erkenntnis, dass sie scheint, dieselbe zu sein. Und auf diese Weise wird alles Sterbliche erhalten, nicht so, dass es durchaus immer dasselbe wäre wie das Göttliche, sondern indem das Abgehende und Veraltende ein anderes neues solches zurücklässt, wie es selbst war. Durch diese Veranstaltung, o Sokrates, sagte sie, hat alles Sterbliche teil an der Unsterblichkeit, der Leib sowie alles Übrige; das Unsterbliche aber durch eine andere. Wundere dich also nicht, wenn ein jedes von Natur seinen eigenen Sprössling in Ehren hält. Denn der Unsterblichkeit wegen begleitet jeden dies Bestreben und diese Liebe." Dieser „gewaltige Trieb", der Protest, das beharrliche Sträuben wider die Vergänglichkeit, führt dazu, dass alle Menschen willens sind, größte Gefahren zu bestehen, sich für ihre Kinder und Kindeskinder leidenschaftlich einsetzen und bereit sind, ihr Vermögen dafür aufzuwenden, alle Mühe zu übernehmen und sogar zu sterben, allein weil sie lieben.

Die „Zeugungslustigen" unterscheidet Platon von jenen, und dazu zählt er freilich sich selbst, die eher in seelischer Hinsicht Zeugungskraft besitzen und sich Verwalter ihres geistigen Erbes suchen, die Pädagogen sind, aber auch nach dem Schönen streben, indem sie diese Schüler gleichsam seelisch berühren, und das bedeutet in der Diotima-Rede, dass sie sich unterhalten, unterrichten und gemeinschaftlich Besonnenheit, Tugend und Gerechtigkeit pflegen und praktizieren.

Am Schluss dieser Ausführungen erhält die, wie wir sagen können, platonische Liebe ihren eigentümlichen Gehalt, indem die körperliche Lust zwar nicht gänzlich abgewertet, aber doch als zweitrangig beurteilt wird. Die seelisch Verbundenen fördern und begünstigen einander auf philosophische Weise. Sie sind stärker miteinander verwoben als diejenigen Menschen, die durch Blutsbande verknüpft sind: „Nächstdem aber muss er die Schönheit in den Seelen für weit herrlicher halten als die in den Leibern, so dass, wenn einer, dessen Seele zu loben ist, auch nur wenig von jener Blüte zeigt, ihm das doch genug ist und er ihn liebt und pflegt, indem er solche Reden erzeugt und aufsucht, welche die Jünglinge besser zu machen vermögen, damit er selbst so dahin gebracht werde, das Schöne in den Bestrebungen und in den Sitten anzuschauen, um auch von diesem zu sehen, dass es sich überall verwandt ist, und so die Schönheit des Leibes für etwas Geringes zu halten." Die philosophische Dimension des Eros bleibt die Ausrichtung auf die Formung der Persönlichkeit, die Lenkung auf das Maßgebliche und Wesentliche, was sich in der Ethik zeigt, damit er sich nicht in einzelnen Leidenschaften verliert, sondern auf die „hohe See des Schönen" gelangt und dort Gedanken in „ungemessenem Streben nach Weisheit" erzeugt. Dann wird er das Schöne, das sich in dem Guten zeigt, erblicken: „Wer nämlich bis hierher in der Liebe erzogen ist, das mancherlei Schöne in solcher Ordnung und richtig schauend, der wird, indem er nun der Vollendung in der Liebeskunst entgegengeht, plötzlich ein von Natur wunderbar Schönes erblicken, nämlich jenes selbst, o Sokrates, um dessen willen er alle bisherigen Anstrengungen gemacht hat, welches zuerst immer ist und weder entsteht noch vergeht, weder wächst noch schwindet ..." Durch das Schöne erblickt der Mensch philosophierend das Wahre, das „göttlich Schöne in seiner Einzigartigkeit", das frei ist vom „sterblichen Flitterkram". Wer die „wahre Tugend" erzeugt, bildet und erzieht, der wird von den Göttern geliebt und erlangt Unsterblichkeit.

Ein wenig seltsam mutet dieser Ausklang des „Gastmahls" doch an. Wüssten wir nicht, dass es Platon verfasst hat und quasi durch seine philosophische Größe beglaubigt, würden wir den pädagogisch-philosophischen Ausklang als matt auffassen, so als wollte er sich selbst, sein persönliches Streben zum Schluss des Dialogs integrieren, rechtfertigen und als beispielhaft herausstellen. Wir wollen das nicht weiterverfolgen, vielleicht mit Platon aber feststellen, dass auch die philosophische Reflexion über eine erotische Ebene verfügt, sofern sie sich auf das Gute richtet.

Erinnern wir uns aber noch einmal an das vorhin aufgeführte Beispiel der beiden, die sich begegnet sind und einander wider allen Erwartungen als Liebende erkannt haben, an den Germanisten und die Motorradfahrerin. Trifft auf diese erdachten, aber sicherlich möglichen Gestalten wirklich das zu, was Platon hier in der Diotima-Rede ausführt? Reicht seine Philosophie nicht ein wenig zu weit, zu hoch, über die Welt des Menschen hinaus? Wir sehen wohl in diesen Ausführungen vor allem auch die Magie der Erzählung, die philosophische Inspiration, den Genius, der sich vielleicht auch etwas an der Schwungkraft seines eigenen Denkens berauscht und von den Ideen, die er so beherzt und leidenschaftlich verfolgt, bezaubern lässt. Doch bei allen hohen Ansprüchen lebt, so scheint mir, auch in den beiden Gestalten, die wir uns vorgestellt haben, ein wenig von jenem Licht, das aus Platons Werk hervorleuchtet, auch wenn diese Liebenden, wie viele andere auch, es niemals so formulieren könnten oder auch wollten. Das, was die Menschen, die einander von Herzen zugetan sind, eigentlich miteinander verbindet, können sie nicht aussprechen, und doch besteht dieser Bund, der so fest und unerschütterlich ist, ganz gleich, ob sie nun für den Partner die verlorene „andere Hälfte" darstellen oder ob sie gemeinsam spüren, wie es sie zu dem Guten zieht, als Ganzheit, die aus zweien entstanden ist, ganz unverhofft und nun, für Fremde schwer begreiflich, unzertrennlich.

Karl Jaspers liefert eine bedenkenswerte Deutung, die dieses Kapitel über den großen Philosophen und Verführer beschließen soll: „Platons Philosophie ist die Philosophie des Lebens der Liebe, der Liebe als der das Wissen hervorbringenden, der das Dasein verzehrenden, von der Zugkraft des Seins zum Sein hingerissenen

Macht. Der Aufschwung ist verlässlich nur im gemeinsamen Aufschwung, gebunden an das Nichtsagbare und doch allein ganz Gewisse. Von dieser platonischen Wahrheit des philosophischen Eros einen Funken zu empfangen, ist seitdem der Ausgang allen wesentlichen Philosophierens."

Ovid

Ein Philosoph im strengen Sinne war der römische Dichter des ersten vorchristlichen Jahrhunderts freilich nicht. Gleichwohl weisen seine poetischen Werke philosophische Dimensionen auf, da die Grundprobleme menschlicher Existenz – Liebe, Leiden und Tod – in ihnen auf lyrische Weise widerhallen, mit einem Klang, der auch uns noch ergreift und berührt.

Ovid verfasste ein Werk, das sich bis heute im weiten Feld der Liebestheorien großer Beliebtheit erfreut und von vielen Menschen dankbar aufs Neue entdeckt wurde und wird. Es trägt den schlichten Titel „ars amatoria", den wir mit „Liebeskunst" übersetzen können. Wenn die Liebe als Kunstfertigkeit aufgefasst wird, so staunen zumindest jene Liebende, die ihr Gefühlsleben gar nicht kunstgerecht gestalten oder innerlich so tief bewegt, hingerissen und betört erscheinen, dass sie die Kunst der Liebe schon mit abgeschmackter Künstlichkeit in Verbindung bringen.

Ovids „Liebeskunst" indessen veranschaulicht beispielhaft ein offenes und ausgewogenes Verhältnis zur menschlichen Sexualität, die Akzeptanz der Lust, ohne Maßregelung durch asketische Selbstzucht, obgleich er die orgiastischen Vergnügungen, wie sie im römischen Imperium im Patriziertum gang und gäbe waren, entschieden missbilligt. Belangvoll aber scheint, wie wenig sich Ovid um die theoretische Stimmigkeit und den sprachlichen Zauber im Stil Platons bemüht. Seine mythischen Texte sind weniger auf das Wahre, Gute und Schöne ausgerichtet, er betrachtet sie viel eher als probates Mittel für die geglückte Verführung und die beabsichtigte Eroberung. Zugespitzt formuliert lesen sich Ovids Anleitungen zur Liebeskunst wie eine geistreiche Einführung in die „Jagd" oder eine

Anweisung zur handwerklichen Meisterschaft. Hiergegen regt sich meist beflissener Protest. Lässt sich die Liebe etwa erlernen? Begreifen wir uns anfangs tatsächlich als „Gesellen", die sich bei einem kundigen Meister in die Lehre begeben, um uns technische Fähigkeiten für den Alltag der Liebe anzueignen? Ovid rät, die Etappen der Verführung nicht gering zu schätzen. Wer Bedeutsames versäumt und nicht planmäßig vorgeht, wird scheitern, auch wenn er sich in vermeintlich hymnischer Liebeslyrik ergeht, die letzthin jedoch nur töricht und peinlich ist, dilettantisch gefügte Verse, die ermüden oder Heiterkeit erzeugen, während der Werbende sich doch besser eines anderen Mittels bedient hätte, um die Gunst der begehrten Dame zu erlangen. Ovids „Liebeskunst" besteht aus drei Büchern, zwei sind für Männer verfasst, das dritte für Frauen. Hierin spiegelt sich wahrscheinlich nicht allein die gesellschaftliche Wirklichkeit, die den Vorrang des Mannes im öffentlichen Leben bezeugt. Vermutlich bedürfen die Männer der Ratschläge zur Liebeskunst auch etwas nötiger, da sie sich in dieser Hinsicht wesentlich ungeschickter anstellen als ihre, mit Platon gesprochen, „anderen Hälften". Denn die Perfektion, mit der die römischen Patrizier es verstehen, Schiffe zu steuern, Wagen zu lenken oder auch im römischen Senat zu intrigieren, steht in keinem Verhältnis zu ihrer Hilflosigkeit in Sachen Liebe. Ovid nun, der römische Dichter, dessen Lyrik stets einen so genannten „doppelten Boden" aufweist, dem also die existenziellen Fragen besonders wichtig sind, gewährt einen Einblick in eine vergessene Kunstfertigkeit und präsentiert gleichsam einen Lehrplan der Liebe, der keinerlei didaktische Reduktion kennt, aber effektiv zu sein verspricht. Einen verzückten Romantiker hätte er ebenso milde belächelt wie einen bäurischen, drögen Zeitgenossen. Beide hätten seine Ratschläge zurückgewiesen, da sie das Wesentliche doch zu wissen glauben. Was Ovid lehrt, wird in der Philosophie abwertend zweckrationalistisch genannt, also als ein zielgerichtetes Vorgehen aufgefasst, bei dem die Instrumentalisierung des Mitmenschen ganz und gar nicht ausgeschlossen wird. Ovid, der vergnügte Pragmatiker, erklärt mit knappen Worten seine Programmatik, nämlich nichts als die Liebeskunst zu lehren, soweit er dies vermag. Er schreibt: „Bleibt fern, feine Kopfbinden, Kennzeichen der Sittsamkeit, und du, langer Besatz, der die Füße bedeckt! Wir werden sicheren Liebesgenuss und erlaubte Heimlichkeiten besingen, und in meinem Gedicht wird kein Verbrechen gelehrt.“ Das genussvolle Erlebnis der Leidenschaft ist niemals ungesetzlich, beidseitiges Einverständnis unerlässlich. Der „Rekrut“, wir können auch sagen: der Lehrling der Liebeskunst, soll planmäßig vorgehen. Zunächst gilt es, den Dienst anzutreten. Er muss sich also als Geselle begreifen und wissen, dass er am Anfang der Ausbildung steht. Wer meint, alles zu wissen, der wird nur scheitern können. Wenn dieser erste Schritt getan ist, empfiehlt es sich, das passende Mädchen auszusuchen. Ovid vertraut nicht auf unverhoffte Begegnungen und schon gar nicht auf die Macht des Schicksals, welches dem Jüngling schon die geeignete Dame seines Herzens zuführen wird. Anders gesagt: Man muss das Blatt schon ein wenig zu seinen Gunsten mischen und die Augen stets offen halten. Wir werden dies später bei Sören Kierkegaard noch sehen, der so wunderbar die Liebe beschreiben konnte, aber selbst nicht zu lieben wusste. Er hätte bei Ovid in die Schule gehen sollen. Der vergrämte Theologe erblickte die vierzehnjährige Regine Olsen in der Kirche. Sie war mehr als zehn Jahre jünger als er. Kierkegaard war von ihr außerordentlich angetan. Später war Regine sogar bereit, mit dem geheimnisvollen intelligenten Sonderling eine Beziehung einzugehen. Doch statt ihr wahrhaft liebend zu begegnen, entzog er sich, schrieb unentwegt und verschloss sich in sich selbst. Ovid hätte ihm wohl empfohlen, sie einfach zu umarmen und zu küssen, denn wenn er schon ein hinreißendes Mädchen gefunden hätte, was wäre dann ratsamer, als aus der Begegnung eine Beziehung zu entwickeln, um der Liebe Dauer zu verleihen?

Kehren wir zu Ovid zurück. Wie ergibt sich nun die erste Begegnung? Krampfhaftes und verkrampftes Suchen erweist sich als nicht empfehlenswert. Der Jüngling schweift umher und muss sich natürlich vorab darüber im Klaren sein, wen er gern treffen möchte. Nicht ratsam erscheint es, die Augen weit für einen unerreichbaren Idealtypus geöffnet zu halten, dem der Suchende in der Wirklichkeit, weder im alten Rom noch in der Moderne, nicht begegnen wird. Wesentlich aber ist für Ovid, dass ein Mädchen erwählt wird, welches keinen tauglichen Kompromiss darstellt, denn des Mittelmäßigen wird ein jeder Mensch doch recht bald überdrüssig. Auch soll man sich nicht von äußerlichen Umständen treiben lassen, nicht vom herannahenden Alter, nicht von Affären und Hochzeiten der Bekannten und Freunde, nicht von den Erwartungen der Familie. Ovid hält es für ausgeschlossen, dass dem Jüngling das richtige Mädchen niemals begegnet. Freilich, Schwierigkeiten mannigfacher Art darf man sich ausmalen: Manchmal, wie im angedeuteten Fall Kierkegaards, ist die Dame des Herzens noch gar keine Dame, sondern sehr jung, so dass der Liebende sich noch ein wenig damit begnügen muss, seine Blicke auf ihr ruhen zu lassen, ehe die Zeit der Verführung gekommen ist, und wenn der Moment dann da ist, strebt sie vielleicht schon anderswohin. Oder aber ein Jüngling erblickt eine betörende Dame, erkennt aber betrübt, dass diese nicht mehr frei ist, so wie Werthers Lotte, die einem „braven Mann" versprochen und somit längst vergeben ist. Aber wer wollte sich nicht zutrauen, mit einem Ausbund an Biederkeit, einem ausgemachten Langweiler zu konkurrieren? Lohnt sich der Wettstreit? Ovid würde von diesem nicht abraten, ihn allerdings auch nicht unbedingt empfehlen, schon gar nicht, wenn der Liebhaber naiv und insofern möglicherweise selbstmordgefährdet ist. Diese bittere Konsequenz mag für sich genommen durchaus verständlich, aber doch nicht nachahmenswert sein. Denn wer nach einer angemessenen Phase des Trauerns weiterschweift, sieht rasch, dass ihm auf den Straßen der Welt noch das eine oder andere Mädchen begegnen wird. Man kann vermuten, dass Ovid den Mythos der „Kugelmenschen" zwar für eine hübsch erzählte Geschichte gehalten, den Folgerungen aber, die sich daraus ergeben, nicht angeschlossen hätte. Diesen Mythos aber taktisch einzusetzen, dagegen hätte er sich nicht gesträubt. Ein schönes Mädchen schließlich, dem diese Geschichte zur richtigen Zeit am richtigen Ort mitgeteilt werden kann, wird nicht „vom blauen Himmel herabgeweht". Realistischerweise empfiehlt es sich, gezielt nach ihr zu suchen. Es gilt also, sich Gedanken zu machen, wo Mädchen zu finden sind. Ovid meint, „soviel Sterne der Himmel, soviel Mädchen hat dein Rom" – und zwar Mädchen jeglichen Alters. Nicht nur in Rom freilich, sondern überall sind passende Damen zu finden, man muss wahrscheinlich gar nicht lange nach ihnen suchen. Es genügt, mit offenen Augen durch die eigene Heimatstadt zu gehen. Fraglich aber bleibt, welche Art Beziehung der Jüngling sucht, die ewige Liebe, eine stabile Partnerschaft, ein rasches Abenteuer, flüchtiges Vergnügen? Vorab sorgfältig zu bedenken, wonach man eigentlich sucht, ist wichtig. Auf unsere Zeit bezogen, hätte Ovid wohl kaum zu Besuchen von Discos ermuntert, in denen sich zwar leicht Körperkontakte ergeben, aber wenig Gelegenheit für eine konkrete Werbung besteht, auch bleibt es problematisch, die Vorzüge der Dame, jenseits von körperlicher Schönheit, sorgfältig zu würdigen. Andererseits natürlich führt die Atmosphäre dazu, dass auch der Jüngling manche Schattenseiten seiner selbst hier verbergen kann, wenn ihm diese bewusst sind. Liegen seine Vorzüge etwa nicht unbedingt bei gefälliger, anregender und erheiternder Konversation, wird dies an einem solchen Ort kaum auffallen. Ovid aber hielt doch mehr von geistreicher Verführung, philosophisch unterfüttert sozusagen, von intelligenten Gesprächen, klugen Beobachtungen, die man miteinander teilen kann, und vergnüglichen doppelsinnigen Wortwechseln. Besonders im Theater mag der Suchende das Glück einer solchen Begegnung erlangen: „Aber du, geh vor allem im Rund des Theaters auf Jagd: Dieses Gebiet ist ergiebiger, als du es in deinen kühnsten Wünschen erhoffst. Dort findest du etwas zum Lieben, etwas zum Spielen, dort findest du, was du einmal berühren und was du festhalten willst." Für jeden Geschmack mag man also eine entsprechende Dame erblicken, und der Jüngling muss auch nicht denken, dass er der Einzige ist, der werbend auftritt, oder auch, dass die jungen Frauen nicht darauf warten würden, jemanden wie ihn zu erblicken und kennen zu lernen: „Sie kommen, um zu schauen, sie kommen, um sich selbst anschauen zu lassen." Jeder möge, ganz nach seinem Geschmack, auf dem ihm zukommenden Feld die geistvollen oder doch eher die bodenständigen Vergnügungen suchen. Alternativ weist Ovid auf die Spiele im Zirkus hin, Wagenrennen wie Gladiatorenkämpfe. Der einzig vernünftige Grund, eine solche Festivität aufzusuchen, sei es, Ausschau auf den Rängen zu halten, einen amourösen Kontakt zu knüpfen. Am besten eignen sich in diesem Zusammenhang Wettkämpfe mit Pferdewagen. Statt zur gezierten Konversation mit Fingerzeigen, zu geheimen Mitteilungen, die am Ende die Auserwählte doch nicht versteht, rät Ovid zu unverstellter Direktheit. Den Vorzug der räumlichen Enge soll man zu Körperkontakten nutzen. Ob Ovid heute den Besuch von Fußballspielen oder Rockkonzerten mit ähnlichen Absichten empfohlen hätte? Gesitteter ist es auch in den Arenen der Antike nicht zugegangen, die Kulisse war ohrenbetäubend wie im Stadion. Das Dümmste, was der Werbende nun tun kann, wäre eine abschätzige Betrachtung über die Veranstaltung als solche anzustellen, eine mit Bildungsballast und statistischen Erhebungen überfrachtete soziologische Analyse vorzunehmen oder die innere Distanz zu dem heftig beklatschten Geschehen ostentativ zur Schau zu stellen. Niemand sei gezwungen, sagen wir, das infernalische Getöse von Hiphop-Musik zu mögen, doch Ovid hätte wohl auf die Gelegenheit hingewiesen, dass man für kurze Zeit Lärm ertragen müsse, sofern sich ein reizvoller Kontakt ergeben könnte. Sich von Zirkusspielen, blutrünstigen Hetzjagden oder stumpfsinnigen Wagenrennen angetan zu zeigen, wenigstens für kurze Zeit, könnte bald zu dem erwünschten Effekt führen, und das ist für Ovid das Wesentliche. Schließlich dient der Besuch einer solchen Veranstaltung nicht der theoretischen Bildung, obgleich man über das Spektakel selbst trefflich philosophieren könnte – er würde ungeniert dazu raten, aber nur wenn diese Unterhaltung den Auftakt einer Liebesbeziehung bildete. Würde dies erreicht, könnte man genauso gut über die Eroberungen der römischen Legionen sich austauschen oder heute die politische Lage diskutieren, vielleicht sogar über die Rettung des Sozialstaates räsonieren oder den Werteverfall in der Gesellschaft mit moralisierender Attitüde beklagen. An jedem Ort kann ein vielversprechender Weg zu zweit begonnen werden: „Dicht neben deiner Dame sollst du ungehindert sitzen; schmiege deine Seite immerfort, so eng du kannst, an die ihre. Und es ist gut, dass die Schranke dich zwingt, zu ihr zu rücken, selbst wenn du es nicht wolltest; das Gesetz des Ortes verlangt, dass du das Mädchen berührst." Beim Pferderennen ist am wichtigsten zu erfahren, mit welchem Gespann es die Dame hält, auf wen sie gewettet hat. Ovid rät: „Und ergreife unverzüglich die Partei dessen, dem ihre Gunst gilt, wer es auch sein mag." Begrüßenswert und hilfreich sind voraussagbare, doch stets aufs Neue überraschende Zwischenfälle, beispielsweise Staub, der in den Schoß des Mädchens fällt. Der aufmerksame Verführer wird diesen sofort mit den Fingern abschütteln. Manchmal bleibt das Vorhersehbare aber auch aus. Ovid möchte, dass der Werbende trotz allem nicht resigniert, beschwört gleichsam die Kraft der Imagination und schreibt: „Auch wenn kein Staub fällt, schüttle das Nichts dennoch fort. Jeder Anlass sei für deine Dienstfertigkeit recht. Wenn das Kleid zu tief herabhängt und auf der Erde liegt, so nimm es und heb es beflissen vom unreinen Boden auf. Und als Lohn für deinen Diensteifer wird deinen Augen sofort der Anblick ihrer Beine zuteil – und sie lässt es zu."

Vor Konkurrenten muss man sich hüten, denn naturgemäß suchen zahlreiche Mitbewerber solche Stätten auf, um die Gunst, ob nun vorübergehend oder dauerhaft, einer Dame zu gewinnen. Diesen Gegnern begegnet der kommende Liebhaber am besten, indem er rechtzeitig, mit dem Gespür für den passenden Augenblick, die Dame in ein Gespräch verstrickt. Wer die Regeln des Spiels zu beherrschen lernt, weiß bald, wie unscheinbare Kleinigkeiten – eine Handvoll Verse, eine geistvolle Bemerkung, eine galante Geste, eine spöttische Bemerkung – Herzen, die leichten Sinnes sind, im Sturm erobern.

Die in den römischen Arenen inszenierten Schlachten geben nicht nur historische Kämpfe wieder, es zeigen sich auch Folgeerscheinungen verlorener Liebe, wenn etwa zornige Rächer ganze Landstriche verwüsten oder Unschuldige Qualen erdulden müssen, nur weil ein einziger Mann, rasend vor Eifersucht, seine Wut an ihnen auslässt. Aber dies interessiert Ovid nur am Rande, jeder kluge Liebhaber schenkt dem, was vorgeführt wird, nur insoweit

Beachtung, als es für seinen Zweck, der alle Mittel zu heiligen scheint, dienlich ist. Inmitten der Menschenmenge bei solchen Schauspielen wird jeder die Person entdecken, der er seine Zuneigung schenken möchte, und wer niemanden findet, dem wird auf dieser Welt in Sachen Liebe vermutlich nicht mehr zu helfen sein.

Weiterhin sind aus Ovids Sicht Gastmähler für sich anbahnende Liebesbeziehungen geeignet. An das platonische Symposium denkt er in diesem Zusammenhang aber offenbar nicht. Vorstellbar ist, dass er die erzählten Mythen für durchaus sinnvoll und schön gehalten hätte, Geschichten, mit denen der Vortragende für sich einnehmen möchte. Beim geselligen Beisammensein könnte es sich als klug erweisen, geistigen Genüssen zuzusprechen. Für Partys unserer Zeit dürfte Ähnliches gelten, obgleich Ovid stets vor exzessivem Alkoholgenuss warnte. Wer die Urteilskraft und womöglich auch das Bewusstsein einbüßt, für den könnte es ein jähes, unangenehmes Erwachen geben. Die Dunkelheit und auch der Wein beeinträchtigen zwar die angemessene Wahrnehmung und Würdigung von Anmut und Schönheit, doch bleiben auch die kleinen Fehler verborgen, die dominante Hakennase, das große Muttermal, die schielenden Augen und anderes, bei der Dame ebenso wie beim Werbenden. Wer aber nur ein kurzzeitiges Vergnügen sucht, der ist gut beraten, wenn er die Trübung seiner Erkenntnisvermögen als Vorteil für den Tag und die Stunde auffasst: „Bei Nacht bleiben die Mängel verborgen, man ist nachsichtig gegenüber jeglichem Fehler, und die Dämmerstunde macht jede beliebige Frau schön. Geht es um Edelsteine, purpurn gefärbte Wolle, schöne Gesichter und körperliche Vorzüge, so ziehe das Tageslicht zu Rate!“

Schüchternheit ziemt sich nur als taktisches Kalkül, Selbstvertrauen und eine fröhliche Munterkeit empfiehlt Ovid den Jägern der Liebe, die ihre Begierde ohnedies schwerlich verbergen können. Den Frauen gelingt dies wesentlich besser, auch verfügen sie zumeist über mehr Geschick, mögen selbst einige von ihnen die Doppelsinnigkeiten nicht begreifen und in blindem Zutrauen sich groben Narren ergeben, die ihre unschuldige Kindlichkeit ausnutzen. Frauen scheinen indessen oft aufgeweckter und geistig frischer zu sein als ihre männlichen Artgenossen. Manche Damen aber glühen vor Leidenschaft, und ihr erotisches Feuer bewirkt so manches: „Die Leidenschaft ist heftiger als die unsrige und steht dem Wahnsinn näher. Also wohlan, trage keine Bedenken, dir Hoffnung auf alle Frauen zu machen; von vielen wird kaum eine dir einen Korb geben. Die sich verschenken und die sich verweigern, freuen sich immerhin, dass man um sie warb. Magst du auch enttäuscht werden, so ist eine Zurückweisung doch gefahrlos; aber warum solltest du enttäuscht werden, wo doch ein neues Vergnügen willkommen ist und Fremdes das Herz mehr einnimmt als Eigenes! Fruchtbarer ist die Saat stets auf fremden Äckern, und des Nachbarn Vieh hat ein pralleres Euter."

Ähnlich wie auf den Schlachtfeldern der Ehre und beim Wagenrennen führt eine plumpe Strategie selten zum Erfolg, distanziert, nüchtern und auf den bestmöglichen Ertrag ausgerichtet gilt es zu handeln – oder mit der Werbung zu warten. Welches ist der geeignete Zeitpunkt? Ab wann empfiehlt es sich voranzustürmen? Erscheint eine ansprechende Dame in Begleitung eines jungen Mannes, so wäre ein entschlossenes Buhlen weder empfehlenswert noch Erfolg versprechend, mögen dessen Vorzüge auch begrenzt erscheinen, mag sich sein gewiss ehrenwerter Charakter auch hinter, sagen wir, verquastem Geschwätz, schiefen Zähnen und verfilzten Haaren verbergen. Es ziemt sich nicht, jenem Begleiter die geringe Wertschätzung, die man für seine Erscheinung und seine Auskünfte hegt, mitzuteilen, möglicherweise könnte es aber ratsam sein abzuwarten, bis die fragil anmutende Affäre endet. Sollte die Dame es wert sein, so darf der Liebhaber in spe warten, oder er fragt sich, ob er selbst überhaupt in Betracht käme, wenn dieses hübsche Mädchen sich einem fragwürdigen Charmeur wie diesem zuwendet. Mangel an Selbstbewusstsein schadet in jedem Fall, indessen ist es oft günstig, die Segel zu streichen und einfach weiterzusuchen. Sollten aber Risse in der nur scheinbar fest gefügten Beziehung zutage treten und mehr für die Dame als gegen sie sprechen, dann müsse man, so Ovid, es den Bauern und Seefahrern gleichtun, nämlich auf den richtigen Zeitpunkt achten: „So ist es auch nicht immer gefahrlos, nach zarten Mädchen zu angeln; oft wird, wenn man sich Zeit lässt, das Gleiche besser gelingen."

So mancher fragt sich vielleicht, ob Geschenke eine gute Idee wären, um die Frau für sich einzunehmen. Im Zweifelsfall sind philosophische Weisheiten, vorzugsweise aus der Antike, einfach unkompliziert, ein probates Mittel, günstig zu haben, beeindruckend und niemals lästig. Bei kostspieligen Gaben rät Ovid zur Zurückhaltung, besonders wenn die Beziehung sich ergeben hat und dauerhaft zu werden verspricht. Schon manche Frau hat die Leidenschaft des Liebhabers auszunutzen gewusst: „Ein locker gegürteter Händler wird zu deiner kauflustigen Dame kommen, und du wirst dabei sitzen, wenn er seine Waren auspackt. Sie wird dich auffordern, diese zu besichtigen, so dass du als Sachverständiger erscheinst; dann wird sie dir einen Kuss geben und dich schließlich bitten zu kaufen. Sie wird schwören, sich damit auf viele Jahre zufrieden zu geben, und sagen, jetzt brauche sie es dringend, jetzt kaufe man günstig. Wirst du vorschützen, du habest kein Geld dabei, um zu bezahlen, so fordert sie einen Scheck – und du bedauerst, dass du schreiben gelernt hast." Zwar sollte man nicht knausern, aber maßvolles Verhalten, gerade bei auf andere Weise verführerischen Objekten wie Schmuck und Kleidern, empfiehlt sich – und weise Zurückhaltung.

Viel praktischer ist ein Liebesbrief, freilich nicht einer, der dialektisch argumentiert, mit Kenntnissen protzt, wohl aber ein paar Zeilen, in die erworbenes Wissen geschickt und unaufdringlich einfließt. Besonders wertvoll sind dabei Schmeicheleien, aber nicht beliebiges Wortgeklingel, sondern treffende Komplimente, fern aller zersetzenden Ironie. Bitten sind erlaubt, auch leere Versprechungen, schließlich kosten sie nichts, bewirken indessen umso mehr: „Hoffnung hält, wenn sie einmal Glauben gefunden hat, lange Zeit vor; sie ist zwar eine trügerische, aber eine zweckdienliche Göttin. Hast du einmal etwas gegeben, so wird man dich mit gutem Grund sitzen lassen können; sie wird das Erhaltene mitnehmen und nichts verloren haben. Aber was du nicht gegeben hast, bei dem erwecke stets den Eindruck, als wolltest du es geben: So hat ein unfruchtbarer

Acker oft den Besitzer getäuscht. So lässt der Spieler nicht ab zu verlieren, um nicht zu verlieren, und der Würfel ruft die gierigen Hände immer wieder zu sich zurück. Das tut Not, das ist deine Aufgabe, ohne Vorleistung zur Vereinigung zu gelangen. Und nicht umsonst gegeben zu haben, was sie gab, wird sie es weiterhin geben." Wer gescheit zu formulieren weiß, witzig, frisch, lebendig und, wenn es die Stimmung erfordert, melancholisch und gemütvoll, erweist sich als guter Verführer, dem alle erliegen, vom schönen Mädchen von nebenan bis hin zu Richtern und Senatoren. Dies glaubt zumindest Ovid, freilich ein Meister der Sprache, der zugleich rät, dass man die Redekunst nicht um ihrer selbst willen präsentieren sollte, denn sie wirkt eitel, aufgesetzt und prahlerisch, und auch allzu gesuchte Worte vermeiden müsste, kurz gesagt: Nur Wahnsinnige deklamieren pathetisch vor ihrer Freundin. Heutigentags erreichen lyrische Ergüsse von Gelegenheitspoeten selten ein akzeptables, erträgliches Niveau, mag noch so viel Sentiment die Dichterherzen erfüllen. Jede Art von Übertreibung könnte kontraproduktiv sein. Wenn ein Philosoph um eine Philosophin wirbt, sollte er ihr dann wirklich ein neues System, das das abendländische Denken revolutionieren könnte, vorlegen? Muss er sich als strammer Hegelianer zu erkennen geben und, sagen wir, kapitelweise die „Wissenschaft der Logik" rezitieren und interpretieren? Sollte er als bekennender Marxist auftreten, da die Dame, wie er weiß, lange Jahre an Gesprächsrunden zu dickleibigen Werken von Karl Marx teilgenommen hat und sehnsüchtig auf die Weltrevolution wartet? Glaubwürdige Rede, vertraute Worte und ein Tonfall, der den Anschein erweckt, der Werbende würde persönlich mit der Dame sprechen, als säße sie unmittelbar vor ihm, das ist legitim, ratsam und Erfolg versprechend. Von glühenden Bekenntnissen wird gewarnt. Selbst wenn die Adressatin schweigt, selbst wenn der Brief auch zurückkehrt, es besteht kein Grund zur Enttäuschung, so abweisend sie sich auch verhält: „Doch worum sie bittet, das befürchtet sie, worum sie nicht bittet, das wünscht sie: nämlich du mögest beharren. Lass nicht locker, und du wirst endlich deinen Wunsch erfüllt bekommen."

Die Liebeswerbung per Brief ist ein probates Mittel für Gaukler, auch für Dilettanten, für Magier und Dichter. Die schriftliche Annäherung stiftet nicht Gemeinschaft, bietet aber eine gefahrlose Gelegenheit zur Selbstdarbietung. Wer schreibt, schreibt zunächst von sich selbst; auch wenn der Adressat die Erwählte ist. Das liebende Herz pocht gewaltig und rasch, aber so leicht die Worte aufs Papier fliegen mögen, so töricht sind sie vielleicht. Schmeicheln ist erlaubt und empfohlen, Bitten sind gestattet, Versprechungen zulässig, ja erwünscht. Am meisten verspricht sich natürlich der Liebende selbst, er erhofft sich Widerhall, erwartet diesen manchmal sogar. Dann hat er ein einnehmendes Wesen, er vereinnahmt auch, erobert, aber Überschwang drängt jeden ins Abseits, die Geliebte inbegriffen. Die Liebe ist eine Wohltat, das Verliebtsein ein zermürbendes Gift. Der Verliebte neigt dazu, die Zeit, die Luft zum Atmen und auch die Freiheit zu rauben, hegt große Erwartungen, bedrängt, versucht gefügig zu machen, in Besitz zu nehmen, zu erobern und versagt zuweilen so kläglich, da die Leidenschaft den Begehrenden innerlich verzehrt und der Partnerin Schaden zufügt. Ovid rät zu Versprechungen, nicht jedoch zu törichtem Geschwätz von ewiger Liebe: Kenne das Ziel und wähle die Worte, um die Absicht zu erreichen. Willst du eine Gattin? Willst du eine Geliebte? Willst du dir selbst schmeicheln, indem du ihr schmeichelst? Berauschst du dich an deinen eigenen Worten? Hoffnung hält, Hoffnung bleibt bestehen, die Träume sprießen märchenhaft, und die Hoffnung keimt und befördert neue Sehnsüchte, auch wenn die Versprechen nicht eingelöst werden. Wer sich an die Wahrheit hält, an ein, modern gesprochen, „what you see is what you get", der ist redlich gesinnt, aber dumm, wenn auch er damit die Hoffnung verbindet, dass eine Frau sich ihm zuwenden würde. Nicht dass die Dame unbedingt getäuscht sein möchte, aber sie träumt nur zu gern vom Schwanenritter, auch wenn sie, wie Elsa im „Lohengrin", mitunter mitten im Märchen zu zweifeln beginnt, statt in beglückenden Illusionen in der ernüchternden Realität zu leben sich anschickt; so mag sie nämlich sehen, dass der täppische Kerl, welcher so verzückte Liebesbezeigungen von sich gibt, eben doch nur ein armseliger Tropf ist.

Wer liebt, bekennt sich zu seinen Gefühlen, töricht aber, wer den begehrten Partner in sanft-süßlichem Sentiment ersäuft, einer pampigen Sauce larmoyanter Gefühligkeit, die zwingen will, aber bloß impertinente Duselei ist, Verse eines Benommenen. Diesem ist allerdings zu empfehlen, seinen Verstand, an dem es ihm sicher nicht mangelt, öfter zu gebrauchen, auch in Liebesdingen. Ovid rät zur sekkanten Annäherung, so scheint es, nährt Wunschträume und warnt davor, sich zum Narren zu machen, obgleich Liebe doch Narretei ist, Tollheit und Torheit zugleich, der Zaubertrank der Übermütigen. Indessen: Wer jammert, schwermütig klagt und angestrengt dichtet, mag Großes vollbringen, vielleicht auch das Papier mit Tränen benetzen. Doch erreicht er sein Ziel? In jedem Fall, er weint, klagt, grämt sich, schmilzt dahin, berauscht von den eigenen Gefühlen, trauert, stöhnt und ächzt, als hätte er Titanisches vollbracht, dabei hat er bloß einen Hormonüberschuss, leidet daran, nun gut, seufzt vor sich hin, bittet, erniedrigt sich. Wird das Häufchen Elend aufgerichtet? Dass er verliebt ist, mag sein Verhängnis sein. Kummer macht ihn kümmerlich. Er schreibt Brief um Brief, aber die Dame des Herzens schweigt beharrlich, hört ihn, aber erhört ihn nicht, warum auch. Er bemitleidet sich und lamentiert. Sie trifft ihn zufällig, en passant, auf der Straße, grüßt freundlich, nickt ihm zu. Er ruft verzweifelnd: „Meine Gefühle sind echt, ich liebe dich!" Nun, man könnte sagen: Das hat er in Dutzenden und Aberdutzenden von Briefen bereits in aller Ausführlichkeit dargelegt. Sie entgegnet: „Doch die Sätze, die du schreibst, sind reich an Fehlern, leider." Er kann sich nun sagen: Sie liest, was ich schreibe. Er kann sich sagen: Sie korrigiert mich, ein gutes Zeichen. Ihr liegt an mir. Er kann sich sagen: Sie verspottet mich. Er kann sich sagen: Sie will, dass ich sie in Ruhe lasse. Denkt er Letzteres, ist er klug. Denkt er anders, ist er ein Narr. Was sie aber nur sagt, ist: Wenn er mich liebt, was geht's mich an? Die Liebe ist ein Gespräch, mitnichten ein Monolog. Stellen wir uns einen Liebhaber vor, der gerne redet, insbesondere von sich selbst. Er gilt als Meister auf dem Parkett, erfolgreicher Banker, der zwischen Baisse und Hausse zu unterscheiden weiß, mit dem richtigen Gespür für steigende und fallende Kurse, ein großer Tänzer zudem, auch auf dem Parkett der Welt zu Hause, sogar imstande, ein Parkett, handwerklich geschickt, kunstfertig zu verlegen, kurzum, niemand macht ihm etwas vor, niemand, höchstens – er sich selbst. Nun erzählt er, in Konversation verstrickt, recht ausführlich von Abenteuern, die er meisterlich bestand. Pflichtgemäß lauscht die Dame dem Imponiergehabe, wie er von seinem Leben, seinen Aufgaben, seinen Meinungen, seinen Erfolgen berichtet. Er brüstet sich, steht also da, gewissermaßen mit entblößter Brust. Holt er einmal Atem, mag sie einwenden: „Man weiß nun, warum die Dinosaurier ausgestorben sind. Hörten Sie bereits davon?" Vielleicht, ein wenig überrascht, schweigt er und heuchelt Neugierde, oder er sagt, es gäbe diese und jene Theorie, der er sich aus diesem oder jenem Grund anschlösse oder auch nicht. Das kann schon ein Weilchen dauern. Aber die Dame ist hartnäckig und geduldig. Sie bemerkt schließlich: „Nun, mir scheint, Sie selbst haben wacker diese Giganten bezwungen und sind nur zu bescheiden, um das zuzugeben." Vermutlich sitzt er da, erstarrt, schaut sie an mit offenem Munde, stottert; sie erhebt sich und wünscht im Übrigen noch einen erquicklichen Abend. Liebe erfordert wohl auch Aufmerksamkeit, nicht nur das Beobachten des anderen, auch ein gewisses Maß an Selbstbeobachtung, um nämlich nicht das Maß zu verfehlen und sich gehen zu lassen, was auf vielerlei ernüchternde Weise möglich ist. So lässt sich auch in Briefen monologisieren, und darum empfiehlt Ovid nachdrücklich, die Vorzüge des erkorenen Partners zu preisen, nicht von sich selbst zu reden. Es ist nicht immer pädagogischer Impetus, wenn Liebesbriefe orthographisch korrigiert werden; eine anarchische Interpunktion mag Vorzüge haben, lässt sie doch künstlerische Schöpferlust vermuten, kindliche Naivität und gelegentlich sogar Eleganz. Schreibt also ein verzücktes Wesen von wahren Gefühlen, mag der Partner antworten: „Sehr gerne erwiderte ich deine Empfindungen, hätte ich eine Schneise durchs Geflecht deiner lose verbundenen Schachtelsätze, rätselhaften Wendungen und merkwürdigen Windungen schlagen können, um zu erahnen, ob du mich nun zu lieben oder zu hassen glaubst. So aber empfehle ich dir den Gebrauch einschlägiger Rechtschreibhilfen. Gern will ich dir assistieren und schicke dir darum deinen Brief mit Korrekturangaben zurück. Auf deinen nächsten Versuch freue ich mich sehr." Ovid hätte sich mit Grausen abgewandt.

Auf welche Weise soll der Verführer in spe sich kleiden? Legt Ovid Wert auf kostspielige Garderoben? Der Körperpflege dem nötigen Maß entsprechend zu genügen, ist selbstverständlich, wichtiger aber als überflüssiger Zierrat sind ihm Charme und natürliche Eleganz, eine „nachlässige Schönheit", nicht ein affektiertes Styling, modern ausgedrückt. Insbesondere sei impertinenter Schweißgeruch zu vermeiden, ansonsten gilt: „Alles Übrige überlass den lockeren Mädchen oder Leuten, die keine rechten Männer sind und um Männer buhlen." Knabenliebe und homoerotische Neigungen hält Ovid für unangemessen, zwar nicht für charakterlos, eher für kindische Tändeleien, die einem reifen Mann nicht gut zu Gesichte stehen. Wer wird einem Redner auf dem Forum oder einem Philosophen seine Weisheiten abnehmen, wenn er lüstern nach Jünglingen Ausschau hält und als billige Entschuldigung hierfür die Macht des Eros angibt? Maß zu halten gilt es vor allem im Blick auf den Alkoholgenuss. Eine leicht getrübte Optik mag zuweilen hilfreich und beschwingend sein, aber wer zu viel dem Wein zuspricht, macht sich unweigerlich lächerlich: „Verstand und Füße sollen dir noch dienstbar sein. Hüte dich besonders vor Scheltreden, zu denen der Wein aufstachelt, und vor allzu leicht entstehenden handgreiflichen Auseinandersetzungen."

Kommentare zum politischen Zeitgeschehen mag man sich ebenso wie den Mitmenschen ersparen, denn wer wäre schon ernsthaft interessiert an den Ansichten und Meinungen, die jene hegen? In höchstem Maße entbehrlich sind Witze, während sanfte, milde Scherze, ein leiser, feinsinniger Humor manches Gute hervorzurufen weiß. Wer sich auf Gesang und Tanz versteht, darf auch diese Gaben nutzen, allerdings werden solche Talente oft überschätzt, und nicht jeder, der die Melodie eines Tango erkennt, schätzt und liebt, vermag nach ihr vortrefflich zu tanzen.

Am Ende des Gastmahls, in der Aufbruchstimmung, bieten sich im Gedränge vielfältige Annäherungsmöglichkeiten, die genutzt werden sollten: „Menge dich unter die Schar und streife leicht die Dame, die neben dir geht; zupfe sie mit den Fingern an der Seite und berühre ihren Fuß mit dem deinen. Jetzt ist der Zeitpunkt für das Gespräch da; fliehe weit weg von hier, bäurische Scheu! Dem Mutigen helfen Glück und Venus. Deine Beredsamkeit soll von uns nicht reglementiert werden.“ Beim Abschied bieten sich unverhoffte Chancen, andere ernten nun den Ertrag der vorher ausgesäten Schmeicheleien. Neue Verabredungen ergeben sich, vielleicht mag der eine oder andere auch, nur zur Hälfte scherzend, plötzliches Verliebtsein spielen, glaubwürdig von seinem vor Leidenschaft brennenden Herzen erzählen. Wer sich geschickt anstellt, dem wird man glauben. Vorgetäuschte Liebe wird zuweilen tatsächlich verwirklicht. Aber ist ein solches Verhalten nicht unredlich und amoralisch? Müsste nicht gerade der philosophisch gesinnte Zeitgenosse innehalten, warnend, mahnend, wahrhaftig um Zurückhaltung und Aufrichtigkeit bitten? Gebietet dies nicht die Erkenntnis, die unaufhebbare Einsicht in die Wahrheit? Man mag sich herausreden, dass die Sinne täuschen und dass wir zuweilen Täuschungen erliegen, wenn wir unsere Zuneigung wortreich bekennen. Ein Verweis auf die philosophischen „Gastmähler“ tut ein Übriges, und selbst wer den von Platon erzählten Mythos des Aristophanes für metaphysischen Hokuspokus hält, mag doch empirisch überprüfen wollen, ob es sich nicht doch so verhalten könnte, wie jener Philosoph behauptet hat. Gewiss, all das ist nicht aufrichtig, nicht rühmenswert, wie die effektvoll eingesetzten Komplimente, die „wie fließendes Wasser ein überhängendes Ufer“ unterhöhlen. Stellen wir uns vor, einen Philosophen plagen Bedenken, Verführer möchte er sein, die junge Dame gefällt ihm sehr. Ob er tatsächlich rechtschaffen wäre, wenn er ihr engelsblondes Haar rühmte, ihren wohlgeformten Busen und zugleich verschwiege, dass ihre Nase nicht ebenmäßig, ihre Hüften nicht so schmal sind, wie er dies eigentlich für wünschenswert hält? Die passende Ästhetik fände er schon, die ihn rettete, nämlich dass ein kleiner Makel den Eindruck der Schönheit noch verstärke und Vollkommenheit ohnedies langweilig sei. Hier aber muss der Philosoph wissen, ob er einzig Philosoph sein oder Verführer werden möchte, Meister des Denkens oder Kundiger in Sachen Liebe. Nach Ovid kann sich beides auf beglückende Weise verbinden. Der Dichter würde in jedem Fall raten, das unverkennbar Schöne zu betonen: „Lass es dich nicht verdrießen, ihr Gesicht, ihr Haar zu loben, ihre feinen Finger und ihren kleinen Fuß. Auch keusche Herzen erquickt das Lob der Schönheit; auch Jungfrauen pflegen ihre Erscheinung und freuen sich daran." Dass die junge Dame den gesprächigen Philosophen für einen lästigen Schwätzer, selbstgefälligen Raisonneur und eitlen Wichtigtuer halten könnte, der zudem auch äußerlich ausgesprochen unansehnlich ist, auf diese Idee kommt Ovid freilich nicht. Wer möchte, soll Versprechungen äußern. Skrupel in Hinsicht auf Unredlichkeit mögen auf anderem Gebiete ehrenwert sein, hier erweisen sie sich für Ovid als überflüssig: „Betrügt, wenn ihr Verstand habt, nur die Mädchen ungestraft. Nur auf diesem Gebiet ist Redlichkeit eine größere Schande als Betrug. Betrügt sie, die euch betrügen! Großenteils sind sie ein unheiliges Volk; lasst sie in die Schlingen gehen, die sie euch gelegt haben!" Erst recht, wenn sich eine Frau betrügerisch verhält, soll sie wieder betrogen werden, ganz dem entsprechend, „was sie uns angetan hat".

Erneut wendet sich Ovid praktischen Problemen zu. Gesetzt den Fall, die Dame lässt sich durch gute Worte nicht erweichen, was wäre dann zu tun? „Auch Tränen sind nützlich; durch Tränen wirst du selbst ein Herz von Stahl rühren; lass sie, wenn du kannst, deine Wangen feucht sehen. Wenn dir Tränen fehlen (denn sie kommen nicht immer im richtigen Augenblick), berühre die Augen mit angefeuchteter Hand." Sollte die Dame „hochmütige Sprödigkeit" zeigen, ist Zurückhaltung angebracht. Bei allen anderen aber rät Ovid im Weiteren zu Küssen, auch wenn sich die Auserkorene ziert, sträubt oder sogar wehrt, diese sollen freilich zärtlich, werbend und nie gewaltsam erfolgen: „Was flieht, begehren viele, sie verabscheuen, was zudringlich ist; nimm ihr den Überdruss an dir, indem du sie sanfter bedrängst. Nicht immer muss der Werbende offen bekennen, dass er sich Liebe erhofft." Wer die Küsse nimmt, scheut auch das Übrige nicht: „Ach, allzu viel bildet sich der junge Mann auf seine Schönheit ein, der abwartet, bis das Mädchen ihm zuerst einen Antrag macht. Der Mann tue den ersten Schritt, er spreche bittende Worte, und sie möge die schmeichelnden Bitten liebenswürdig aufnehmen. Willst du sie erlangen, so bitte du sie. Sie will nur gebeten sein. Schaffe den Anlass und mache den Anfang zur Erfüllung deines Wunsches."

Nach der gelungenen Verführung steht der Liebhaber vor der Frage, ob er der Liebe Dauer verleihen möchte. Handelt er einzig als Don Juan, ohne Verpflichtungen, so mag er fortschweifen und weiterhin praktizieren, was er möchte, bei anderen sein Talent üben. Ovid würde ihm keine asketischen Ideale predigen wollen, aber durchaus empfehlen, die Liebe zu befestigen, ohne gewissermaßen dem täglichen Stumpfsinn bürgerlicher Saturiertheit zu erliegen. Denn beständig neue Liebesspiele bringen beträchtliche Strapazen mit sich. Der Verführer betreibt Raubbau an sich selbst. Zu fragen ist auch, ob der Jagdinstinkt dauerhaft befriedigt werden kann. Ovid schmuggelt quasi die philosophische Reflexion in seine Betrachtung ein, verzichtet auf eine komplexe Systematik und argumentiert eher pragmatisch. Wer möchte schon ständig auf der Suche nach dem Reiz des Neuen sein, um bei der nächsten Gefährtin doch nur das Ewiggleiche zu entdecken? Sich mit Eroberungen zu brüsten, mag flüchtig beeindrucken, zeigt aber höchstens kindische Eitelkeit und Geltungsbedürfnis. Ovids „Liebeskunst" verblüfft durch subtile anthropologische Einsichten, erweist sich mit zunehmender Lektüre immer weniger als Anleitung zum Don Juanismus, sondern als eine sachliche Auseinandersetzung mit dem Phänomen der Liebe in einem höchst verlockenden Gewande. Zunächst scheint es, als sei Ovid jedes Mittel recht, um Mädchen zu verführen, dann aber zeigt sich der Dichter als aufrichtiger Bekenner, der an die Liebe, vielleicht trotz aller Enttäuschungen und Illusionen, ernüchtert, aber nicht resigniert, wirklich glaubt. Wer geliebt sein möchte, schreibt er, müsse einfach liebenswürdig, also der Liebe wert sein. Güter, weltmännisches Gebaren und ein Übermaß an Fröhlichkeit, ebenso vermeintlich rühmenswerte Erfahrungen, also lang dauernde Affären, zählt dies? Kommt es darauf wirklich an? Liebenswürdigkeit äußert sich in Gesten und Gebärden, durch aufrichtigen Beistand, in der Zärtlichkeit, zeigt sich als Sanftmut, Nachgiebigkeit und Mitgefühl. Ovid demaskiert sich gewissermaßen selbst, nimmt zwar nichts von dem Gesagten zurück, würde auch nicht bestreiten, wie wichtig es sei, eine Dame seiner Wahl zu erobern, doch rät er nun nicht dazu, mit dem geliebten Menschen zu spielen. Er hat, auch wenn Ovid dies nicht ausspricht, die „andere Hälfte" seiner selbst erkannt. Sogar gesellschaftskritisch äußert sich der Dichter nun. Er bemerkt, er sei nicht zu den Reichen als Lehrmeister gekommen, sondern zu den Armen, denn die Begüterten hätten, zumindest glauben sie solches, das Genie gepachtet und könnten nach eigenem Maß und Gutdünken handeln. Auch rät er, nicht zu streiten, das zieme sich für Eheleute nicht, sondern Schmeicheleien einzusetzen, nicht zu befehlen, sondern zärtlich zu sein: „Der Arme liebe mit Umsicht, er scheue sich, Schmähungen auszustoßen, er ertrage vieles, was Reichen unerträglich ist." Krieg soll man andere führen, der Freundin gegenüber Milde walten lassen: „Gib ihr nach, wenn sie sich sträubt: Durch Nachgeben wirst du den Sieg davontragen. Dass du mir nur ja die Rolle spielst, die sie dir zuweist! Missbilligt sie etwas, so missbillige es; alles, was sie gut heißt, heiße gut; was sie behaupten wird, behaupte; bestreite, was sie bestreitet! Lächelt sie, lächle zurück; weint sie, vergiss nicht zu weinen! Sie soll deinem Mienenspiel ihr Gesetz auferlegen." Dauerhaft zu lieben, gelingt nur demütigen, aufrichtigen Menschen, niemals hochmütigen und selbstgewissen. Der Freundin, der Geliebten gebührt Respekt und Aufmerksamkeit, darum ist Pünktlichkeit erforderlich, Trägheit zu meiden: „Fehlt dir ein Fahrzeug, mach dich schleunigst zu Fuß auf den Weg! Und keine drückende Hitze, kein Durst bringender Hundsstern hemme deinen Lauf und kein Weg, der vom frisch gefallenen Schnee weiß ist. Liebe ist eine Art Kriegsdienst: Hinweg mit euch, ihr Faulen; ängstliche Leute dürfen nicht unter dieser Standarte kämpfen." Die Liebe ist nichts für Verweichlichte. Die Dame freut sich, wer um ihretwillen Entbehrungen leidet und Gefahren auf sich nimmt.

Wird das Preislied der Liebe fortgesetzt? Ovid schwankt wieder, so scheint es, nach diesem Ausflug in romantische Gefilde, kehrt zu dem nüchternen Realismus bei der Betrachtung des Phänomens der Liebe zurück, vermutlich weil er sich der konstitutiven Unzulänglichkeiten des Menschengeschlechts bewusst wird. Er empfiehlt Bewunderung, was immer das Mädchen auch tut: „Doch ihr alle, die ihr besorgt seid, ein Mädchen an euch zu fesseln, lasst sie glauben, ihr wäret von ihrer Schönheit überwältigt." Das Mädchen soll gerühmt werden, man lobe sie, dass sie anmutig tanze, auch wenn sie sich eher täppisch bewegt: „Doch sieh nur zu, dass du bei jenen Worten dich nicht als Heuchler entlarvst, und strafe nicht durch dein Gesicht deine Worte Lügen. Kunst ist nützlich, wenn sie verborgen bleibt; wird sie entdeckt, bringt sie Schande und nimmt dir verdientermaßen für alle Zeiten die Glaubwürdigkeit." Jegliche Übertreibung gilt es zu vermeiden, weniger aus philosophischer Rechtschaffenheit und Wahrhaftigkeit, vielmehr um der Glaubwürdigkeit willen. Anders gesagt, es zerspringt der zu straff gespannte Bogen. Um eine Beziehung zu kräftigen, empfiehlt sich Nähe und wechselseitige Annäherung, damit die Vertrautheit wächst und die Liebenden zueinander finden, emotional, aber auch räumlich. Wären in der Römerzeit so genannte Fern- oder Wochenendbeziehungen vorstellbar, so doch niemals am Anfang, wenn die Intensität der Empfindungen ausgelebt sein möchte: „Lass sie sich an dich gewöhnen; es gibt nichts Mächtigeres als die Gewohnheit. Bis du sie erobert hast, scheue keine Unannehmlichkeiten: Sie möge dich immer sehen, dir immer zuhören, Nacht und Tag mögen ihr dein Gesicht zeigen." Gelegentliche Pausen, Zeiten der Geruhsamkeit und der Distanz erscheinen durchaus ratsam, aber erst, wenn die Beziehung kontinuierlich sich entwickelt. Wer sich zu weit entfernt, der öffnet anderen Liebhabern die Tür. Eifersucht indessen nennt Ovid das „Salz der Liebe", doch Salz konserviert nicht nur, eine sozusagen versalzene Beziehung erweist sich als ungenießbar und wird sich auflösen. Für andere hingegen ist die Gefahr eines anderen Partners durchaus ein Anreiz: „Bei manchen Mädchen findet schüchterne Schonung schlechten Dank. Ist keine Rivalin zur Hand, wird die Liebe lau; geht es ihnen gut, so werden die Herzen meist übermütig, und es ist nicht leicht, den Erfolg mit Gleichmut zu ertragen ... So muss man, ist das Herz durch Vernachlässigung in träger Gleichgültigkeit abgestumpft, Liebe durch scharfen Reiz hervorlocken. Lass sie um dich bangen und erwärme aufs Neue ihr lau gewordenes Gefühl; lass sie erbleichen, wenn ihr deine Verfehlung angezeigt wird. O viermal glücklich, ja so glücklich, dass es sich in Zahlen gar nicht mehr ausdrücken lässt, ist der, um den die gekränkte Geliebte Schmerz empfindet!“ Frauen reagieren empfindlich, hysterisch, larmoyant oder zornig, weinen vor Erregung und Enttäuschung und sollen am besten sodann mit dem Frieden der Liebe besänftigt werden. Das neue Bündnis lässt sich gut im Bett schmieden. Ovid verweist hier auch auf die Schmerzen der Liebe, die zahlreicher, oft größer sind als ihre Freuden, und so mancher bevorzugt das Alleinsein nach schweren Enttäuschungen. Der Dichter selbst hätte diesen Weg nicht gewählt, doch die Sensiblen können häufig schier vor Kummer vergehen. Wer aber Ovids Schule der „Liebeskunst“ besucht, müsste eigentlich gerüstet und gewappnet sein, sich durch nichts bezwingen lassen, auch nicht sich vergrämt zurückziehen, desillusioniert, ermattet und verbittert.

Niemand soll sich mit seiner neuen Freundin brüsten. Der Prahler ist ein unreifer Clown, ein lästiger Zeitgenosse. Die Liebe erfordert Verschwiegenheit und Diskretion, so dass endlose Liebesbekundungen in Cafés, auf der Straße oder weithin sichtbar für jedermann, wie heute im Fernsehen, albern, peinlich und lächerlich sind: „In der Öffentlichkeit, und wo es sich trifft, vereinigt sich das Vieh; bei diesem Anblick wendet doch ein Mädchen das Gesicht ab.“ Ovids Affinität für den Gedanken der Gleichberechtigung von Frau und Mann in Sachen Liebe zeigt sich, wenn er meint, dass beide gleichermaßen das, was sie verbindet, genießen sollen. Pflichtgemäßer Gehorsam sei abscheulich, die Lust, aus Pflicht geleistet, ist unvollkommen: „Mich freut es, Laute zu hören, die jeweils das Lustgefühl ausdrücken, und sie möge mich bitten, zu warten und mich zurückzuhalten.“ Auch ältere Frauen sind begehrenswert, er nennt eine Dame, die ihre erotische Ausstrahlung bewahrt oder sogar verfeinert hat, eine gereifte Venus. Vorzüge sind nicht zwangsläufig mit jugendlicher Frische verbunden. Ein jegliches unter der Sonne erfordert seine Zeit: „Und lass du nicht die Geliebte im Stich, indem du ihr mit volleren Segeln vorauseilst, und auch sie soll nicht deiner Fahrt voraus sein. Eilt gemeinsam zum Höhepunkt; dann ist die Lust vollkommen, wenn Mann und Frau gleichzeitig überwältigt daliegen. So musst du es halten, wenn euch genügend Zeit und Muße zur Verfügung steht und keine Furcht euch bei eurem heimlichen Tun zur Eile zwingt. Ist ein Verzögern gefährlich, dann ist es gut, sich voll in die Riemen zu legen und dem dahinjagenden Pferde die Sporen zu geben."

Erstaunlich knapp bemessen sind die Ratschläge für die Frauen, die Ovid nun noch bereithält, eher wie ein Anhang zu der komplexen, reichhaltigen Liebesschule der Männer. Indessen will bedacht sein, dass nach dem antiken Rollenverständnis die Frau niemals als Werbende auftritt. Ovid empfiehlt, nicht zu viel Schmuck anzulegen, viel anziehender wirken doch natürliche Vorzüge körperlicher Schönheit, die auf dezente Weise betont wird. Wem freilich dies fehlt, der mag noch auf den Glanz von Ketten setzen. Die Dame kleidet sich auf ihre Weise, und wenn sie ganz sie selbst ist, unverstellt, wird sie stets gewinnend wirken und bezaubern können: Ovid hätte eine Aphrodite in geschmackvoller Abendgarderobe genauso reizvoll gefunden wie in Blue Jeans. Der Geliebte soll das fertige Kunstwerk sehen, nicht aber beim Frisieren dabei sein. Der Dichter vertraut auf die Verfeinerung der Sitten, auf die beste Ordnung der Talente. Die Frau soll sich genauso wenig wie der Mann aufspielen. Eine natürliche, sagen wir: ungeschminkte Schönheit mit dem Herz auf dem rechten Fleck wird stets einnehmend und überzeugend wirken, und der Mann, der dies nicht erkennt, ist es gewiss auch nicht wert – hat sie, lapidar ausgedrückt, nicht verdient. Ohrenbetäubendes, grelles Gelächter wirkt abstoßend, befremdet, ebenso wie ein ausgiebiges Mitteilungsbedürfnis eher unangenehm ist. Blöken dürfen Schafe, Schwatzhaftigkeit erzeugt leicht Verdruss. Eine Frau ziert es, wenn sie leicht und weiblich klingt, auch eine dunkle, tiefe Stimme mag angenehm und wohltuend klingen. Ob allerdings mangelnde Sorgfalt beim Ausdruck tatsächlich der Dame zum Vorteil gereicht, sei bezweifelt. Ovid hält es kurioserweise durchaus für charmant, wenn Frauen sich Sprachfehler angewöhnen und sich naiver geben als sie eigentlich sind, vielleicht weil so viel Unbeholfenheit den interessierten Mann rühren könnte. Zumindest fühlt sich ein Mann, der nicht so intelligent ist, wie er zu sein glaubt, von einer intelligenten Frau, die sich dumm stellt, nicht überfordert. Der Erfolg dieses Ratschlags erscheint doch aber eher zweifelhaft. Ovid schreibt: „Wohin wagt sich die Kunst nicht vor? Man lernt mit Anstand zu weinen, man schluchzt, wann und wie man will. Ja, man betrügt den Laut sogar um seinen ihm zustehenden Klang, und die Zunge lallt auf Befehl. Im Fehler liegt Anmut: Man lernt, manche Wörter schlecht zu artikulieren und mangelhafter zu sprechen, als man könnte. Auf dies alles (denn es ist nützlich) wendet eure Sorgfalt; lernt, euch mit damenhaftem Schritt zu bewegen. Auch der Gang trägt zur Anmut sein Teil bei, das nicht zu verachten ist; er lockt unbekannte Männer an, und er vertreibt sie. Die eine bewegt kunstvoll die Hüften, lässt ihre Gewänder im Winde wallen und setzt stolz die gestreckten Füße auf; die andere stapft daher wie die rotbackige Gattin eines umbrischen Bauern und macht weit ausladende Riesenschritte."

Ovid verfolgt mit der „Liebeskunst" auch einen zivilisatorischen Gedanken. Im dritten Buch etwa lesen wir, dass in der Nacht auch manches mit Gewalt vollzogen wird, doch der Dichter hätte jede Art der Vergewaltigung aus ethischen Gründen abgelehnt, auch aus ästhetischen, da die Liebe ein Spiel zu zweit ist, bei dem jeder Partner sorgfältig die Wünsche und auch die Würde des anderen erkennen und respektieren soll. Für seine Zeit sind dies beachtenswerte Ansichten. Brutale Gewalt beurteilt Ovid als barbarisch. Wir bemerken bei der Lektüre auch, dass er die Eigenständigkeit, auch das Eigenrecht der Frau anerkennt. Deutlich wird dies insbesondere, wenn er den Liebesakt aus Pflichtschuldigkeit ablehnt, vornehmlich weil dies der Liebe nicht angemessen sei, aber gewiss auch, weil beide Partner nicht mit ihrer ganzen Persönlichkeit etwas gemeinschaftlich erleben, sondern nur einer vermeintlichen Notwendigkeit, vielleicht sogar widerstrebend, folgen. Ovid warnt auch vor Hochstaplern, vor aufgeblasenen Schönlingen und

Schwindlern, die sich auf nichts verstehen als auf Heuchelei und schmeichlerische Worte: „Was sie euch sagen, das haben sie schon tausend Mädchen gesagt; ihre Liebe schweift umher und lässt sich nirgends häuslich nieder. Was soll eine Frau tun, wenn der Mann vielleicht eine glattere Haut hat als sie selbst und im Stande ist, mehr Männer zu haben als sie? ... Es gibt Leute, die unter Vorspiegelung von Liebe auf Raub ausgehen und auf solchem Wege nach schändlichem Gewinn streben. Lasst euch weder von dem Haar täuschen, das von flüssiger Narde glänzt, noch von dem knappen Schuhriemen, der in die richtigen Kerben hineingedrückt ist, noch von einer besonders fein gewobenen Toga und auch nicht, wenn an den Fingern Ring an Ring steckt: Vielleicht ist gerade der gepflegteste aus dieser Sippschaft ein Dieb und brennt nur in Liebe zu deinem Kleid."

Ovid bleibt denkbar unsentimental, zeigt die Liebe als Kunstfertigkeit, widerspricht so, auf amüsante, lehrreiche Weise, einer bloßen Triebbestimmtheit und zeigt dem Menschen Möglichkeiten auf, sich selbst zu erziehen, sich über die Naturhaftigkeit seines Daseins zu erheben und auf einem ihm angemessenen Niveau Liebe und Eros als Kultur zu pflegen. Die philosophische Substanz dieser Reflexionen liegt durchaus auch in den konkreten Ratschlägen, die sich trefflich zu einer Ethik des Alltags fügen, aber nicht minder in der Formung der Persönlichkeit, die sich durch das Erlernen der „Liebeskunst" vollzieht. Statt sich als tumber Tor peinlich und schimpflich, auch ungeschickt zu benehmen, lernt der bildungswillige Römer mit dem Dichter, sich reif und erwachsen auf dem Feld der Liebe zu bewähren – und sich der Grenzen des Spiels von Liebe, Lust und Leidenschaft bewusst zu sein.

Dem Spiel der Liebe wohnt ein tiefer Ernst inne, die Sehnsucht, glücklich und erfüllt zu leben. Als Taktiker und Stratege beim Militär hätte Ovid wohl jede Schlacht gewonnen. Doch war er überhaupt ein Philosoph? Ovid selbst hätte sich gewiss gegen ein solches Prädikat verwahrt, kalte Abstraktion, trockene Erwägungen und sperrige Metaphysik waren seine Sache nicht. Indessen schreibt er als kenntnisreicher Anthropologe, als aufmerksamer Beobachter des

Geschehens seiner Zeit, erteilt kluge Ratschläge, ohne zu moralisieren, und erreicht damit vielleicht mehr als jene Denker, die apodiktisch eine Moral aus starren Prinzipien als absolut gültig setzen. Diese Kälte wäre auch dem Thema fremd, denn vertrüge sich die Liebe mit solchen hochmögenden Lehrmeinungen? Nach Auffassung von Ovid gewiss nicht, und er hätte auch bezweifelt, dass solche Morallehren befolgt würden. Wer eine Anleitung zum Verführen schreibt, möchte nicht zwingend bloße Don Juans ausbilden. Ovid war Moralist genug, um vor solchen Zeitgenossen zu warnen, da diese sich um keinerlei ethische Maßstäbe kümmern, selbst nicht glücklich werden, aber andere ins Unglück zu stürzen vermögen. Über das Glück der Treue hat er nichts geschrieben. Gewollt hat Ovid mit seiner bis heute lesenswerten Schrift vor allem wohl eines: Wer diese Anleitung zur Liebeskunst liest und beherzigt, erlebt die Liebe als etwas Wunderschönes, das sein Leben unsagbar bereichert.

Sören Kierkegaard

Ob Kierkegaard Ovids „Liebeskunst" gelesen hat? Dazu enthalten die einschlägigen Biografien keinen Hinweis. Der römische Dichter hätte über das Verhalten des Begründers des Existenzialismus verzagt den Kopf geschüttelt und seine Art zu leben nicht verstanden. Es fällt schwer, bei der Betrachtung der Werke Kierkegaards sich vom Lebensgeschichtlichen als Deutungshilfe zu lösen. Denn welcher Denker hätte mehr aus der Erfahrung persönlicher Leiden geschöpft als er? Wer beobachtete sich aufmerksamer und analysierte sorgfältiger die Begriffe Angst und Verzweiflung als der dänische Philosoph, der für ein Christentum mit Leidenschaft eintrat, ohne sich selbst zu diesem glaubte bekennen zu können?

Sören Kierkegaard stellen wir uns am besten schreibend vor, gebeugt am Stehpult, wie er Buch um Buch verfasste, das jedes für sich reich war an tiefsinnigen Einsichten. Ein Exemplar von jedem seiner Werke stellte er in einen Schrank, Regine Olsen, verheiratete Schlegel, zugeeignet. Nutzte er literarische Fluchtmöglichkeiten, um aus der ihn bedrückenden, belastenden Atmosphäre Kopenhagens, die ihm schier die Luft zum Atmen zu rauben schien, zu entfliehen? Regine Olsen verstand ihn nicht, vor allem begriff sie nicht, dass er vor ihr davonlief. Sie hätte ihn lieben wollen und können, aber er scheute die Nähe, ihn ängstigte der Gedanke an eine zärtliche Berührung, als wäre er längst am Riff der Angst gestrandet und hätte sich selbst aufgegeben. Über Kierkegaards Persönlichkeit mag uns hier ein erhellender Auszug aus der von ihm verfassten, doch nicht zum Druck gegebenen Schrift „Johannes Climacus oder De omnibus dubitandum est“ Aufschluss geben: „In der Stadt H… lebte vor einigen Jahren ein junger Student namens Climacus, der in keiner Weise danach trachtete, in der Welt bemerkt zu werden, da er im Gegenteil seine Freude daran hatte, verborgen und in der Stille vor sich hin zu leben. Diejenigen, die ihn etwas näher kannten, versuchten, sich sein verschlossenes Wesen, das jeder näheren Berührung mit Menschen auswich, dahin zu erklären, dass er entweder melancholisch oder verliebt sei. Diejenigen, die das Letztere vermuteten, hatten in gewissem Sinne nicht Unrecht, obgleich sie irrten, wenn sie vermuteten, dass ein Mädchen der Gegenstand seines Träumens sei. Dergleichen Gefühle waren seinem Herzen ganz und gar fremd, und so fein und ätherisch, wie sein Äußeres war, fast durchsichtig, so war seine Seele im selben Grade viel zu sehr geistig bestimmt, als dass sie von der Schönheit eines Weibes gefesselt werden konnte. Verliebt war er, schwärmerisch verliebt – in den Gedanken oder richtiger, in das Denken … Dass die Menschen ihn belächelten, merkte er nicht, ebenso wenig, dass zu anderen Zeiten ein Einzelner sich erfreut umwandte, um ihm nachzublicken, wenn er leicht wie im Tanz durch die Straßen eilte. Er achtete der Menschen nicht, dachte auch nicht darüber nach, dass sie seiner achten könnten, er war und blieb ein Fremder in der Welt.“

Wir bemühen uns, nicht in erster Linie den unglücklichen, vereinsamten Sören Kierkegaard, der seinen Kummer als Zuflucht und Burg beschrieb, zu verstehen, sondern seine Betrachtungen zur Liebe sorgfältig nachzuvollziehen und aufmerksam zu studieren, wenngleich eine Analyse dieser Theorie zumindest ohne gelegentlichen Rückblick, wenn auch nicht in ständiger Rücksicht, auf Leben und Werk Kierkegaards kaum gelingen mag.

Sören Kierkegaard, der Philosoph und Theologe, war ein Erotiker und ein fantasievoller Theoretiker der kunstvollen Verführung. Doch erscheint dies nicht widersprüchlich? Wer fürchtete sich mehr vor der Wirklichkeit der Liebe, vor leidenschaftlich ausgelebter Sexualität als dieser Denker? Noch heute wird sein großes Werk „Entweder – Oder" viel gelesen, bewundert, gar als Leitfaden zur Verführung verwendet, ein Werk, geschrieben von einem Philosophen, der selbst, so mag zugespitzt formuliert sein, gar nicht zu lieben wusste und allein in einer betörenden Welt der Imagination lebte? Vielleicht geht dies zu weit. Denn Kierkegaard war verliebt, zumindest für kurze Zeit in hohem Maße, und das junge Mädchen, welches es ihm angetan hatte, hieß Regine, wunderschön, reizvoll und gegen den hochgespannten Denker so beglückend normal, geradlinig und treuherzig. Vielleicht war er zu alt für sie, gewiss aber zu versponnen. Das spürte Kierkegaard auch selbst. Statt sich durch ihre Zuneigung verwandeln zu lassen, trat er, wie er glaubte, einen „glänzenden Rückzug" an, wurde unausgesetzt philosophisch tätig, hinterließ ein geniales Werk, aber eben nur, so war er überzeugt, weil er das hübsche und sympathische Mädchen Regine nicht bekam, auch nicht bekommen wollte. Kierkegaard hatte sich den Weg zu seinem Glück selbst versperrt, auch um ihr nicht die religiöse Problematik seiner Existenz aufzubürden. Er wollte zudem in der Selbstbezüglichkeit verharren. Die Bahn seines Lebens wäre mit ihr ganz anders verlaufen. Kierkegaard blieb Erotiker, fand sich ungeeignet für die Ehe, bindungsfähig war er auch nicht. Eine philosophische Erklärung dafür wusste er zu liefern, als Rechtfertigung vor sich selbst: „So mancher Mann ist Genie geworden durch ein Mädchen, so manch ein Mann Held geworden durch ein Mädchen, so manch ein Mann Dichter geworden durch ein Mädchen – nicht aber ist er Genie geworden durch das Mädchen, das er bekommen; denn durch sie ward er bloß Etatsrat; nicht ist er Held geworden durch das Mädchen, das er bekommen, denn durch sie ward er bloß General; nicht ist er Dichter geworden durch das Mädchen, das er bekommen, denn durch sie ward er bloß Vater; nicht ist er Heiliger geworden durch das Mädchen, das er bekommen, denn er hat keine bekommen und wollte auch nur ein einzige haben, die er nicht bekommen hat, gleich wie auch jeder von den anderen Genie ward, Held ward, Dichter ward mit Hilfe desjenigen Mädchens, das sie nicht bekommen haben."

Kierkegaard, der Ästhetiker, schreibt, dass der „eigentliche Genuss" darin liege, eine „Vorstellung" zu haben, nicht real zu genießen, den Augenblick auszukosten, denn die Wirklichkeit halte der Erwartung, der Vorfreude nicht stand. Somit vollzieht sich die höchste Lust in der Fantasie, bunt ausgemalt, bedient sich aller Künste der Einbildungskraft, in einer Welt der „Vorstellung", in der auch niemand verletzt wird und in der sich niemand, lapidar gesagt, blutige Knie holt oder bittere Enttäuschungen erfährt. Der Verführer holt sich seine Anregungen aus der Realität, und so bietet eine Frau den „unerschöpflichen Stoff für Überlegungen", einen Quell für Beobachtungen, die das Herz rühren, bewegen und offenbar einen Philosophen zum Schreiben antreiben. Jede Dame hat ihre Qualitäten, ihre Vorzüge, der aufmerksame Betrachter wird sie erblicken, das „heitere Lächeln" ebenso wie den „schelmischen Blick". Solches geschieht sogar, so sei hinzugefügt, in der spröden Biederkeit einer evangelischen Kirche in Dänemark, wenn ein junges Mädchen wie Regine wider alle Konventionen während des Gottesdienstes beim Lächeln ertappt wird, von Kierkegaard. Schon ein bloßes Lächeln führt zu vielfältigen Betrachtungen, Ideen, lustvollen Augenblicken für den älteren Studenten, der nur darauf wartet, sie wieder im Kirchenschiff zu sehen, ihr zu begegnen, wenn auch nur aus der Ferne, um seine sehnsüchtigen Augen für eine Weile auf ihr ruhen zu lassen, sich am „schelmischen Blick" zu erfreuen und diesen Moment fantastisch zu überhöhen. Kierkegaard führt dies weiter, nennt das „begehrende Auge", den „hängenden Kopf", sozusagen neckisch geneigt, mädchenhafte Ausgelassenheit, aber auch die blasse, wortlose Wehmut, die stille Melancholie, all dies wird sichtbar im Auge des verliebten Betrachters. Weiterhin nennt er das „tiefe Ahnen" und die „ungebeichteten Regungen", bloße Andeutungen, die erschließen lassen, was kaum merkliche Bewegungen, ein fast unsichtbares Mienenspiel auslöst. Aufgeführt werden kleine Merkmale, die ungeheuer anziehend wirken können, die „winkenden Brauen", die „fragenden Lippen", die den Kuss herbeizusehnen scheinen, und die „geheimnisvolle Stirn", hinter der sich berückende Gedanken und Absichten verbergen können, die der Beobachter in seinem Sinne enträtselt. Zur äußerlich verführerischen Schönheit gehören auch die „bestrickenden Locken", der „leichte Gang" und das „anmutige Schweben", der „schlanke Wuchs", freilich die „weichen Formen" und der „üppige Busen", ebenso die „schwellenden Hüften", der „kleine Fuß" und die „niedliche Hand". Kierkegaard erwähnt auch den „himmlischen Stolz" und die „irdische Schamhaftigkeit", ebenso „engelhafte Reinheit" und „heimliches Erröten", vielleicht dann, wenn das Lächeln ganz unerwartet erwidert wird, nennt auch das Schmachten und Träumen, die „unerklärten Seufzer", die Sehnsucht nach Liebe. Einleitend hatte Kierkegaard gesagt, jede Frau böte eines dieser Merkmale oder doch Stoff genug für solche Überlegungen. Aber vielleicht offeriert manches Mädchen auch sämtliche dieser berührenden, bewegenden Eigenschaften, die dem interessierten Beobachter doch sagen müssten, dass es unvergleichlich angenehm sei, all dies anzuschauen – schöner aber doch könnte es sein, die Initiative zu ergreifen und, vielleicht mit Ovids Hilfe, sich diesem einen Mädchen absichtsvoll zu nähern. Erweist sich die erfahrbare, greifbare Wirklichkeit nicht viel beglückender als der romantische Traum von ihr? Der Erotiker Kierkegaard wahrt den Abstand, begehrt aus der Distanz, scheint das Begehren selbst in viel größerem Maße zu begehren als die verführerisch schöne junge Frau, als das bildhübsche Mädchen, welches er sieht. Fürchtet er die Nähe? Sorgt er sich darum, wenn er sich diesem einen reizenden Geschöpf, das er so sehr preist, nähert, die Vorzüge aller anderen Mädchen nicht mehr, nicht einmal von ferne genießen zu dürfen? Nun, verhielte es sich so, hätte er nicht ganz Unrecht, denn die Wahl eines Partners bedeutet in der Welt des bigotten Biedermeier den Ausschluss aller anderen möglichen Bindungen. Die Schule des liebenden Sehens jedoch, die der Philosoph hier bietet, zeigt, wie ganz unscheinbare Bewegungen, kaum sichtbare Merkmale schon über eine anscheinend magische Kraft, ein Moment des Bezauberns verfügen, dem sich der Beobachter gar nicht entziehen kann. Erblickt er eine solche berückende Schönheit, so setzt sie ihr Umfeld und ihn gleichsam in Brand. Er glüht innerlich, ist, wie man sagt, Feuer und Flamme, hingerissen, betört und ergriffen. Denken wir an Kierkegaard und Regine Olsen, so lässt sich sagen: Fortan verfügt der Verliebte über menschlich-allzumenschliche, allzu verständliche Gründe, den Sonntagsgottesdienst in der Kirche zu besuchen, denn er begibt sich dorthin nicht wegen der platten Erbaulichkeit, der schwülstigen Reden über Moral und Tugend oder der entleerten, seicht gewordenen Spiritualität, sondern einzig deshalb, weil er weiß, dass er dort das Mädchen mit dem „heiteren Lächeln" wird erblicken dürfen. Wären aber die nächsten Schritte nicht, sich ihr zu nähern, mit ihr zu sprechen, sie zu umarmen, zu küssen, zu verführen und zu heiraten? Oder wartet der außerordentlich aufmerksame Beobachter auf die nächste Dame? All die berückenden Eindrücke, die er gewinnt, müssten ihn ermutigen, sich zu besinnen und aktiv zu werden, schließlich könnte das Mädchen seine „andere Hälfte" sein oder doch, wie Ovid vielleicht sagen würde, das attraktive Wesen, welches es verdiente, unabsichtlich-absichtlich berührt, verführt und geheiratet zu werden.

Kierkegaard spielt die Formen der Liebe theoretisch durch, erweitert die philosophische Erkundung der Sinnlichkeit um berauschende Formulierungen, analysiert den Typus des Verführers meisterhaft und liefert somit einen außerordentlich differenzierten Begriff für ein Phänomen, das nicht nur im Zeitalter genialischer Romantiker wie Lord Byron die Psyche des Verliebten ebenso wie die anthropologische Disposition erhellen. Gleichwohl bleibt es ein Spiel mit Möglichkeiten, etwa wenn der Philosoph bekennt, dass es ein erhebendes Gefühl ist, auf viele Mädchen zu wirken, also über eine positive erotische Ausstrahlung zu verfügen. Zudem sei es ratsam, ja geboten, dies auszukosten, ein wonnereiches Gefühl, „in viele auf einmal verliebt" sich zu wissen, bewusst zu erleben, dass man nicht die vermeintlich einzig Wahre sich erwählt, sondern in verschiedene Damen auf je individuelle Weise verliebt ist. Nun fragt es sich, ob das nicht auf Dauer zeitraubend und erschöpfend ist, sofern man die moralischen Konflikte, die sich aus einem solchen Beziehungsreichtum ergeben, einmal außen vor lässt. Vielleicht ist dies aber auch bereichernd? Kierkegaard preist die je spezifische Art, mit der ein bestimmtes Mädchen geliebt wird. Natürlich wäre es töricht, „alle zu lieben", als ob sie gleich gültig und damit gleichgültig seien, so dass sie bloß ausgetauscht würden, also munter zirkulierten. Wer sich selbst genau kennt, weiß vortrefflich zu wählen, die erste Dame, wie oben beschrieben, sagen wir streng nach Kierkegaards Schemata, mit „bestrickenden Locken", „üppigem Busen" und „schwellenden Hüften" für das erotische Spiel und sexuelle Vergnügen, die nächste Dame ihres „heiteren Lächelns" und ihrer intellektuellen Vorzüge wegen zu geistreichen Gesprächen. Die Varianten lassen sich weiter fortspinnen. Ein wenig grotesk, absurd und absonderlich mutet dieser Liebhaber doch an, der seine Liebe teilt, sich vor der Oberflächlichkeit des bloßen Partnertauschs bewahrt, ebenso wie vor der schier unvermeidlichen Langeweile der Fixierung auf eine einzige Geliebte – um die „Mächte der Liebe" in sich selbst wissend –, dafür Sorge trägt, dass jede Neigung „ihre bestimmte Nahrung erhält, während das Bewusstsein doch das Ganze umfasst". Dies sei wahrhaft Genuss, dies bedeute es zu leben, sofern die Liebe als „Spiel der Freiheit" verstanden wird. Nun könnte man dieses ausschweifende Genussleben als Angst vor dem verpflichtenden Charakter einer partnerschaftlichen Beziehung kritisierend moralisch mit einigem Recht missbilligen, zugleich empfehlen, der so ausgewählt Liebende möge einmal die Perspektive wechseln. Der vom Verlangen getriebene Mensch verspürt eine „ewige Ungeduld", die ihn fortreißt, will kein Mädchen unbedingt lieben, sondern setzt seine Ansprüche als Priorität, nämlich dass die Geliebte weder „in physischer Beziehung ein Anhängsel" noch „in moralischer Beziehung eine Verpflichtung" sei – und so lautet die wichtigste Regel für den Verführer, der sich leidenschaftlich, besinnungs- wie bedenkenlos verhält: „Um Verführer zu sein, bedarf es stets einer gewissen Reflexion und Bewusstheit, und sobald diese vorhanden ist, mag es angebracht sein, von Schlauheit und Ränken und listigen Anläufen zu sprechen.“ Von der sinnlichen Liebe Treue zu erwarten, das wäre vermessen, ja unsinnig, und der matten Routine entgeht der Verführer allein, wenn er sorgfältig reflektierend auswählt, welches Mädchen zu welcher Gelegenheit besonders geeignet und vorzeigbar ist. Nur welcher Mensch würde solche Spielregeln akzeptieren wollen? Es mag zugestanden sein, dass der wechselseitige Anspruch auf Ausschließlichkeit altmodisch, lähmend und einengend erscheinen kann, aber wir müssen nur an die oben aufgeführten Beispiele denken, etwa an den Germanisten und die Motorradfahrerin. Beiden hätten vermeintliche Freunde nahe legen können, es sei zwar wunderbar, dass sie einander so gut verstünden und auch liebten, sie hätten aber doch gewiss noch Erwartungen, die der Partner niemals ganz befriedigen könnte. Eine solche Unterstellung hätten diese Liebenden gewiss schroff und empört zurückgewiesen. Was bei Kierkegaards Betrachtung der sinnlichen Liebe gänzlich ausbleibt, ist die Beobachtung, dass mit zunehmender Dauer einer Beziehung, die sich nicht in trister Routine erschöpft, jeder das Vertraute schätzen lernt und neue Facetten bei dem Menschen, mit dem er seine Zeit verbringen möchte, kennen lernt – dies geschieht ganz unerwartet, auch in lange währenden Beziehungen. So muss die partnerschaftliche Gemeinschaft, ob diese nun durch die Kirche gesegnet und durch den Staat beglaubigt ist oder nicht, nicht als einschränkendes Urteil: „lebenslänglich“ aufgefasst, sondern als freiwillig erfolgter Verzicht auf besondere Freiheiten anerkannt sein, als selbst gewählte Bindung, die sogar, für den Verführer unvorstellbar, das irdische Maximum an Glück bedeutet. Die sinnliche Liebe in der von Kierkegaard vorgetragenen Deutung sucht aber nicht die Dauerhaftigkeit, nicht die existenzielle Kommunikation der miteinander durch unsichtbare Bande immer stärker verwobenen Partner, vielmehr streben die Liebenden die Erfahrung der Ewigkeit im Augenblick an. So formuliert Kierkegaard: „Das Sinnliche ist … das Momentane. Das Sinnliche sucht die augenblickliche Befriedigung, und je verfeinerter es ist, umso mehr weiß es den Augenblick des Genusses zu einer kleinen Ewigkeit zu machen.“

Dieses erfüllende, beseligende „Bewusstsein der Ewigkeit" rechtfertigt gleichsam die heftige Begierde, die nicht wie etwa in der stoischen Philosophie als triebhafte Besessenheit gekennzeichnet wird, sondern als Ahnung, ja existenziell gewisses Erlebnis der Unendlichkeit im Augenblick der höchsten Leidenschaft. Die Gründung dieser Liebe auf die Sinnlichkeit bleibt unaufhebbar, wird aber nicht als animalische Wolllust bestimmt. Das „Gepräge der Ewigkeit" erhält sie durch das inwendig von den Liebenden erfahrene „Verhältnis" als ein „in sich vollendetes Ganzes". Kierkegaard greift, ohne diesen explizit zu nennen, den platonischen Mythos wieder auf, gestaltet den in der Erzählung des Aristophanes ausgeführten Lobpreis der Geschlechterliebe weiter und sieht in der sexuellen Vereinigung den höchsten Moment des Zu-sich-selbst-Kommens des Subjekts. Die Beliebigkeit aber, die durch den fortdauernden Partnerwechsel unvermeidlich hinzukommt – denn Kierkegaard bestimmt die „sinnliche Liebe" als „absolut treulos " –, modifiziert die antike Vorstellung. Somit begegnen einander zwar in der lustvoll gelebten Sexualität, ließe sich sagen, zwei „Hälften", die im Augenblick, aber nur in diesem, den schier überzeitlichen Genuss erfahren, sich in diesem Gefühlsrausch auch selbst verwirklichen und sich, voneinander gelöst, wieder als Fremde begegnen können. Die Überzeugung, dass diesem „Verhältnis" Kontinuität beschieden sein könnte, ist doch nicht mehr als sozusagen eine Laune der Verliebten, die mit der Zeit wieder verschwindet, so viele Augenblicke beglückender Sinnlichkeit auch wiederholt und auf dieselbe Weise erlebt werden können. Die „sinnliche Liebe" grenzt Kierkegaard von der „seelischen Liebe" deutlich ab: „Sinnliche Liebe ist ihrem Begriffe nach nicht treu, sondern absolut treulos, sie liebt nicht eine, sondern alle, das heißt, sie verführt alle. Sie existiert nämlich nur im Moment, der Moment aber ist begrifflich gedacht eine Summe von Momenten, und damit haben wir den Verführer … Diese ihre Treulosigkeit zeigt sich aber auch noch auf andere Weise: Sie wird nämlich immer nur eine Wiederholung sein. Die seelische Liebe hat in doppeltem Sinne das Dialektische in sich. Teils hat sie nämlich den Zweifel und die Unruhe in sich, ob sie auch glücklich werden, ihren Wunsch erfüllt sehen und geliebt werden wird. Diese Sorge hat die sinnliche Liebe nicht.“ Das „Dialektische“, die innere Gegensätzlichkeit also, die offenbar spezifisch menschliche Kompliziertheit, fehlt der „sinnlichen Liebe“, die sorglos und konfliktfrei erscheint, nach Kierkegaard eher ein betörendes Daseinsgefühl darstellt denn die konkrete Zuwendung zu einem ganz bestimmten Partner. Ihre Realisierung vollzieht sich unabhängig von seelischer Verbundenheit, auch die Anziehungskraft, die die Liebenden aufeinander mit bezwingender Macht ausüben, welche sich schwerlich in Begriffe kleiden lässt und trotzdem höchst vital besteht, ist vom jeweiligen Charakter, von spezifischen Dispositionen, von der Herkunft, von den Ansichten und Meinungen nicht bestimmt. Was sie zueinander zieht, liegt jenseits aller denkbaren Reflexion. Die „seelische Liebe“ vermag darum nicht bloße Wiederholung zu sein, vielmehr reift sie als Entwicklung in der Zeit, arbeitet sich voran, stößt auf Schwieriges, was Außenstehende als nahezu nichtig einschätzen, hadert vor Hindernissen, erblickt Widerstände, versteigt sich grüblerisch zu komplexen Erwägungen, ist aber ständig auf ein Objekt, auf eine Person ausgerichtet, gar fixiert. Sie erlischt, sobald sie sich nicht realisieren kann. Auch wird die dauerhafte Partnerschaft in der „seelischen Liebe“ erstrebt. In der „sinnlichen Liebe“, welche umherschweift, wird spontaner Neigung entsprochen, sie wird im Augenblick realisiert und löst sich kurz darauf wieder auf: „Die seelische Liebe bewegt sich gerade in der reichen Mannigfaltigkeit des individuellen Lebens, wo die Nuancen das eigentlich Bedeutungsvolle sind. Die sinnliche Liebe dagegen kann alles in einen Topf werfen. Die seelische Liebe ist ein Bestehen in der Zeit, die sinnliche ein Verschwinden in der Zeit.“ Der ästhetische Genuss der körperlichen Schönheit, das gefällige Erlebnis der „sinnlichen Liebe“, das Sicherfreuen an dem jungen Mädchen wie an einem „Glas Champagner“ reizt von außen, zeigt aber bei näherer Betrachtung die schale, insuffiziente und substanzlose Leere eines „schäumenden Augenblicks“ in der verfließenden Zeit, ist „recht hübsch“, erweist sich als ein nettes Geplänkel, bleibt aber ethisch unzureichend und auch unbefriedigend. Das ist der Lebensweg des Ästhetikers, des rauschhaften Genussmenschen, der all das auskostet, was ihm auf den Etappen seines irisierend leuchtenden Daseins widerfährt, der sich als Verführer gefällt, diese Rolle liebt – und nichts als nur eine scheinhafte Existenz führt. Wir können uns diesen Don Juan der Postmoderne leicht vorstellen, scheinbar bewunderns- und beneidenswert, wie er sich so virtuos zu bewegen scheint, im Licht der Öffentlichkeit, hofiert von den Medien, mit Schönheiten parliert, selbstbewusst, generös, witzig, vom wohlfeilen Bonmot bis zur platten Albernheit. Er wirkt wie ein Pfau, der sein Rad schlägt und jede Feder einzeln bewundert wissen möchte, bewegt sich auf die Frauen zu, die alle gleich aussehen, sich gleichermaßen grazil bewegen – und eine jede von ihnen weiß er zu amüsieren. Man hört förmlich lebhaft sich artikulierendes Gelächter und helles Gekicher widerhallen, sieht diesen Don Juan betört und umringt – und so viele betrachten ihn auch missgünstig, empören sich moralisierend und möchten doch nichts lieber sein als ein erfolgreicher Bonvivant wie er. Sein Gesicht bleibt maskenhaft, changierend zwischen gewinnendem Lächeln und geheucheltem Mitgefühl. Er lebt unecht, stumpf und geistlos, verkommt in der Ödnis einer kalten Welt mit geborgten Gefühlen, vorgetäuschten Leidenschaften. An „schäumenden Augenblicken" mangelt es ihm nicht, aber an Geborgenheit, Liebe und einer wahrhaft authentischen Persönlichkeit, einem echten Partner, einer Frau an seiner Seite. Das Umgekehrte übrigens, also mit einer Dame, die auf gleiche Weise sich verhält, als ob ihr die Welt zu Füßen läge, scheinbar beneidenswert, ist heute genauso vorstellbar. Eine solche Art zu leben erweist sich notwendig als zirkulär, von Genuss zu Genuss eilend, in der endlichen Wiederkehr in der Zeit, in der geistlosen Leere eines nur vordergründig glänzenden, beglückend schönen Dahinlebens. Wer dies spürt, fühlt, erkennt, vermag vielleicht etwas zu ändern.

Sören Kierkegaard empfiehlt nun die „Wiederholung", die Ehe: „Die Liebe der Wiederholung ist in Wahrheit die einzig glückliche. Sie hat nicht wie die der Erinnerung die Unruhe der Hoffnung, nicht die beängstigende Abenteuerlichkeit der Entdeckung, aber auch nicht die Wehmut der Erinnerung, sie hat die selige Gewissheit des Augenblicks. Die Hoffnung ist ein neues Kleid, doch man hat es noch nie angehabt und weiß daher nicht, wie es einen kleiden wird oder wie es sitzt. Die Erinnerung ist ein abgelegtes Kleid, das, wie schön es auch sein mag, doch nicht passt, weil man ihm entwachsen ist. Die Wiederholung ist ein unverwüstliches Kleid, das fest und zart umschließt, nicht drückt und nicht lose hängt. Die Hoffnung ist ein entzückendes Mädchen, das einem zwischen den Händen entschlüpft; die Erinnerung ist eine schöne alte Frau, mit der einem doch nie im Augenblick gedient ist; die Wiederholung ist ein geliebtes Eheweib, dessen man nie überdrüssig wird; denn überdrüssig wird man nur des Neuen."

Mutet dies nicht verwunderlich an? Das Neue, das verführerisch Andere einer unbekannten Dame, die charmante Art eines fremden Herrn soll zu Unlust, Widerwille und Übersättigtsein, kurzum zu nichts als Überdruss führen? Statt eine beliebige Handlung auszuüben, die anfangs noch als absichtsvolle Tat aus „sinnlicher Liebe" geschieht, als Nachgeben gegenüber einer Verlockung, sehen wir hier mit Kierkegaard in der „Wiederholung" die respektvolle Würdigung der Kontinuität der Partnerschaft, eines in sich beruhigten Daseins, das doch nuanciert Neues zu bieten vermag, auch wenn es wenig reizvoll, ja dem fernen Betrachter geradezu reizlos erscheint. Wird dieser nicht viel eher den Bonvivant beneiden als den Ehemann? Kierkegaard restituiert nicht gänzlich den platonischen Mythos, ihm fehlt das hymnische Pathos des Metaphysikers, der diesen Zusammenschluss philosophisch überhöhen könnte. Freilich lassen sich die ethischen Vorzüge dieser Lebensweise anerkennen und loben, auch entgehen die Liebenden der unweigerlichen, frustrierenden Zirkularität des stetigen Partnertauschs. Der Gatte ist sich seines „Eheweibes" gewiss, das er aufrichtig liebt. Das „Neue" allein wird man bald leid, doch warum eigentlich? Suchen wir nicht das Andere, neue Erfahrungen und Erlebnisse? Nach Kierkegaard ist all dies im Feld der Liebe austauschbar. Don Juan bleibt unbefriedigt, obwohl er beständig neue Liebschaften von vielleicht immer kürzerer Dauer hat, weder rastet noch ruht, ständig in Bewegung ist, als drehte sich die Welt um ihn, doch in Wahrheit dreht er sich nur um sich selbst. Er findet keinen Ort, an dem er sich ausruhen kann, ist heimatlos, unbehaust, ihm fehlt die stabile Partnerschaft, die nicht ermattender, frustrierender, alltäglicher Stumpfsinn ist, sondern eine tiefe Dankbarkeit für das Miteinander. Einem Don Juan mangelt es schier an allem, was für das Leben wesentlich ist: „Liebe ist Hingabe, aber ist nur dadurch möglich, dass ich aus mir selber herausgehe. Wer liebt, hat sich selbst in einem anderen verloren, indem er sich aber in dem anderen verloren und vergessen hat, ist er dem anderen offenbar, und indem er sich selbst vergisst, wird seiner in dem anderen gedacht." In einer Partnerschaft zu leben heißt auch hier, bei sich selbst anzukommen, sich aufgehoben, sich zu Hause fühlen, dem Mitmenschen angehörig und dauerhaft verbunden zu sein.

Hieran schließt sich aber eine Reflexion des großen Hindernisses an, das auf den Liebesbund geradezu zerstörerisch und zersetzend wirken kann – der Mangel an Verständnis, richtiger noch: das Ausbleiben einer wirklichen Kommunikation, eines echten Verstehens der Sorgen und Nöte, der Wünsche und Erwartungen, der ganzen Persönlichkeit des geliebten Anderen. Nicht dass die Liebenden einander verfehlen, sei das größte Unglück, ein viel schlimmeres Übel sei doch, „dass sie einander nicht verstehen können", mithin dass sie einander fremd und undurchdringlich bleiben. Die Liebenden machen viele Worte, aber zugleich besteht zwischen ihnen die Distanz des Nichtverstehens. Der „Kummer" hierüber versehrt tiefer, macht unglücklich, verwundet das „Herz in der Liebe", sogar für eine „Ewigkeit", während anderes Unglück rein äußerlich bleibt, Zeitliches trifft, aber nicht innerlich verwundet. Dieses Nichtverstehen lässt sich bedingt als Missverstehen begreifen, reicht aber in seiner Tragweite darüber hinaus, denn die Menschen, die hieran leiden, glauben einander bereits gefunden zu haben und müssen doch schmerzlich spüren, dass der Partner fern und fremd bleibt, trotz aller räumlichen Nähe. Sie leben zusammen und gleichzeitig aneinander vorbei, sprechen miteinander, wählen vielleicht dieselben Worte, aber die Seelen befinden sich nicht im Gleichklang, so dass möglicherweise auch hier das bis eben noch innige Liebesspiel zur öden Pflichtübung wird, die ehemals empfundene Zugehörigkeit sich als Täuschung erweist. Wenn dies in einer Ehe geschieht, geht diese zwangsläufig in die Brüche, endet im stummen Sichanschweigen, in der schaurigen Geschwätzigkeit des Törichten, besonders arg, wenn der eine Partner nicht bemerkt, dass dieses Nichtverstehen Realität ist – und in der vermeintlichen Zweisamkeit erfährt sich der Mensch als unendlich vereinsamt. Was bleibt zu tun übrig? Die Beziehung als „Verstandesehe" fortzuführen? Nichts, so scheint es, ist liebloser als dieser zwanghafte Bund: „Es zeigt, wie durchreflektiert die Zeit ist, dass sie sich mit einer Vernunftehe behelfen muss. Sofern eine solche Verbindung auf die eigentliche Liebe verzichtet, ist sie wenigstens konsequent, gibt aber damit zugleich zu erkennen, dass sie eine Lösung der Aufgabe nicht ist. Eine Verstandesehe ist daher als eine Art Kapitulation zu betrachten, welche die Verwicklungen des Lebens notwendig machen. Sie wird darum auch gern zwischen Personen eingegangen, welche gelernt haben, dass die eigentliche Liebe eine Illusion ist. Das Ewige, das zu jeder Ehe dazugehört, ist hier also eigentlich nicht zugegen; denn eine Verstandesberechnung ist immer zeitlich. Eine derartige Verbindung ist daher zugleich unsittlich und zerbrechlich." Sie ist, ließe sich in Ergänzung hinzufügen, nicht nur zerbrechlich, denn ein solcher Bund besteht nur auf dem Papier, förmlich, vielleicht für die Kirche, für den Staat, aber nicht als beste Fügung der Herzen, aus dem einfachen Grund vollzogen, weil die Partner sich einander zugehörig wissen.

Die „großen Leidenschaften" kennzeichnet eine eigentümliche Flüchtigkeit. Wer für kurze Zeit gleichsam überströmt vor Liebeskraft und Begehren, sich dann aber eine Auszeit nimmt, weil er gewissermaßen, metaphorisch gesprochen, durch das Geschenk eines Straußes Rosen die Pflicht erfüllt sieht und es für überflüssig erachtet, jede Woche der geliebten Dame eine einzige zu schenken. In der Ehe vielmehr, so formuliert Kierkegaard, bleiben trübe Tage, Frustrationen nicht aus, die sich durch das Zusammenleben unweigerlich ergeben, aber das, was die Partner verbindet, erweist sich stets als stabiler als die aufbrechenden Gegensätzlichkeiten, als die Mühsal des Alltags. Die Eheleute wissen nur zu gut, „dass ein jeglicher

Tag seine eigene Plage hat, aber auch seinen eigenen Segen". Nicht die „äußerlichen Gebärden", auch nicht die ostentativen Bekundungen, wie zauberhaft des Partners Wesen und Erscheinung, dessen liebenswürdige, liebenswerte Art, Haarpracht und -tracht, Kleidung und Konversation sei, so aufrichtig diese auch gemeint sind, zeichnen die „eheliche Liebe" aus – die Ehe ist eines „stillen Geistes unvergängliches Wachsen". Buchstäblich unsichtbar, den Blicken neugieriger Betrachter entzogen, kommen sich die Liebenden immer näher, zeigen vertraute Gesten und stummes Einverständnis, mit den Worten Heraklits, eine „unsichtbare Harmonie", die jegliche durch Verträge, Absprachen und Zeugnisse der gegenseitigen Empfindungen geregelte Partnerschaft überdauert. Kierkegaard formuliert: „Offenherzigkeit, Aufrichtigkeit, Öffentlichkeit im denkbar größten Maßstab; denn das ist das Lebensprinzip der Liebe, und Heimlichkeit ist ihr Tod. Das ist indessen nicht so leicht getan wie gesagt, und es gehört wahrlich Mut dazu, es konsequent durchzuführen … Es gehört Mut dazu, sich so zeigen zu wollen, wie man in Wahrheit ist; es gehört Mut dazu, sich von einer kleinen Demütigung nicht loskaufen zu wollen, wenn man es durch eine gewisse Heimlichkeit könnte … Es gehört Mut dazu, ganz ehrlich und aufrichtig das Wahre zu wollen."

Kierkegaards zynischer Ästhetiker ist ein ewiger Wanderer, der niemals Ruhe in sich selbst findet und darum auch nicht für eine erfüllte Partnerschaft taugt. Er weiß nichts Besseres, als zu resignieren, und so erscheint es ihm unmöglich, glücklich und zufrieden zu leben. Alle Möglichkeiten hält er für unerträglich, würde bestreiten, dass die Liebe überhaupt erstrebenswert sei. Der tief unglückliche Verführer, der für den von Platon erzählten Mythos nur galligen Spott übrig und Ovids Ratschläge ausgiebig beherzigt hat, ohne jedoch das Ziel einer stabilen Partnerschaft anzustreben, weiß resümierend nichts anderes über das Schicksal seiner Existenz und des in die Liebe vernarrten Menschengeschlechts überhaupt zu sagen als die berühmten Worte: „Heirate, du wirst es bereuen; heirate nicht, du wirst es auch bereuen; heirate oder heirate nicht, du wirst beides bereuen."

Sören Kierkegaard selbst hat in theoretischer Antizipation imaginierte Lebensentwürfe kontrast- und facettenreich virtuos durchgespielt. Er selbst verbirgt sich und verschwindet hinter den Pseudonymen, unter denen er seine Schriften herausgab, denn er fürchtete sich davor, direkt, unverstellt, „unmittelbar" zu reden. Kierkegaard beschwor wortmächtig die Magie der Verführung, ohne selbst in Wirklichkeit verführen zu können, und lobte die Zweisamkeit der ehelichen Bindung, ohne je die solipsistische Existenz zu überwinden. Warum fasste sich Kierkegaard nicht ein Herz? Warum überwand er nicht die Distanz zu Regine? So vieles möchten wir ihn fragen, den Philosophen, der doch so tiefsinnige Betrachtungen über die Liebe geschrieben hat. „Der eigentliche Genuss liegt nicht in dem, was man genießt, sondern in der Vorstellung." Sören Kierkegaard hat sich vorgestellt, wie es wäre, Regine Olsen wirklich zu lieben, und beließ es dabei. Er hätte seine Angst überwinden sollen. Dann wäre der einsame Philosoph aus Kopenhagen vielleicht glücklich geworden. Kein anderer als er selbst hat schließlich die folgende rhetorische Frage formuliert: „Was ist denn ein Mensch ohne Liebe?" Diese Frage hätten auch die anderen beiden philosophischen Verführer Platon und Ovid so stellen können – innerlich verwoben sind ihre Werke vielleicht durch die Gewissheit, dass die Verführung aus Liebe zwar etwas wahrhaft Betörendes und Berückendes, aber doch nur ein vorübergehendes Stadium ist. Allein verkümmert der Mensch, einsam in trüben Tagen, selbst wenn sein Leben nach außen hin wie ein beseligter Daseinsgenuss wirkt. Der Auffassung, dass zu lieben auch heißt, den weiten Weg durch dieses Leben zu zweit zu gehen, würden Platon, Ovid und Kierkegaard wohl beipflichten, ein jeder von ihnen freilich auf seine Weise.

III. Facetten der Liebe im Spiegel christlicher Philosophie

Sören Kierkegaards Werk, obgleich er als Gestalt den inspirierenden philosophischen Verführern zugeordnet werden kann, bildet auch einen Abschied von der ausgearbeiteten Theorie des Spiels der Verlockung, deren Widersprüche, Grenzen und Fraglichkeiten er erkannt hat. Wir sehen ihn ebenso in seinem verzweifelten Ringen um einen redlich lebbaren Glauben – und wenden uns nunmehr ausgewählten Repräsentanten einer dezidiert christlich grundierten Philosophie und Theologie zu. Sich mit diesen Denkern zu beschäftigen, erweist sich für manchen vielleicht als problematisch. Wir vernehmen zwar die Bekenntnisse von Klerikern und Theologen, von den Kirchenvätern der Spätantike bis hin zu Papst Benedikt XVI., die als Lobpreis der Liebe aufzufassen sind, sehen aber vordergründig, insbesondere im Blick auf die Institution und Glaubenslehre, dogmatische Strenge, einen absoluten Anspruch in der Moral und zuweilen schlichte Hartherzigkeit. Inwieweit diese Ansichten zutreffen und ein Gran Wahrheit enthalten oder vielleicht auch nur auf Vorurteilen beruhen, soll hier nicht beleuchtet werden. In dem vorliegenden Kapitel beschäftigen wir uns mit Augustinus und Thomas von Aquin, mit Romano Guardini und Ladislaus Boros, die wir keineswegs, auch wenn das nicht das primäre Interesse dieser Darstellung ist, als Apologeten ehelichen Lebens oder gar einer engherzigen Moralauffassung kennen lernen werden. Eigentlich aber geht es uns darum, in ihren Werken die philosophischen, auch allgemeinmenschlich wertvollen Betrachtungen zum Phänomen der Liebe zu entdecken, das sich nicht in eine katechetische Unterweisung gewaltsam einfügen, sondern als ein spezifischer Ausdruck menschlicher Freiheit und Verantwortung verstehen lässt, im Sinne des religiös musikalischen Menschen – als authentisches Christsein, das über die Schalheit einer in sich stimmigen, aber praktisch folgenlosen Systematik hinausreicht, sich in der Welt bewährt, den Menschen fordert, aber nicht überfordert und ihm zugleich einen metaphysischen Trost verheißt.

Augustinus

Die Lebensgeschichte des Augustinus, des berühmtesten Philosophen der Spätantike, ist uns gut vertraut. Er hat in seinen „Bekenntnissen" sprachmächtig, rhetorisch versiert und philosophisch gehaltvoll die Entwicklung seines Denkens dargelegt, seinen wechselvollen Weg beschrieben und sich letzthin wortgewaltig zum Christentum bekannt. So wurde der Bischof von Hippo in Nordafrika zu einem der angesehensten Theologen und Kirchenväter. Eine seiner Maximen lautete: „Liebe und tu, was du willst." Auf den ersten Blick mutet diese eingängig formulierte Wendung ausgesprochen problematisch an. Befreit uns die Gesinnung oder der Habitus des Liebens von allen moralischen Erwägungen, die das Handeln begleiten? Rechtfertigt die Liebe unser Tun und Lassen per se? Einerseits klingt diese Formulierung ermutigend. Wer liebt, so denken wir, kann gar nicht irren, kann gar nicht fehlgehen in seinem Handeln. Andererseits denken wir vielleicht an Begriffe wie Pflicht und Verantwortung und suchen deren Bedeutungshorizont zunächst vergeblich in dem eben zitierten Leitspruch.

Augustinus hat gewiss niemanden von diesen ethischen Forderungen entbunden. Vielleicht verstehen wir seine Intention auf angemessene Weise, wenn wir darüber nachdenken, wie sehr die Liebe das Denken und Handeln eines Menschen zu formen, seinen Charakter zu prägen vermag. Wer liebt, verändert sich selbst. Der Liebende zeigt ein anderes Erscheinungsbild und wirkt gleichsam wie verwandelt. Das ersehen wir allein daraus, dass ein indifferenter, teilnahmsloser Mensch, der vielleicht an die eigene Karriere denkt oder bloß in den Tag hinein lebt, sich als Liebender plötzlich ganz anders verhält. Die Liebe erfüllt den Menschen. Er wächst in sie hinein, er wächst mit ihr. Dann verfügt er, wie wir sagen, über eine positive Ausstrahlung. Die Liebe wirkt über ihn hinaus. Sie beschränkt nicht, sie weitet, erweitert sein Blickfeld und lässt ihn offen werden für die Menschen und die Welt, in der er lebt, lässt ihn Anteil nehmen am Schicksal der Mitmenschen, sensibel werden für ihre Empfindungen und Nöte, für ihre Sorgen und Wünsche. Er kann darum tun, was er will, wie Augustinus meint, die Liebe wird man ihm ansehen, die Liebe wird man spüren. Weil er liebt, wird er attraktiv für andere, attraktiv sein, das heißt – in einem ganz nüchternen Sinne – anziehend wirken, durch Lebensart und Gestus, durch die Sprache und das Erscheinungsbild, als Person. Über welche Ausstrahlung verfügt nun der Liebende? Augustinus denkt an ethische Bezüge. Hierzu zählt der tiefe Ernst, der den von Liebe erfüllten Menschen auszeichnet. Verbundenheit zu spüren ist sein Merkmal. Niemals agiert er gleichgültig, schon allein deswegen nicht, weil ihm der Wert des anderen Menschen vollauf bewusst ist, sozusagen spürt er diesen in seiner existenziellen Tiefe. Wohl und Wehe des Mitmenschen gehen den Liebenden an. Er zeigt besondere Hochachtung und Wertschätzung. Anders hingegen verhält sich der Spötter, der Missgünstige, ja der Lieblose. Er ironisiert und verhöhnt, aber er ist in seinem Innersten nur einsam. Der Ernst, der dem Liebenden innewohnt, lässt ihn reifen. Er übernimmt Verantwortung und trägt Sorge für andere Menschen, für die Gesellschaft, in der er lebt, für die Natur, die ihn umgibt, für die Pflanzen und Tiere. Nicht Mitleid ist die treibende Kraft seines Handelns, sondern die Gewissheit, dass eine Gemeinschaft besteht, in der die Lebewesen miteinander verbunden und aufeinander angewiesen sind. Der Mitmensch ist ein Teil meines Daseins. Wer dies erkennt, überwindet die solipsistische Existenz – und erfährt, dass er sich liebend auf die Suche nach Gott begeben hat. Augustinus schreibt: „Ein für alle Mal schreibt dir darum ein kurzes Gebot Folgendes vor: Liebe und tu, was du willst! Wenn du schweigst, schweige aus Liebe; sprichst du, so sprich aus Liebe; wenn du tadelst, tadle aus Liebe; wenn du verzeihst, verzeih aus Liebe. Die Wurzel der Liebe soll das Innerste deines Herzens sein: Aus dieser Wurzel kann nichts als Gutes hervorkommen." Die Liebe kann nur geboten werden, weil sie zuvor geschenkt wurde. Auch Augustinus wusste, dass man Liebe nicht verpflichtend einführen kann als eine absolut gültige Regel im menschlichen Miteinander. Liebe reicht hinaus über Sympathie und Wohlwollen. Man spricht hier auch von der Formung des „inneren Menschen". Die verwandelnde Kraft der Liebe, die stets religiös konnotiert ist, kennzeichnet eine Fülle positiver Eigenschaften. Die Liebe kommt aus dem Herzen, formt und ordnet jegliches Handeln, welches sonst in der Zerstreuung der Beliebigkeit schwankend und unsicher wäre. Es ist also nicht die menschliche Vernunft, die der Philosoph Augustinus gleichwohl außerordentlich schätzt, die die letzte Bestimmung und Prägung des Menschen ausmacht, die sein Handeln in der Welt leiten und sozusagen den Charakter formen soll. Sprechen und schweigen, tadeln und verzeihen, all dies führt nur zum Guten, sofern es in der Liebe gegründet ist, sofern die Triebfeder menschlicher Aktivität nicht niedere Motive, nachrangige Absichten oder am Nutzen orientierte Erwägungen sind, sondern einzig die Liebe, die dem Menschen in übertragenem Sinne ein anderes Gesicht verleiht. Für diese besondere Ausstrahlung sorgt die Liebe, die uns nicht gewaltsam neu gestalten will, sondern die aus dem Inneren erwächst, nach Gott suchend und verlangend, den Menschen auf eine Weise prägt, wie dies der Vernunft niemals gelänge. Dies wird deutlich, wenn wir Augustinus' Ausführungen kontrastieren mit der Wertschätzung der „ratio" in der stoischen Philosophie. Der Kirchenvater weiß um den Wert der Affekte und würdigt diese. Gut werden kann der Mensch nicht ohne Liebe. Bei den Stoikern indessen reguliert die Vernunft idealerweise das Handeln. An ihr soll sich das haltlose und Halt suchende Individuum orientieren. Die Vernunft bietet Führung, denn auch die Natur erweist sich als vernunftbeherrscht. Sich der bestimmenden Gesetzmäßigkeit anzupassen, scheint dem Stoiker geboten, wie es sich für ihn als zwingend notwendig erweist, Gefühle und Affekte zu steuern, zu reduzieren, ja zu beherrschen – gleichsam eine Selbstimmunisierung gegen das Leid, das dem Menschen widerfährt, und auch gegen die Liebe, die ihm geschenkt wird. Augustinus hingegen sieht das menschliche Dasein nicht auf die Vernunft gegründet, wenngleich deren Wert und Bedeutung nicht unterschätzt werden darf, sondern auf die Liebe. Wir können deutlich sehen, wer von der Liebe bestimmt ist, denn aus diesem Menschen leuchtet sie hervor: „So viel vermag die Liebe. Seht, dass sie allein scheidet; seht, dass sie allein die Taten der Menschen unterscheidet." Primär sollen wir also der Liebe und nicht der menschlichen Vernunft besondere Beachtung schenken, uns an ihr ausrichten. Erweist sich ein solches Verhalten denn zwingend als widervernünftig? Nur, wozu verleitet uns die Vernunft? Die Antwort auf diese Frage scheint eine Tautologie zu sein – vernunftgemäß zu leben. Für Augustinus bliebe dies gleichwohl oberflächlich. Natürlich können wir, ausgehend von der Vernunft, eine Reihe vorbildlicher Verhaltensweisen praktizieren: Milde und Wohlwollen, das Einhalten von bürgerlichen Pflichten, Respekt, Verständnis, die Seelenruhe und noch vieles mehr. Beachten wir aber besonders das ausgeglichene Gemüt, so ergeben sich doch Fragen, die sich nicht einfach abweisen lassen: Bekümmert den Seelenruhigen nicht das Los und das Leid seiner Nächsten? Wie kann ein Mensch gleichmütig sein, wenn seiner Familie, seinen Freunden Schlimmes widerfährt? Der Stoiker würde antworten, weil die philosophische Besinnung auf die Vernunft ihm den Frieden seiner Seele verschafft, der sich durch keinerlei Äußerlichkeiten erschüttern lässt. Gegen die Vernunft also würde er nicht handeln, sich nicht gegen sie stellen. Augustinus hingegen würde ein solch liebloses Verhalten, einen solchen Seelenzustand missbilligen. Wie kann ich den inneren Frieden bewahren und meine Geschäfte in Gleichmut erledigen, wenn es meinen geliebten Mitmenschen schlecht ergeht? Das erscheint doch ausnehmend herzlos. Augustinus schreibt: „Seht nunmehr, dass gegen die Liebe handeln so viel bedeutet wie gegen Gott handeln. Wie? Sündigst du nicht gegen Gott, wenn du gegen die Liebe sündigst?" Das apathische Gemüt befindet sich im Zustand der Sünde. Der Mensch versündigt sich, das heißt, er wendet sich von Gott und von seinem Nächsten ab. Indem er sich von der Not des Nächsten abkehrt, stellt er sich zugleich wider Gott. Ein solches Handeln wird missbilligt. Wer nicht liebt, wer die Regungen des Herzens unterdrückt, ignoriert oder in anmaßender Selbstüberhöhung gering schätzt, mag für sich genommen einen trügerischen inneren Frieden finden, aber in Hinsicht auf seine Nächsten verfehlt er seine eigentliche Bestimmung als Mensch. Somit formuliert Augustinus als ethische Forderung: „Dehne deine Liebe auf die Nächststehenden aus, aber nenne das nicht eine wahre Ausdehnung der Liebe! Beinahe liebst du ja dich, wenn du die liebst, die dir anhangen. Dehne sie aus auf die Unbekannten, die dir nichts Böses getan haben! Geh auch noch darüber hinaus und komm dazu, die Feinde zu lieben!" Augustinus' Interpretation des Liebesgebots Jesu beschreibt die Liebe gleichsam als eine sich weitende Bewegung, die in konzentrischen Kreisen wächst. Wer nur die Seinen liebt, also die eigene Familie und die Freunde, weiterhin die Angehörigen der Heimatstadt und des Vaterlands, der bleibt begrenzt und beschränkt sich. Seine Liebe ist nicht allbegreifend, nicht umfassend. Wir können die Fremden hinzuzählen, die in bester Absicht und gutwillig erscheinen, aber uns unbekannt sind. Die eigentliche Problematik des Liebesgebots tritt offen zu Tage, sofern die Feindesliebe postuliert wird. Freilich würden wir Augustinus missverstehen, wenn wir annähmen, die Feinde sollten geliebt sein, weil sie uns feindlich gesinnt sind. Aber der Respekt und die liebende Anerkennung der Wirklichkeit des anderen, auch sofern er uns nicht freundschaftlich begegnet, erweisen sich als dem christlichen Glauben wesensimmanent, als eigentliche Provokation, die jedoch niemals die böse Absicht gutheißt, wohl aber auch in dem Menschen, der uns Schaden zufügt, ein Geschöpf Gottes erkennt, dem wir eben deswegen in Liebe begegnen sollen.

Wie weit aber reicht die Liebe? Augustinus warnt vor dem Übermaß. Besonderes Kennzeichen der Liebe ist auch die Freiheit, die dem Mitmenschen gewährt wird. Man darf also den anderen nicht völlig in Beschlag, nicht in Besitz nehmen, um dann über ihn zu verfügen oder zu bestimmen. Die Liebe ist ein „freundschaftliches Wohlwollen", eine kostbare Gabe, ein aufrichtig dargebotenes Geschenk, nicht aber die Fesselung in einer Zwingburg. Sollte in Hinsicht auf die Nächstenliebe, die mit Pflichten gegenüber den Armen verbunden ist, die Notwendigkeit, etwas Lebenswichtiges zu schenken, nicht länger bestehen, so mögen die „Werke der Barmherzigkeit“ enden. Aber diese Barmherzigkeit ist von ganz anderer Art als etwa die ausgleichende Gerechtigkeit auf einer sozialpolitischen Ebene. Augustinus geht es primär nicht darum, dass alle Menschen in gleicher Weise mit Gütern ausgestattet sind. Es ist wichtig, können wir mit Blick auf unsere Zeit sagen, den Hunger in der Welt zu bekämpfen, sich um die Sorgen und Nöte der Nächsten zu kümmern und „Werke der Barmherzigkeit“ zu tun, um den vielgestaltigen Formen der Ungerechtigkeit, oft auf geradezu ohnmächtige Weise, entgegenzuwirken. Ungleich wichtiger als die praktische Hilfe in bester Absicht und Gesinnung ist das „Feuer der Liebe“, und so schreibt Augustinus, rhetorisch ein wenig zugespitzt, dass die Liebe zu einem Menschen, der materieller Güter nicht bedürftig ist, aufrichtiger sein kann als jene, die einem Menschen zuteil wird, dessen persönliche Not rührt, betroffen oder gar sprachlos macht: „Lauterer liebst du einen glücklichen Menschen, dem du nichts geben kannst; reiner wird eine solche Liebe sein und noch viel aufrichtiger; denn wenn du einem Armen Gutes tust, wünschest du dich vielleicht über ihn zu erheben und willst, dass er, der der Urheber deiner Wohltat ist, dir sich unterwerfe. Jener war bedürftig, du warst der Geber; du kommst dir, weil du gegeben hast, gleichsam größer vor als der, dem gegeben wurde. Wünsche, dass er sei wie du, damit ihr beide unter dem einen seid, dem ihr nichts geben könnt.“

Wir sehen hier die von Augustinus antizipierten vielfach beklagten Abhängigkeitsverhältnisse, welche durch materielle Zuwendung entstehen können, etwa zwischen der so genannten „Ersten Welt“ und der „Dritten Welt“, und die bestimmende Intention, dass dem Bedürftigen geholfen werde, aus Liebe zu ihm, einer Liebe, die ihren Ursprung und ihr Ziel in der Liebe zu Gott findet. Kenntlich macht der christliche Denker, dass alles Materielle nachrangig, nicht wesentlich ist, denn das Entscheidende ist allein die herzliche Zuwendung, die Liebe zu dem Nächsten, mag er nun glücklich oder unglücklich sein, die Liebe also zu einem Menschen, dem wir nichts schenken können, bis auf das Höchste – die Liebe. Augustinus formuliert seine uns heute etwas verwundernde Haltung gegenüber den doch durchaus rühmlichen und in den christlichen Kirchen gebotenen „Werken der Barmherzigkeit“ aus seiner Zeit heraus, richtet sich gegen die „Wohltaten“, mit denen römische Patrone ihre Mitmenschen an sich binden, indem sie Gutes erweisen, um sich ihrer Dankbarkeit und Ergebenheit zu versichern. Die Liebe, von der Augustinus spricht, ist absichtslos. Sie will nicht Abhängigkeiten schaffen, befestigen oder erneuern, sondern als Regung des Herzens gilt sie dem anderen, auch und besonders dann, wenn er nicht bedürftig ist, nicht um diesen zu etwas zu verpflichten, sondern als dargebotenes Geschenk, aus Freiheit geboren, für den christgläubigen Menschen vor dem Angesicht Gottes. Augustinus differenziert zwischen verschiedenen Formen der Liebe, bespricht die Nächstenliebe, die mit dem zwischenmenschlichen Gefühl emotionaler Verbundenheit in der partnerschaftlichen Liebe auch Gemeinsamkeiten hat. Generell benennt der Denker die „Regel der Liebe“, die auf die – nicht näher spezifizierten – „Güter“ bezogen ist: Was sich ein Mensch für sich selbst an Gutem wünscht, das soll auch dem Mitmenschen zuteil werden, während vor dem Schlechten, von welchem er fürchtet, dass es ihn treffen könnte, auch der Nächste bewahrt sein möge. In diese Reflexionen zur Nächstenliebe bindet Augustinus sodann den Gedanken der Zweckfreiheit und Uneigennützigkeit ein. Zu lieben heißt eben nicht, dem anderen Menschen wie einem „Haustier“, womit Schaf, Kuh und Schwein aufgrund der jeweiligen nahrhaften Verwertbarkeit oder ein „bunt gefiedertes, zwitscherndes Vöglein“ gemeint sind, zugetan zu sein. Diese Art der Fürsorge ist gänzlich an den Bedürfnissen des Ich orientiert. Ich hege und pflege, suche aber nicht das Wohl des anderen, sondern allein mein eigenes. Das „zeitliche Vergnügen“, das der Kanarienvogel mir bietet, amüsiert, zerstreut und verschönert mein Dasein. Lebe ich auf diese Weise mit einem Menschen zusammen, verfehlt die Liebe ihren Zweck. Freilich mag sich der Mann an der Anmut der Bewegung und der berückenden Attraktivität seiner Geliebten erfreuen, sofern er aber nur darauf sieht, was ihm diese Äußerlichkeiten bedeuten, konzentriert er sich mit seiner Liebeskraft nicht auf die Partnerin, sondern allein auf seine eigenen Bedürfnisse, mag er noch so oft die Triebhaftigkeit seines Begehrens entschuldigend anführen. Verändert sich die junge Dame, altert also, so mag nicht nur das Haar ergrauen. Sollte er sich von ihr trennen, so wäre es, als hätte das „bunt gefiederte Vöglein“ sein berückendes Kleid eingebüßt und zu zwitschern aufgehört. Genauso verhält es sich freilich, sofern eine Frau einen sportlichen, athletisch gebauten Mann erwählt, einen erfolgreichen Bankier, souverän, nobel und vorzeigbar. Dieser mag durch eigenes Verschulden oder die Umstände seiner Geschäfte die Stellung einbüßen, vielleicht nach einem Unfall behindert und pflegebedürftig sein oder in Depressionen verfallen. Wird die Partnerin, die an seinem Äußeren Gefallen gefunden hatte, ihn dann noch lieben? Ja, hat sie ihn als Menschen überhaupt je geliebt? Augustinus hätte geantwortet: „Liebt der Mensch nämlich den Menschen nicht so wie sich selbst, sondern so, wie er sein Haustier, sein Bad oder ein bunt gefiedertes, zwitscherndes Vöglein liebt, das heißt, dass er aus ihm ein zeitliches Vergnügen oder einen Nutzen ziehen möchte: In einem solchen Fall wird er zwangsläufig zum Sklaven werden, aber nicht eines Menschen, sondern, was viel schimpflicher ist, zum Sklaven des hässlichsten und verabscheuungswürdigsten Lasters, mit dem er den Menschen nicht so liebt, wie der Mensch geliebt werden soll.“ Augustinus tadelt wesentlich den instrumentellen Gebrauch des Menschen. Die liebende Ausrichtung auf diesen soll sich nicht an vergänglichen Äußerlichkeiten orientieren. In diesem temporären Erscheinungsbild, so sehr wir auch davon angesprochen sind, so sehr uns die körperliche Schönheit, der berufliche Erfolg oder die gesellschaftliche Anerkennung, die der andere erfährt, auch anzieht, liegt nicht das Wesentliche des Mitmenschen. Diese Betrachtungsweise zu verinnerlichen und sich nicht bloß ostentativ zu ihr zu bekennen, ist ein hoher Anspruch. Augustinus spricht von der „Verbindung des Herzens“, die Raum und Zeit überwindet, sich also nicht an Vordergründiges bindet, das Leibhafte als etwas Flüchtiges ansieht, eine tiefe Verbundenheit aber auf seelischer Ebene erfährt: „Wer daher im Nächsten etwas anderes liebt, als was er sich selbst ist, der liebt ihn nicht wie sich selbst. Zu lieben ist also die menschliche Natur als solche, ohne ihre fleischliche Beschaffenheit, sie mag sein wie sie ist, vollkommen oder erst auf dem Wege dahin. Alle sind unter dem einen Vatergott Verwandte, die ihn lieben und seinen Willen tun." Dass mannigfache Unzulänglichkeiten und Unvollkommenheiten bestehen, gesteht Augustinus zu, aber so wenig wie körperliche Vorzüge als wesentlich erachtet werden sollen, darf der Mensch, sofern er liebt, diese Mängel, so unabweisbar sie auch erscheinen, überschätzen und als Hindernis seiner Liebe ansehen. Letzthin besteht das Gemeinschaftliche in der Gotteskindschaft. Das Bewusstsein derselben erleichtert die Nächstenliebe, und auch in der partnerschaftlichen Beziehung steht die Beziehung zu Gott im Vordergrund. In der Weise, dass Frau und Mann sich als Kind Gottes wissen, vermögen sie auch zueinander zu finden und verbunden zu sein. So enthalten Augustinus' Betrachtungen zur Liebe einen gleichsam himmlischen Bezug. Die Überwindung der Begierden, die abnehmen, „je mehr die Liebe wächst", und die Befreiung von eigener Unzulänglichkeit auf geistiger wie geistlicher Ebene führen zur Reifung des Menschen. Bindend und lähmend ist die „Liebe zu wandelbaren Dingen", von welcher es sich zu befreien gilt. Er wird wahrhaft liebesfähig, während er sich zugleich zu jeder Zeit als der Liebe würdig und wert erweist. Die „Torheit" jedoch, die den Menschen erfüllt, muss er verachten: „Wer sich in seiner Torheit liebt, wird nicht zur Weisheit vordringen. Keiner wird jemals werden, wie er sich wünscht zu sein, wenn er sich nicht, so wie er ist, hasst."

So kompliziert und vielgestaltig erscheint die Liebe, mit Problemen beladen, anstrengend, mühsam. Der Weg der Partnerschaft erweist sich als steinig, die Hindernisse zuweilen als schier unüberwindlich. Augustinus hat die Schwierigkeiten durchaus gesehen. Er wollte Differenzen keineswegs ignorieren oder bestreiten. Der Rat, auf Gott zu vertrauen, sich ihm liebend zuzuwenden, erreicht die gläubigen Christen, doch auch jene Menschen, die sich andersgläubig oder ohne Glauben in der Welt zu orientieren versuchen. Die Ausdrucksformen der menschlichen Liebe sind vielgestaltig, und ihr Spektrum, vom sehnsüchtig suchenden Blick über die zärtliche Umarmung und den innigen Kuss bis hin zur leidenschaftlichen sexuellen Vereinigung, erweist sich als ein wahrer Reichtum. Hieran können wir denken, wenn Augustinus schreibt, dass für einen Begriff, so auch für ein begrifflich bezeichnendes Empfinden, viele körperliche Ausdrucksformen bestehen – und dass umgekehrt die Vielschichtigkeit intellektueller Reflexion sich nicht adäquat durch die Sprachen des Körpers dartun lässt: „Ich weiß, dass man durch den Körper vielfältig ausdrücken kann, was mit dem Verstand mehr auf eine Weise erfasst wird, und ebenso vielfältig mit dem Verstand erfassen kann, was durch den Körper nur auf eine Weise auszudrücken ist." Doch der Kirchenvater hätte niemals eine Apologie der fleischlichen Lust um ihrer selbst willen verfassen können, galt sie ihm doch als etwas, das unbedingt überwunden werden soll. So verwies Augustinus auf die lichte Klarheit, die die Gottes- und Nächstenliebe in gleicher Weise auszeichnet: „Siehe, wie einfach die Liebe zu Gott und dem Nächsten ist, und in wie vielfältigen Geheimnissen und unzähligen Sprachen, und in jeder Sprache wieder in wie zahllosen Formen und Ausdrücken sie körperlich ausgesagt wird!" Die Liebe verfügt über unzählige Facetten, zahlreiche Formen und Sprachen – und findet für Augustinus ihren Ausgangs- und Bezugspunkt, ihre Mitte und ihr Ziel stets wiederum in Gott. In den „Bekenntnissen" schreibt er: „Unruhig ist unser Herz, bis es ruht in dir, o Gott." Wenn die Liebe geordnet und von Gott her erfüllt ist, kehrt in das Gemüt des Menschen ein beseligender Friede ein. Er spürt gleichsam schon mitten in dieser Welt und in diesem Leben das Geheimnis der Erlösung von Sünde und Schuld – und ist als Liebender, aus unserer Sicht vielleicht paradoxerweise, von den Begierden befreit.

Thomas von Aquin

Als repräsentativ für die mittelalterliche Philosophie der Scholastik gilt das Werk Thomas von Aquins, jenes Dominikanermönches, der, von der katholischen Kirche als „doctor angelicus" verehrt, wie kein zweiter Denker seiner Zeit zum Ausgleich von Vernunft und Glauben beigetragen und die christliche Theologie mit der Philosophie versöhnt hat. Wer Thomas' Schriften zu lesen beginnt, mag angetan sein von der nüchternen, lichten Klarheit seiner Reflexionen. Für den Philosophen ist die Liebe das „Band der Vollkommenheit" (Paulus), jene Liebe, die zu allem Anfang von Gott selbst als dem Urgrund der Schöpfung kommt, eine Liebe, die sich widerspiegelt im Leben des Christen: eine Liebe, die hellsichtig im moralischen Handeln das rechte Maß treffen lässt, eine Liebe, ohne die echte Gemeinschaft unter Menschen nicht denkbar ist. Die Liebe gilt als die Wurzel aller Tugenden. Nur ein liebender Mensch führt ein lebenswertes Dasein. Die menschliche Freiheit wird durch die Liebe entwickelt, ausgebildet und entfaltet. Die Liebe beschwingt und beflügelt zur Kreativität, zur Forschung, zur geschlechtlichen Fortpflanzung, sie ist die Grundfeste und die Seele menschlichen Lebens. Suchen wir aber nicht vor allem Erkenntnis? Wie unterscheiden sich Liebe und Erkenntnis? Gott ohne Liebe erkennen zu wollen, ist unmöglich. Was immer der Mensch glauben mag, erkannt zu haben, entspricht nicht der Wirklichkeit Gottes. Erkennend soll sich der Mensch in der Zeitlichkeit orientieren, im Blick auf das Vergängliche, auf die „niederen Dinge" – andernorts spricht Thomas auch von den „körperhaften Dingen" –, die „höheren Dinge" aber, im Besonderen eben Gott, gelte es zu lieben, auch weil unser Erkenntnisvermögen nicht so weit reicht, seine Wirklichkeit mit dem Verstand zu erfassen: „Erkenntnis ist, sofern das Erkannte im Erkennenden ist. Liebe aber ist, sofern der Liebende mit dem geliebten Wirklichen sich vereint. Die höheren Dinge sind in sich selbst auf vornehmere Weise als in den niederen; die niederen Dinge dagegen sind in den höheren auf vornehmere Weise als in sich selbst. Darum ist es mehr wert, die niederen Dinge zu erkennen als sie zu lieben; die höheren Dinge aber, und vor allem Gott, zu lieben, ist mehr wert als sie zu erkennen." Obgleich Thomas die Erkenntniskraft für vornehmer hält als den Willen, sei es, so führt er aus, besser und auch angemessener, Gott zu lieben als ihn erkennen zu wollen. Schließlich würde die Erkenntnis Gottes auch unmöglich sein, sofern dieser Versuch auf lieblose Weise unternommen würde.

Wenn wir dieses Verhältnis auf die menschlichen Beziehungen anwenden, was der Kirchenlehrer freilich missbilligen würde, so sehen wir hier, dass das Bindeglied zwischen Menschen nicht die wechselseitige Erkenntnis, sondern natürlich die Liebe ist, die sie füreinander empfinden. Möchte der Liebende den Partner in all seinen Eigenschaften und Eigenheiten, in seiner Geschichte und seinen Möglichkeiten, in seinen Vorzügen und Schwächen erkennen? Ja, vielleicht strebt er danach, aber diese machen doch nicht das Wesen des anderen aus, und wir würden niemals sagen, sofern wir aufrichtig dem Mitmenschen zugeneigt sind, dass wir diesen erkennen wollen. So ließe sich sagen, dass es in Anbetracht der Grenzen menschlicher Erkenntnis gar nicht möglich ist, einen Menschen vollkommen zu erkennen, wohl aber, ihn auf vollkommene Weise zu lieben. Es lässt sich sogar sagen, dass der Erkenntniswille gelegentlich zu einer manischen Haltung wird, niemals aber, in Bezug auf den Partner, zu einer angemessenen Betrachtung führt, denn schließlich soll der geliebte Mitmensch nicht objektiviert werden. Liebe versteht Thomas als „Einswerdung". Die „liebende Begehrungskraft" verhält sich in sympathetischer Verbundenheit zu dem Geliebten wie zu sich selbst oder wie zu etwas, das dem eigenen Selbst angehört: „Die Erkenntnis vollendet sich darin, dass das Erkannte in seinem Wesensbild mit dem Erkennenden eins wird. Die Liebe aber macht, dass das Wirkliche selbst, das geliebt wird, in gewissem Sinn eins wird mit dem Liebenden. So hat die Liebe mehr einende Kraft als die Erkenntnis." Hier sehen wir den bedeutenden Unterschied zwischen Liebe und Erkenntnis. Die Erkenntnis strebt diese „Einswerdung" nicht an, respektiert und akzeptiert bestehende Grenzen, während die Liebe sich nicht mit der intellektuellen Erfassung des „Wesensbildes" begnügt, ja dieses gar nicht beabsichtigt, sondern eine Vereinigung sucht mit dem Wirklichen selbst; auf die partnerschaftliche Liebe bezogen: Ihr geht es um den Menschen als lebendige Person, in all seinen Bezügen zur Welt, und dieses Einswerden vollzieht sich auf eine tiefere, ganzheitliche Weise, während die Erkenntnis demgegenüber vordergründig bleibt. Liebe kann selbst da noch mächtig und bestimmend wirken, wo alle Erkenntnis ihre Grenze findet oder versagt. Der Erkennende bleibt betrachtend. Er richtet sich auf ein Objekt aus, das er zu begreifen sucht. Wer liebt, bewegt sich, „verursacht“ auch, verschenkt sich liebend und bringt das Gute im geliebten Menschen zur Entfaltung. In diesem Sinne schreibt Thomas: „Die göttliche Liebe verursacht das Gute, das sie in einem Wesen liebt; so aber nicht immer die menschliche Liebe.“ Diese Einschränkung muss uns freilich nicht verwundern. In der Sicht des Kirchenlehrers können göttliche und menschliche Liebe nicht identisch sein. Wir sehen aber zugleich die Wertschätzung für die Fähigkeit der Liebeskraft, dass auch sie dieses Gute zu wecken vermag.

Die Liebesformen, die dem Menschen eigentümlich sind, benennt Thomas in ihrer Vielfalt und auch in ihrer Divergenz. Deutlich negativ bestimmt er die „Eigenliebe“. Die Egozentriertheit, die sich selbst erhöhen möchte, mag trotz ihrer Selbstbezüglichkeit den Anschein der Liebe vermitteln, die sich dem Nächsten zuwendet. Das Moment der „Einswerdung“ bleibt hier jedoch gänzlich ausgespart. Das eigene Selbst gilt in der „Eigenliebe“ als das Höchste. Es kreist um sich, bewegt sich nicht fort und auf den anderen zu. Das Ich hat keinerlei positive Ausstrahlung. Mit sich selbst einig zu sein, erscheint ihm wesentlich, für andere Menschen hat es kein Auge. Wird der Mensch auf solche Weise glücklich? Wer der „Eigenliebe“ verfallen ist, gerät in die Zerstreuung, spaltet eine Begehrungskraft, die sammeln soll, ins Beliebige auf und „lenkt sie auf das Vielerlei ab“. Dieses „Vielerlei“ aber bietet ihm weder Halt noch Ziel, erweist sich in keiner Weise als tragend und erfüllend. Die Liebe, die als „Gottesliebe“, von der Unbestimmtheit, vom Vielerlei der Ziellosigkeit zum „Einen“ hin sich bewegt, kann in der Verkehrung der „Eigenliebe“ zu Belustigung, Ablenkung und Kurzweil führen, zu läppischer Unterhaltung und treulosem Gehabe: „Ungeordnete Liebe zu sich selbst ist jeglicher Sünde Ursache.“ Zu sündigen heißt auch: die Verwirklichung seiner Möglichkeiten zu versäumen. Wer sich von Gott und dem Mitmenschen abwendet, bleibt hinter dem Gut zurück, das ihm seiner Natur nach gemäß ist und zeigt somit einen eklatanten Mangel an Gottesliebe. Thomas beharrt auf der Grundeinsicht, dass ein Mensch, der diese Liebe ganz bei sich behalten, der sich selbst erhöhen möchte, sich verliert. Die Liebe lässt sich also nicht in einem Speicher sammeln, nicht in einen Tresor einschließen und aufbewahren, nicht wiegen und auch nicht messen. Bleibt der Mensch auf sich selbst fixiert, so ist er auch an sich gebunden. Diese Bindung an sich selbst entspricht nicht seiner Bestimmung und macht ihn auch nicht glücklich. Die „Eigenliebe“ hat die „Einswerdung“ vergessen. Sich an einen Partner zu binden und sich mit diesem zu verbinden, ist Ausdruck der „liebenden Begehrungskraft“. So richtet sich der Mensch nicht auf sich selbst, sondern auf den Menschen aus, den er liebt, verhält sich zu diesem wie zu sich selbst, wie zu etwas ihm Zugehörigen. Man könnte auch sagen, wer die „Eigenliebe“ als wesentlich erachtet, als Ziel seines Strebens die Selbsterhöhung bestimmt, der verliert sich selbst, lebt in einer gleichsam verkehrten Welt – er kann sich nicht bilden, nicht entwickeln. Stattdessen verkümmert dieser Mensch und lebt, in der Sichtweise der Kirche, im Zustand der Sünde, da er sich vom Nächsten und damit auch von Gott abgekehrt hat. Zu lieben heißt für Thomas von Aquin auch, Gott ähnlicher zu werden, sich ihm anzugleichen: „Von der Liebe heißt es, sie bilde den Liebenden um in das Geliebte, sofern durch die Liebe der Liebende hinbewegt wird zu dem geliebten Wesen selbst.“ Jenseits der primär religiös konnotierten Ebene können wir hier einfach feststellen, dass der Liebende sich in Bewegung versetzt, in Gedanken und Worten, in seinem Sinnen und Streben. So richtet er sich auf den geliebten Mitmenschen aus, auf sein Fühlen und Denken, bewegt sich zu ihm hin, nimmt Anteil an seinem Dasein – und verliert die Zentriertheit auf sich selbst.

Thomas von Aquin würde als ethische Verpflichtung stets sehen, dass sich der Mensch gewissermaßen an dem ausrichten soll, was über ihm ist – damit gemeint ist die Sphäre der Transzendenz, somit Gott. In der Nachfolge, im buchstäblichen Verfolgen dieser Wege Christi, begibt sich der Mensch auf den Weg des Glaubens, der nichts ist ohne Liebe. Man kann nicht lieblos glauben. Thomas sieht zudem die Verwandtschaft zwischen Mensch und Gott wesentlich in der Liebe verwirklicht. Er sagt, dass nur die Gefühle von Liebe und Freude in gleicher Weise in beiden gegenwärtig sein können. Anders ausgedrückt: Gott kann nicht hassen, nicht verachten, kennt kein Falsch, bedient sich niemals niederer Triebe und Instinkte, wie sie den Geschöpfen doch eigen sind. Gott bleibt für den suchenden Menschen ein Geheimnis, dessen Sein und Wesen er vernünftig erkennend nicht fassen kann: „Die Liebe ist der Erkenntnis Ende; wo also die Erkenntnis aufhört, nämlich bei jenem Wirklichen selbst, das durch ein anderes erkannt wird, da kann die Liebe sogleich beginnen." In Hinsicht auf die Begegnung des Menschen mit Gott sieht Thomas die Liebe als gründend an. Der bloß vernünftige Mensch bleibt außerstande, diese höchste Wahrheit zu schauen. Aber er kann sich mittels der Vernunft fortbewegen und orientieren, wenngleich sich die Suche nach Gott schon von dem Glauben an die Liebe, die Gott ist, getragen weiß: „Der Geist, der mehr am Lichte der Herrlichkeit teilhat, wird Gott vollkommener schauen. Es wird aber mehr Anteil haben am Lichte der Herrlichkeit, wer mehr Liebe hat. Wo nämlich die größere Liebe ist, da ist auch die größere Sehnsucht. Die Sehnsucht aber macht in bestimmtem Sinn den sich Sehnenden fähig und bereit, das Ersehnte zu empfangen. Wer daher mehr Liebe hat, der wird auf vollkommenere Weise Gott schauen und glückseliger sein." Die Liebe bestimmt, formt und erfüllt das sittliche Handeln. Durch die Liebe erhalten die Werke ihren „Lebensgrund", die „Liebe und Gnade" – auch ohne Liebe verwirklichte Taten können „ihrer Gattung nach gut" sein, bleiben indessen „tot", seelisch leer. In dem Werk, das mit Liebe geschaffen ist, strahlt diese gleichsam wieder auf. Thomas setzt kleine und große Werke der Liebe gleich und sagt: „Ein jeglicher Akt der Liebe verdient das ewige Leben." Aus dem Menschen, der sich nicht auf sich selbst gründet, sondern sich an Gott gebunden weiß, leuchtet das Gemüt hervor, seine Seele, deren Liebesfähigkeit und -kraft, die im Gegensatz zur gegenständlichen Erkenntnis unbegrenzt ist und ihn in moralischer Hinsicht zum Höheren zieht, zu dem Maß seines Handelns, das er nicht in sich selbst, sondern nur in Gott finden kann, dem Gesetz Christi wiederum, welches – ganz vereinfacht gesagt – von der göttlichen Liebe erfüllt ist. Aus diesem Geist wird der Mensch sittlich gut handeln, mit Hilfe seiner Vernunft, und das jeweils Angemessene tun. Doch handelt er nicht bloß vernünftig, also nicht vermöge kalter Rationalität, sondern tugendhaft aus Liebe. Ein solcher Mensch liebt seine Freunde, auch seine Feinde, nicht weil es wichtig sei, den anderen Menschen um der Verdienste oder, ein fürchterlicher Gedanke, der bösen Taten willen zu lieben, sondern „den Freund und den Feind zu lieben, sofern beide Gottes sind". Der Mensch begibt sich somit liebend, nicht erkennend, auf den Weg zu Gott: „Näher zu Gott, als ihn die eigene Vernunft zu führen vermöchte, vermag der Mensch zu gelangen durch die Liebe, indem er, selbst nicht wirkend, von Gott sozusagen gezogen wird." Nur durch Gottes Liebe entsteht, so können wir Thomas von Aquin verstehen, überhaupt die Liebe in dieser Welt: „Die Liebe, welche ein Akt der Begehrungskraft ist, spannt sich, auch im Stande des Auf-dem-Wege-Seins, erstlich auf Gott, und von ihm her leitet sie sich hin auf das Übrige; und demgemäß liebt die Liebe Gottes unmittelbar, das Andere aber kraft der Mittlerschaft Gottes." Die Liebe hat „keine Grenze ihres Wachstums". Sie kann sich stets erweitern – und durch sie wächst die „Fassungskraft der geistbegabten Natur". Die Liebe weitet somit auch das menschliche Herz, erleichtert Sinne und Gemüt, beschwingt, beseelt: „Die Vollendung des geistlichen Lebens ist nach dem Maße der Liebe zu wägen. Wer ihrer ermangelt, ist geistlich ein Nichts." Die Spiritualität ist leer, wenn sie nicht von Liebe erfüllt ist. Vollkommenheit im „geistlichen Leben" besteht nur in der Vollkommenheit der Liebe, mit der dieses Leben getragen ist. So wie das sittliche Handeln erfährt auch der „Akt des Glaubens" seine „Vollendung und Formung" durch die Liebe: „Aus diesem Grunde heißt es, wir seien ‚auf dem Wege', weil wir zu Gott streben, welcher das äußerste Ziel unserer Glückseligkeit ist. Auf diesem Wege aber schreiten wir um so viel voran, als wir Gott näher kommen. Nicht mit leibhaftigen Schritten kommen wir ihm nahe, sondern durch die Hinwendung des Gemütes. Solche Nähe aber schafft die Liebe, denn in der Liebe vereinigt sich das Gemüt mit Gott."

Thomas unterscheidet die Liebe von der Triebhaftigkeit. Ein Tier ist triebbestimmt, und der Mensch unterschreitet sein Niveau, wenn er sich vom Trieb in Besitz nehmen lässt. Der Trieb macht niederträchtig und boshaft. Indem der Mensch Befriedigung sucht, unterwirft er sich Mächten in sich selbst, die er doch beherrschen könnte. So wird der triebbestimmte Mensch buchstäblich in den Abgrund gezogen. Er verliert sich im Beliebigen und Unbeständigen, zeigt sich unausgeglichen und kapriziös, verkümmert emotional, verflacht auf geistiger Ebene. Das triebhafte Geschehen zeigt nur scheinbare Aktivitäten. Der Mensch wähnt sich stark, wird in Wahrheit aber beständig schwächer, da er sich selbst aufbraucht, sich verzehrt, rücksichtslos agiert, blind wird und verarmt. Während sich der triebhafte Mensch die Welt voll Begierde buchstäblich aneignet, vergeudet er nur sinnlos seine Kräfte. Dadurch wird er nicht reich, nur leer, austauschbar, entfaltet nicht seine Persönlichkeit, sondern passt sich der Masse an, die sich triebhaft bestimmen lässt, statt die Freiheit über sich selbst zu erringen. Die Liebe hingegen zieht den Menschen nach oben. Sie schenkt ihm Raum und macht frei, als beständige Kraft aus der Mitte des Herzens. Liebend blüht die Persönlichkeit auf, wird reicher, schöpferischer, eigentlich fruchtbar. Aus der Liebe erwächst eine ungeahnte Stärke. Liebe kann man auch nicht kaufen. Sie frischt auf, ermuntert und verjüngt – und dient, wo der blinde Trieb zur Herrschaft strebt. Macht erlangen zu wollen ist der Liebe fremd. Wer liebt, tritt dem anderen Menschen ehrfürchtig und respektvoll gegenüber. Der Liebende schätzt den geliebten Menschen um seiner selbst willen. Das eine „Ich" möchte das andere „Ich" nicht besitzen, nicht über den anderen verfügen. Die Liebe braucht Zeit, der Trieb verbraucht Zeit und Mensch. Triebhaft bestimmt betreibt der Mensch Raubbau an sich selbst und am Mitmenschen. Statt zu verbinden, entzweit die Triebhaftigkeit, denn wer sich seiner Begehrlichkeit ergibt, agiert verantwortungslos und selbstgerecht. Wer liebt, so sagt Thomas von Aquin, den kennzeichnet ein tiefer Ernst. Er weiß, dass es nicht leicht ist, den Mitmenschen zu lieben, und doch liebt er die ganze Person, in all ihren Eigenarten und Eigenheiten, in dem Bewusstsein, dass sie ein Geschöpf Gottes ist. Niemals wird er mit einem anderen Menschen spielen oder seine Liebe nur vortäuschen. Thomas von Aquins Gedanken zur Liebe lassen sich auf folgende Weise zusammenfassen:

Die Menschen verdanken Gott, der die Liebe ist, ihr Dasein. Sie entstammen der Liebe, darum lieben sie – und weil sie lieben können, müssen sie aus der Liebe kommen. Glaubend erfassen wird dies jeder Mensch, der mit den „erleuchteten Augen des Herzens" (Paulus) sieht und darum, von Liebe erfüllt und zu ihr gezogen, den Denkwegen des Thomas von Aquin folgt.

Romano Guardini

Den Religionsphilosophen und Vordenker der liturgischen Bewegung des zwanzigsten Jahrhunderts beschäftigten ethische Probleme. Es wäre vermutlich ein Leichtes, seine Reflexionen über Liebe, Ehe und Familie als religiös inspirierte, im Sinne der herkömmlichen katholischen Morallehre konturierte und somit altmodische Betrachtungen zu dem von uns behandelten Themenkomplex aufzufassen. Eine flüchtige Lektüre könnte das nahe legen, würde dem Platon-Kenner Guardini aber nur in unzureichendem Maße gerecht werden. Er hält den Wunsch nach sexueller Erfüllung – den Geschlechtstrieb – neben dem Willen zur Macht für die stärkste Triebkraft im Menschen überhaupt. Die Erfahrung ausgelebter Lust und Leidenschaft begleitet eine Intensität, die sich mit keinem anderen Gefühlserlebnis vergleichen lässt. Einzig der Mensch vermag diese sexuelle Lust zu zügeln und sogar zu beherrschen. Guardini orientiert sich an der Unterscheidung von Mensch und Tier. Der personale Geist unterscheidet den Menschen vom Tier, so dass bei aller Verbundenheit der Seele mit dem Leib eine charakteristische menschliche Selbstständigkeit besteht. Tiefe Spannungen und starke Auseinandersetzungen sind in dieser Sphäre des Erlebens möglich. Guardini verweist auf Platon: „Schon Platon hat betont, die Seele sei vom Leibe wesentlich verschieden, sonst könnte sie nicht aus sittlicher Erkenntnis heraus seinem Trieb entgegentreten – was etwas ganz anderes bedeutet, als wenn etwa nach dem Ende der Brunstzeit das Männchen teilnahmslos am Weibchen vorüberläuft." Die in der philosophischen Anthropologie der Moderne exemplifizierten

Unterschiede von Mensch und Tier mögen aus der Perspektive geisteswissenschaftlicher Forschung noch heute goutiert werden, bekunden aber zugleich auch die Unterscheidung von Reflexionsvermögen und Instinkt – der Primat des Willens, den auch Guardini hier aufweist, sozusagen also das sittliche Handeln als Ausdruck menschlicher Freiheit, lässt sich wissenschaftlich nicht beweisen. Dass Mensch und Tier in gleicher Weise über den Geschlechtstrieb verfügen, ist unbestritten, inwieweit aber hier eine nicht näher spezifizierte „Wesensverschiedenheit" erkennbar ist, bleibt fraglich. Guardini formuliert, dass der Mensch kategorisch erfasst werden kann wie das Tier. Er verfügt, gerade im Bereich des Trieblebens, über Möglichkeiten, die dem Tier fehlen. So verweist Romano Guardini darauf, dass der Mensch in seiner Triebhaftigkeit maßlos werden kann, wenn lustvolles Streben und heftiges Begehren sich vom Zusammenhang mit anderen Trieben lösen, in Verwirrung geraten und so buchstäblich unnatürlich werden. Der entfesselte Trieb mag zu einem manifesten Widerspruch in der Persönlichkeit werden, den Handelnden blockieren und zu enthemmtem Tun im Bereich der Sexualität führen. Guardini sieht im Geschlechtsleben, das exzessiv gestaltet ist, verwirrende Formen und Ausmaße. Die Ordnung der Natur, so Guardini, kann sich grob verkehren – doch zugleich bestreitet der Philosoph, dass die menschliche Natur, somit auch das natürliche Verhalten, etwas in sich Gutes sei. Die Triebstruktur des Menschen ist, wenn sie nicht geordnet wird, gefährlich für das Wohlergehen, insbesondere, altmodisch ausgedrückt, für das Heil der Seele. Wenn im zwanzigsten Jahrhundert die Morallehren, welche Liebe und Geschlechtlichkeit auch zum Wohl des Menschen ordnen, als „überkommene Vorurteile" und „christliche Lebenshemmung" aufgefasst würden, die den sich entfaltenden und verwirklichenden Menschen nur unnötig wie unnatürlich disziplinierten, so zeigt dies für den resignativ-ernüchterten Guardini die ungeistige Situation der Zeit. Er verweist auf den Triumph der Psychoanalyse, die das geschlechtliche Leben auf ein triebhaftes Geschehen reduziert, Askese als Verdrängung bestimmt und die christliche Moral folglich auch als etwas zu Überwindendes bestimmt.

Die Verantwortungslosigkeit im Umgang mit Sexualität sieht Guardini insbesondere bei jungen Menschen. Unmöglich sei es, „auf Probe“ zu lieben. Weiterhin beklagt er die zunehmende Verrohung, den mangelnden Respekt vor dem Mitmenschen, die sexualisierte Werbung sowie auch das Ausbleiben echter Leidenschaft. Der inflationäre Gebrauch der Worte Liebe und Lust geht mit einer unleugbaren Gefühlskälte einher. Viele Menschen scheinen unreif, ja unfähig, eine aufrichtige Beziehung, eine echte Partnerschaft einzugehen. Was sich zeigt, in vielen Erscheinungen, ist für Guardini eine „verhängnisvolle innerste Lebensschwäche“, die für ihn sodann auch in der scheinbar zunehmenden Homosexualität offenkundig wird. Guardini spricht, wohlgemerkt in den fünfziger und sechziger Jahren des letzten Jahrhunderts, vom schändlichen Missbrauch des weiblichen Körpers für Zwecke der Werbung: „Hier scheint jedes Gefühl für Würde weithin überhaupt verloren. Das wiegt umso schwerer, als ja doch das Ganze auf den kaufmännischen Vorteil angelegt ist; es daher sofort verschwinden würde, wenn diejenigen, auf die es ankommt, nämlich die Kaufenden, es nicht wollten. Die Schlussfolgerung ist also: sie wollen es …“

Diese Betrachtungen und Reflexionen führen zu einer ethischen Fragestellung. Wonach suchen, was wünschen sich Menschen eigentlich? Verlangen sie nach liebevoller Zuneigung, authentischer Kommunikation und einer stabilen, treuen Partnerschaft, die vor Gott und den Menschen Bestand hat? Oder begnügen sie sich mit etwas, mit einem leeren Spiel, mit dem bloßen Herumschweifen in einer lieblosen, kalten Moderne? Romano Guardini nimmt, freilich aus dezidiert christlicher Perspektive, den Menschen als Ganzes in den Blick, als Person. Die Beschäftigung mit den Themen Liebe und Sexualität ist für ihn eingebunden in den Sinnhorizont menschlichen Daseins überhaupt. Liebende lernen unterscheiden zwischen dem Wertvollen und Wichtigen, das über eine entsprechende Zeitspanne wächst und reift, und dem Nichtigen, das gleichwohl den Anschein des Bedeutsamen mit sich führen kann. Die deutliche Kritik an einer ausgeprägten Begierde nach lustvollem Vergnügen, die Guardini wahrnimmt, scheint indessen heutigentags, in einem veränderten gesellschaftlichen Umfeld, einer weit verbreiteten, neuen Sehnsucht nach aufrichtiger Treue in einer gefestigten Partnerschaft, auch bei jungen Menschen, gewichen zu sein. Romano Guardini bekräftigt stets den normativen Anspruch der christlichen Moral, die als Regulativ wirken sollte, spürt aber die nachlassenden Bindungskräfte der Kirchen. Diktieren lässt sich eine Sexualmoral nicht. Auf welche Weise, fragt sich Guardini, könnte sich eine eigentümlich christliche Ethik dem Phänomen der Liebe glaubwürdig widmen?

Romano Guardini wünscht sich einen neuen Begriff der Geschlechtlichkeit. Dieser soll den ganzen Menschen umfassen, in seinen Bezügen zur Welt und seinen Eigenheiten. Die Reduktion auf physiologische Vorgänge verkürzt seines Erachtens die Vieldimensionalität des Menschseins. Zunächst ist der Mensch Person. Die Personalität lässt sich nicht durch körperliche Merkmale bestimmen, auch nicht durch geschlechtliche Beziehungen. Im Person-Begriff kommt der Mensch in seiner Ganzheit zur Geltung. Guardini formuliert, dass der Mensch nicht in der bloßen Geschlechtlichkeit aufgehe, gesteht aber gleichwohl zu, es sei wichtig, diese Ebene menschlichen Daseins zu berücksichtigen, und es wäre unangemessen, sie zu ignorieren.

Guardini glaubt, dass einer nüchternen Beurteilung von Liebe und Sexualität die subjektive Erfahrung entgegensteht. Jeder Mensch, so sagt er, kann sich an wichtige Eindrücke und Erlebnisse erinnern, an Erfüllung oder Entsagung, an freudvollen Genuss oder trübsinnig stimmendes Leid. Wenn wir über diese Themen sprechen, sind wir voreingenommen, oft ohne es zu wissen. Somit bilden wir allzu leicht falsche Urteile. Er nimmt sich selbst davon nicht aus. Problematisch ist weiterhin die Kollision zwischen dem Triebgeschehen und normativen Ansprüchen der Moral. Hemmend und lähmend erscheinen ihm das „uferlose Gerede“ über Liebe und Sexualität, das allgegenwärtige „Geschreibe über diese Dinge“. Die menschliche Geschlechtlichkeit werde auf niederträchtige Weise benutzt, so kursieren „Schmutzereien“, gesteuert von kühl kalkulierten, „massiven Gewinninteressen“, die den Menschen reduzieren auf ein auf die

Sexualität fixiertes Lebewesen. Sich dieses bewusst zu machen, bildet für Guardini die Voraussetzung dafür, um adäquat über die Phänomene von Liebe und Sexualität zu sprechen. Statt aber nun die Instrumentalisierung von Frauen anzusprechen, das tradierte Gesellschaftsbild kritisch zu reflektieren oder, vielleicht gerade aus christlicher Sicht, den Gedanken der Gleichberechtigung zu artikulieren, der bestimmte Mechanismen, die Guardini treffend kritisiert, sichtbar machen und überwinden könnte, liefert er ein schales, letzthin mattes Bild der Familie, die die patriarchalische Herrschaftsstruktur abbildet. Obgleich sich Guardini gegen eine Reduktion auf physiologische Aspekte wehrt, orientiert er sich doch an diesen, nennt als wesentliche Qualitäten des Mannes die Zeugung, das werbende Verhalten, fürsorgliche Pflichten und die Verteidigung der Familie, als Merkmale der Frau die Empfängnis, Schwangerschaft und das Gebären, die Ernährung und Pflege des Nachwuchses sowie die Sorge für das Umfeld, in welchem die Kinder aufwachsen. Der Mann findet nach Guardini seinen Platz in der Sicherung der Ordnung. Er widmet sich dem Gegenständlichen, bändigt das Chaos, schützt die ihm Anempfohlenen, während die Frau in der Sphäre des Subjektiven bestimmend ist: „Hierher gehört alles, was mit dem Genie des Herzens zusammenhängt – das Wort im Sinne eines Pascal, als Geist, nicht als Emotion verstanden. So sind z. B. die lebendigen Beziehungen der Menschen zueinander entscheidenderweise Werk der Frau, im Unterschied zu den funktionellen oder rechtlichen, in denen sich mehr die männliche Leistung ausdrückt." Die Polarität der Geschlechter sieht Guardini sowohl biologisch als auch sozial bestimmt, kritisiert aber zugleich die rationalistisch-technizistische „Vermännlichung des Daseins" in der Neuzeit wie die „verlogene Formel der Gleichberechtigung", mit der die Unterdrückung der Frau im Totalitarismus beschönigt wird. Trotz der konstitutiven anatomischen Verschiedenheit und der differierenden Wesensmerkmale, die durch wechselnde „Sinnpunkte" und „Standorte" gekennzeichnet sind und sich auch im wechselseitigen Nichtverstehen äußern, betrachtet Guardini die Geschlechter als einander ebenbürtig. Einen rein männlichen Mann gibt es seiner Auffassung nach ebenso wenig wie eine ausschließlich weibliche Frau. Er sieht somit verschiedene Möglichkeiten zur Identitätsfindung, bestreitet vehement, dass es „die" Frau oder „den" Mann gäbe, er sieht vielmehr eine Vielzahl von Individuen. In der gegengeschlechtlichen Liebe wirkt die Fremdheit attraktiv. Die Entdeckung und die liebevolle Begegnung mit dem künftigen Partner betrachtet Guardini als „Ergänzung des eigenen begrenzten Seins" und als „Schlüssel zum eigenen Wesen". Nur liebend verstehen wir uns gewissermaßen selbst. Ein Mensch mit sich selbst allein mag zwar selbstgenügsam leben, aber vollendet nicht die Möglichkeiten seines Daseins.

Romano Guardini fordert mit apologetischer Schärfe eine normative Ordnung in der Geschlechtlichkeit, in der es nicht um Modernität und Zeitgemäßheit, sondern um Wahrheit gehen solle. Er schreibt: „Im geschlechtlichen Leben herrscht eine derartige Verwirrung, dass jede Norm, die man aufstellt, jede Ordnung, die man vorschlägt, sofort mit der Feststellung beantwortet werden kann, sie verfehle diese Schwierigkeit, versage vor jener Forderung des Gefühls u.s.f."

Dezidiert konservativ beantwortet Guardini die selbst gestellte Frage nach der einzig gültigen Ordnung für Liebe und Sexualität. Er fordert die Berücksichtigung der gesellschaftlichen Funktion der Ehe, kritisiert die Wertschätzung individualistischer Selbsterfüllung und sieht in dem zunehmenden Glücksverlangen der Individuen, die sich unausgesetzt selbst verwirklichen wollen, eine Gefahr für die Stabilität der Ehe, deren sakramentaler Charakter verblasst und die nahezu ausschließlich als „Legalisierung des individuellen Liebeswillens" aufgefasst wird. Die herrschende Ansicht, der Sinn des Lebens liege in diesem selbst begründet, ist für Guardini sichtbares Kennzeichen einer „Verkehrung der Wesensordnung": „Leben bedeutet nie Einfachhin-Leben, sondern immer Etwas-Leben. Jeder Lebensvorgang hat einen Inhalt; und der Wert des Vorgangs hängt im Entscheidenden von der Gültigkeit des Inhalts ab. Gewiss auch von seiner Echtheit, seiner Intensität, seinem Elan; das ist aber immer der zweite Gesichtspunkt. Der erste Gesichtspunkt ist der seiner objektiven Wahrheit und Gutheit."

Ein wahrhaftiges Leben zu führen, sich aufrichtig und authentisch zu seinen Leidenschaften zu bekennen und diese auszuleben, genügt nicht. Guardini betont den Wert der Wahrheit: Zwar gelte es, wahrhaftig zu sein, spontan, intensiv, dynamisch und schöpferisch, aber das Entscheidende sei die Ausrichtung am Guten. Vor dem Anspruch des Rechtmäßigen tritt das Verlangen nach intensivem Erleben zurück. Wer sich treiben lässt, der ist nicht mehr bereit, Opfer zu bringen. Er überwindet sich nicht, verliert sich und muss erkennen, dass sich die vermeintliche Lebendigkeit seines Daseins geräuschvoll auflöst und ein kaltes Nichts offenkundig wird: „Es zeigt sich, dass in der Folge sogar die Wahrhaftigkeit, Echtheit, Intensität, Lebensfülle selbst nachlassen und das Ganze immer konventioneller, dünner, ärmer an Inhalt wie an Stil wird ... Vor lauter Betonung des Willens zum Glück, der Echtheit des Gefühls, der Selbstbehauptung der Persönlichkeit usw. entsteht im geschlechtlichen Leben ein wachsendes Chaos. Aber mehr: Nachdem das Recht auf Leidenschaft und Glück überall gesiegt zu haben scheint, zeigt sich eine immer bedrohlicher hervortretende Kälte des Herzens; eine wachsende Unfähigkeit zur großen Leidenschaft; ja eine zunehmende sexuelle Frigidität. Ein Gesetz: Die Leidenschaft braucht den Widerstand der Norm, um lebendig zu bleiben." Verpflichtende Regeln und das Ordnungsprinzip der Ehe setzt Guardini gegen das neuzeitliche Verlangen nach Autonomie in Liebe und Sexualität. Wer sich von den Launen des Zufalls treiben lässt und die scheinbar belebende, beglückende „Leichtigkeit außerehelicher Beziehungen" bevorzugt, zeigt nur eine tragische, bedauernswerte Schwäche, da er die partnerschaftliche Beziehung auf Geschlechtsverkehr reduziert. Ausgelebte Freizügigkeit schlägt nach Guardinis Auffassung in Frigidität um. Die Ehe hingegen, die entsprechend der katholisch-christlichen Morallehre ihr Ziel in der Zeugung und Erziehung von Kindern findet, beschreibt er als das „wechselseitige, vollkommene Sich-einander-Anvertrauen zweier Menschen", die eine dauerhafte Partnerschaft eingehen, welche über die bloße erotische Dimension, die zur Ehe hinzugehört, aber nicht ihr Wesen und Ziel ausmacht, weit hinausreicht. Das Kennenlernen des Erotischen beurteilt

Romano Guardini als positiv, da in dieser Begegnung das Individuum, das aus der angestammten Familie herausgelöst ist, sich nicht länger auf sich selbst fixiert, sondern sein Dasein von nun an existenziell mit der geliebten Person verbunden sieht: „Im erotischen Erlebnis begegnet der Einzelne dem anderen Einzelnen; zwischen ihnen entwickelt sich die Neigung, die ja den ganzen Menschen durchwirkt; und das um so mehr, je echter sie ist. Sie lockert den Autozentrismus des mündig Gewordenen und lässt eine neue Lebensstruktur werden, in welcher die beiden, die einander begegnet sind, gemeinsam stehen. Als deren Symbol mag die Ellipse gelten; eine Figur, die ja zwei Zentren hat." Der Eros öffnet die Augen. Nicht verklärt sieht der aufrichtig liebende Mensch, sondern ausgesprochen scharf und deutlich konturiert, „weil nur die Liebe den anderen Menschen richtig sieht" – doch auch die Fehler und Möglichkeiten des eigenen Wesens treten offen zutage. In der Erfahrung der Gemeinschaft erblickt das Individuum Unzulänglichkeiten an sich selbst. Der Einzelne fühlt sich nicht reif, nicht liebenswert genug. Die Fixierung auf das eigene Selbst wird durchbrochen, Neues gerät in Blick. Wahrhaft Liebende, so führt Guardini aus, reifen aneinander und miteinander. Indem sie sich gerade nicht selbst verwirklichen wollen, spüren sie, dass die Entwicklung voranschreitet, oft auf unangeahnte Weise, nie erblickte Möglichkeiten werden zu konkreter Wirklichkeit, Talente und Begabungen bilden sich aus. Ganz wichtig ist das gleichsam gemeinschaftliche Wachstum der Liebenden aneinander und miteinander – und nicht die persönliche Bezauberung ist maßgeblich, diese verblasst und vergeht: „Der Andere wird nur aus dem Wesentlichen, falls nicht nur aus dem Gewünschten heraus gesehen. Dabei bleibt die Wirklichkeit des Nicht-Wesentlichen, aber Faktischen, leicht außerhalb des Blickfelds. Die Möglichkeiten werden überschätzt; die Wirklichkeit wird auf das Gewünschte hin stilisiert; der Alltag in seiner unabsehlichen Bedeutung wird verkannt." Der ethische Charakter der Bindung trägt, nicht der erotische Zauber, der für sich genommen ein ästhetisches Spiel bleibt. Tragfähig und stabil ist die Partnerschaft erst, wenn die Gefühle und die Sphäre der Sinnlichkeit vom „Ernst der Person" bestimmt werden. Guardini empfiehlt, die Zeit des Kennenlernens sorgsam zu nutzen. Wer übereilt handelt, setzt sich schwankenden Stimmungen aus. Allmählich nähern sich die Liebenden an, trotzen der eigenen Begierde, mag es sie auch mit aller Macht zueinander ziehen. Flüchtiger Reiz kann verfliegen, erotische Anziehungskraft dahinsterben. Sind die Liebenden bereit, ihren individuellen Anspruch auf Glück und Karriere hintanzustellen? Vermögen beide Opfer zu bringen? Wer wahrhaft liebt, nimmt von sich selbst Abstand und schenkt dem geliebten Mitmenschen Raum, um da zu sein. Er möchte gar nicht Besitz ergreifen. Die stärkste Intensität hat die Bindung aus Respekt und Freiheit. Als scheinhaft bestimmt Guardini die Dynamik des Gefühls. Die Lust, die vorgeblich Ewigkeit will, verflüchtigt sich. Für den „Aufbau des Dauernden" ist sie untauglich. Zueinander zu stehen ist entscheidend, nicht allein die gefühlsmäßige Verbundenheit, sondern die Treue, „die wechselseitige Annahme der menschlichen Wirklichkeit des Anderen", der Beistand in allen Phasen des Lebens, wichtiger und wertvoller, innerlich erfüllender als subjektivistisches Glückserleben. Auch gilt es die „durchschnittliche Realität" des geliebten Mitmenschen zu erkennen und zu ertragen, die „Alltäglichkeit der Fehler" und die „Alltäglichkeit der Eigenschaften", denn es begegnen einander nicht „Ausnahmewesen", mag auch die anfängliche erotische Verzauberung anderes nahe legen, sondern immer nur „Menschen des täglichen Daseins", mit den ihnen eigenen Unzulänglichkeiten und Marotten. Allzu oft, so Guardini, liegt die Enttäuschung darin, dass der geliebte und ehemals verklärte Mitmensch nicht dem Bild entspricht, welches sich der Verliebte, nunmehr desillusioniert, von diesem gemacht hatte. Gleichwohl sei es wichtig, nicht nur den Menschen in seiner Wirklichkeit zu respektieren und wahrhaft als Person anzunehmen, niemals etwas zu erwarten, was dieser nicht geben möchte, sondern auch zugleich nicht leichthin preiszugeben, was der Liebende als Möglichkeit in diesem anfangs gesehen hat: „Der Blick, der im ersten Eros das tiefere Wesen des Anderen erkannt hat, vielleicht tiefer, als er selbst darum wusste, muss das Erkannte festhalten. Er darf nicht resignieren. Er darf ihn nicht in die Gewöhnlichkeit preisgeben. Er muss nur die Eigentlichkeit des Anderen aus der Verzauberung in die Möglichkeiten der Realität übersetzen. Er muss die tiefe Gewissheit haben, dass sein eigentliches Wesen aufgehoben ist im Wissen des Anderen. Er muss einverstanden sein damit und immer aufs Neue von dorther die Forderung vernehmen." Diese wechselseitige Wahrnehmungsweise der Liebenden muss auch in der Prosa des Daseins bestehen bleiben. Man könnte sagen: Eine verborgene Wirklichkeit, die für Außenstehende nicht existent oder nicht erkennbar ist, tritt für den Liebenden offen zutage, auch und gerade für den Menschen in der stabilen Partnerschaft, die für Romano Guardini nur als eheliche Gemeinschaft vorstellbar ist, zu einer konkreten Realität wird: „Während der erste Eros unmittelbar auf den anderen Menschen zugeht; sich ihm schenkt, wie auch ihn in Besitz nimmt; und aus dieser Unmittelbarkeit das Leben gestaltet, treten jetzt die sachlichen Aufgaben hervor, welche durch die Worte ‚Familie', ‚Beruf', ‚soziale Stellung' ausgedrückt sind. Diese helfen, weil sie vom bloß Persönlichen wegführen und die Kräfte beanspruchen; andererseits aber verlangen, aus personaler Kraft heraus bewältigt zu werden." Unzerbrechlich ist die Ehe für Guardini nur, wenn sich die Liebenden der Dauerhaftigkeit des Bundes bewusst sind, wenn sie wissen, dass sich der feurige „Elan der Emotion" der strengen „Form der Treue" beugen muss, wenn die „Befriedigung des Triebes", die „Selbstentwicklung der Persönlichkeit" und das Verlangen nach „individuellem Glück" zurückstehen und der Wille zur „Entsagung" stärker ist als jede „neue Bewegung des Eros", die zum Ausbruch aus der „Härte der Realität", welche die Ehe darstellt, verführt. Romano Guardini fordert entschieden eine neue Besinnung auf die Tugend der Treue: „Ist nicht an seine Stelle das subjektive Gefühl getreten; die Forderung der Lebenserfüllung, die Echtheit des Eros, und wie all die Verflüchtigungen lauten, mit denen die Treue zerstört wird? Denn Treue bedeutet doch, dass in der Bindung zweier Menschen etwas ist, das über allen Schwierigkeiten und Verschiebungen des Gefühls, über allem Angezogensein nach anderen Richtungen gilt, und den Menschen befähigt, von dort heraus zu realisieren, was Ehe überhaupt bedeutet … Der neuzeitliche Mensch verliert immer mehr Gewilltheit wie Fähigkeit, das Unbedingte zu realisieren. Nur das Unbedingte aber gibt dem Leben seinen Sinn – und sei es in der negativen Form, dass er sich schuldig fühlt. Der Mensch, der sich in diesem Zustand befindet, bleibt vor diesen Werten kalt. Sie packen ihn nicht. Er zuckt die Achseln und wendet sich den Greifbarkeiten des Täglichen zu. So verschwinden die großen Gedanken und Gefühle, welche das Dasein rechtfertigen, und an ihre Stelle treten Relativitäten. Es verschwindet die Tragik, und an ihre Stelle treten Unglücksfälle. Die Frage nach dem letzten Warum bekommt keine Antwort."

Tiefe Skepsis, ein resignativer Tonfall und pessimistische Verstimmung prägen viele Schriften Guardinis, insbesondere die Alterswerke. Wie eine Trutzburg erscheint die eheliche Liebe, die er so hingebungsvoll rühmt, auch wenn er um die menschlich-allzumenschlichen Schwächen nur zu gut weiß. Fragen bleiben offen, auch bei einem Theologen wie Guardini. Hätte er die partnerschaftliche Liebe, die sich jenseits von gesellschaftlichen Konventionen verwirklicht, nicht positiver kennzeichnen können? Bestehen nicht auch beglückende Lebensformen, die von außersexueller Zuneigung getragen sind? Bleibt die Liebe aus, verschwindet sie, wird auch die Ehe selbst brüchig. Das christliche Ideal verkehrt sich in ein trauriges, für die Betroffenen, besonders für die Frauen, oft schmerzvolles Zerrbild. Romano Guardini hat leidenschaftlich versucht, der Ahnung des Nihilismus in der Moderne, der scheinbar allgegenwärtigen Beliebigkeit in Fragen der Moral und dem bestimmenden Gefühl der Sinnlosigkeit das Geschenk der Liebe entgegenzusetzen. Ein Mensch, der sich nur selbst zu verwirklichen trachtet und sich ganz auf sich selbst stellen will, verliert sich selbst, während er sich mit aller Macht behaupten und entfalten möchte – er gerät in den Strudel des Nihilismus. Romano Guardini hat hiervor gewarnt. Er selbst war nicht gefährdet. Denn Guardini hat an den lebendigen Gott, also die Liebe selbst, geglaubt, an eine Liebe, die das Leben in all seiner Fragilität trägt und hält.

Ladislaus Boros

Noch viele christliche Philosophen und Theologen könnten mit ihren Gedanken zum Phänomen der Liebe zu Wort kommen – und wir würden stets das Verbindende erkennen, ein ernsthaftes Bemühen um eine stabile Ordnung der Gefühle, gelegentlich aber auch rigorose moralische Ansprüche, die den Menschen eher überfordern, statt dass sie sein Dasein in der Welt erleichtern, ohne dieses freilich des existenziellen Ernstes zu berauben. Wir sind verschiedenen Vertretern unterschiedlicher Epochen des Christentums begegnet, dem enthusiastischen Bekenner Augustinus, dem menschenfreundlichen Systematiker Thomas von Aquin und dem strengen Moralisten Romano Guardini. Die Betrachtungen des Religionswissenschaftlers Ladislaus Boros, der heute nur wenigen noch bekannt ist, beschließen diese Ausblicke auf die Liebe aus christlich-philosophischer Perspektive.

Boros war ein Zeitgenosse Guardinis. Vielleicht sind ihre Deutungen des Phänomens nur in Nuancen verschieden. Jedoch scheint Boros den therapeutischen Nutzen der Religion zu bedenken, auf absolute moralische Ansprüche zu verzichten und nicht, wie Guardini zuweilen, von Angst und Sorge bewegt, sondern von einem tiefen Vertrauen zu den Menschen auch seiner Zeit erfüllt zu sein.

Warum zwei Menschen einander lieben, erscheint dem Außenstehenden oft unbegreiflich. Eine „seltsame Unklarheit" besteht, denn die „unterschiedlichen Voraussetzungen", das „andere Schicksal" und der „andere Beruf" lassen auf den ersten Blick noch nichts Verbindendes zwischen diesen beiden entdecken. Was zieht sie zueinander? Boros schreibt, dass diese „Andersheit" unverkennbar ist, dem Neuen aber, der „wesenhaften Einheit der Liebe" nicht entgegensteht. Vielleicht lässt sich die Entstehung einer partnerschaftlichen Verbindung gar nicht erklären – und doch beginnt und wächst eine liebevolle Beziehung manchmal ganz schnell, nicht kalkulierbar, gänzlich unerwartet oder langsam, aber stetig. Ladislaus Boros versucht diesen Prozess nicht an einem Beispiel zu illustrieren, sondern beschreibt sehr einfühlsam das Verwunderliche und gleichzeitig Wunderbare einer Liebesbeziehung, ohne moralisierende Attitüde und ohne existenziell getöntes Pathos: „Zwischen den beiden herrscht Andersheit. Plötzlich ist etwas Neues da: die wesenhafte Einheit der Liebe. Wie geschah der Übergang? Möglicherweise werden die beiden dies gar nicht beantworten können. Vielleicht haben sie miteinander gesprochen; vermutlich über belanglose Dinge. Dann war ‚es' auf einmal da. Vorher waren sie nur ‚nebeneinander' oder einfach ‚zusammen'. Jetzt sind sie ‚mit-einander'. Wie geschah all das? War es wegen einer äußeren Eigenschaft? Lag es an der Stimme des anderen, an seiner äußeren Erscheinung, an seiner menschlichen Wärme? Gewiss auch, aber nicht nur das. Andere sind sogar, rein äußerlich gesehen, angenehmer, anziehender und schöner. Die äußere Erscheinung spielt mit. Sie bringt Menschen einander näher. Das Eigentliche der Liebe vermag sie aber nicht zu erzeugen. Lag es eher an den seelischen Eigenschaften des anderen, an seiner Großmütigkeit, an seiner inneren Anmut, an seinen interessanten Gesprächen oder an seiner ergreifenden Stille? Doch andere sind intelligenter, großmütiger, interessanter und ergreifender. Trotz allem liebt dieser Mensch gerade diesen ‚anderen', und zwar so wie er ist. Er wird ihn auch lieben, selbst wenn ein Unfall seine Schönheit zerstört, selbst wenn eine große Krankheit oder ein Unglück sein Gedächtnis, seine Intelligenz oder seine Zurechnungsfähigkeit vernichtet. Er wird ihn lieben, selbst wenn er schlecht wird und Verbrechen begeht. Ja, seine Liebe wird vielleicht dadurch noch erhöht. Sie wird reiner, größer, noch unbedingter, liebender. Was ist der eigentliche Grund der Liebe? … Die Liebe erfasst offenkundig nicht einen Teilbezirk des Daseins, sondern die Ganzheit des Seins des geliebten Wesens. In der Liebe wird jenes Letzte erfasst, das in keiner Weise aus Merkmalen, Eigenschaften und Tätigkeiten zusammengesetzt werden kann." Boros deutet das Phänomen der Liebe als Ausrichtung auf das Absolute, so als verstünde der Liebende den geliebten Menschen auf eine Weise, die sich auf eine Ganzheit des Menschseins konzentriert, welche nur für den analytischen Blick, der sich hier als offenbar eigentümlich fehlsichtig erweist, aus einzelnen Momenten, bestimmten Merkmalen und Eigenheiten zusammengesetzt ist, denn das Wesenhafte reicht doch weit über diese hinaus. Die Liebe erhält in der Deutung von Ladislaus Boros eine eindeutig metaphysische Komponente, die sich dem liebenden Bewusstsein erschließt, während der nüchterne Empiriker ratlos das Phänomen mit seinen unzulänglichen Begriffen und Methoden zu erfassen sucht. Nun mag man diese Betrachtung für eine romantische Überhöhung halten und versuchen, die ersichtlichen Formen des Liebens, scheinbar immun gegen jeden rational begründeten Einwand, vielleicht psychologisch zu erklären. Verwandelt sich nicht Liebe in Mitleid, wenn der Partner erkrankt? Wer wollte die Vernarrtheit in einen Dieb oder gar in einen Mörder, welche pathologisch erscheint, noch als Liebe bezeichnen? Boros zeigt sich von solchen Einwendungen unbeeindruckt. Das Handeln aus Liebe ist nicht vernünftig, nur der Verführer wählt einzig nach der äußerlichen Schönheit, doch liebt er tatsächlich? Zu lieben heißt, sich mit einer existenziellen Radikalität dem anderen Menschen zuzuwenden und keinesfalls blind zu sein für dessen Eigenheiten. Der Grund der Liebe beruht nicht auf Äußerlichkeiten oder Verhaltensweisen, sondern gilt als „Vorgriff auf das Ganze des Seins", sie ist grenzenlos, schmerzhaft, wenn die Erwiderung ausbleibt oder wenn spürbar wird, „dass der Geliebte sich nicht zu dem aufschwingt, was er sein könnte und sollte" – und bleibt bei aller Sprachmächtigkeit, die sich in schicksalhafter Gewissheit, bekennerhaftem Gestus oder poetischem Ton äußern mag, doch auf ein Ganzes verweisend, das außerhalb sprachlicher Fixierung liegt: „Wir werden mit dem Menschen, den wir lieben, und mit der Welt, in der dieser Mensch lebt, nicht fertig."

Der Liebende spürt in sich einen inneren Zwang, etwas Machtvolles steigt gleichsam „aus den Tiefen des Unbewussten" empor, übt Gewalt aus wie eine „innere Notwendigkeit", so dass das Widerstrebende, auch die Besinnung auf das vorherige Leben, unwichtig wird, der verzagte Traum von Ruhe, von einer Zeit, als wir diesem anderen Menschen noch nicht begegnet, als wir diesen noch nicht für uns erkannt hatten, denn die „seltsame Stoßkraft" lässt kein Ausweichen zu: „Wenn man liebt, kann man nicht anders als lieben." Die schier übermächtige verwandelnde Kraft und offenbar unaufhaltsame Dynamik der Liebe birgt eine Gefahr in sich, die Ladislaus Boros deutlich macht, wenn er davor warnt, die „Liebesneigung" unkontrolliert „wuchern" zu lassen. Es gilt vielmehr die Liebe zu formen, die „dämonische Wildheit" zu überwinden, Schmerzen und Widrigkeiten auszuhalten, um schließlich aus der beherrschenden Leidenschaft eine „reife Liebe" zu formen, die eine, wenngleich „mühsam eingeübte", schwer errungene Haltung ist, eine echte Tugend, jenseits der dichterischen Maske, fern vom „Selbstgenuss" und der „großartigen Selbstdarstellung", nicht für sich das Beste sucht, sondern sich glaubhaft in der Wirklichkeit bewährt. In diesem Sinne formuliert Boros beherzigenswerte Maximen für den Liebenden, die die Aufrichtigkeit der Worte bezeugen, konkrete „Selbsthingabe", nicht gefällige „Emotion" oder auch „intelligente Erklärung": „Beweise zuerst, dass du dem anderen Schutz bieten kannst, dass du ihn über die Interessen der eigenen Existenz stellst, dass du dem anderen alles ersparen willst, was einem unsere Welt an Sorgen, Qualen und Wunden zufügen kann. Nimm zuerst das andere Wesen in Schutz. Wenn es sein muss, auch gegen es selbst. Kämpfe für den anderen, beschirme ihn, gib ihm Leben und inneres Wachstum … Wir müssen zuerst existenziell beweisen, dass unser Sprechen ehrlich ist. Es ist leicht, andere zu betören. Auch die gehaltvollsten Reden nützen nichts, wenn dahinter nicht die Liebe steht. Die Liebe teilt sich ganz still und schweigend mit. Durch einfaches Beistehen und durch Dableiben in der Treue."

Wahrhaftige, aufrichtige Liebe besteht in der „Reinheit der Hingabe", die durch das „Nichts-Wollen-vom-anderen" und die unbedingte Annahme des „fremden Seins" gekennzeichnet ist. Sie setzt die „grundsätzliche Selbstlosigkeit" voraus, vermeidet jede Absicht, das „eigene Selbst" zu suchen und zu verwirklichen, will sich von diesem „Selbst" lösen, also von sich absehen und sich dem geliebten Menschen zuwenden: „Wirkliche Liebe erfüllt nicht mit ihrem eigenen Sein den Raum des Daseins, zieht sich eher zurück, lässt dem Lebendigen offenen Raum zur freien Bewegung, in dem es gedeihen kann. Sie füllt sich nicht mit Bedeutungslosem auf, sondern lässt das Dasein des anderen in sich hereinströmen, seine Lebendigkeit, sein Empfinden, seine Freude, seine Gedanken, seine individuelle Existenz. Sie füllt sich auf vom anderen her. Nur wer das Geschenk des anderen Seins in sich aufnehmen kann, liebt wirklich … Ich mache dem anderen durch meine selbstlose Liebe möglich, dass er auch lieben kann; ich lasse es ihn spüren, wenn ich bei ihm und mit ihm bin, dass er in mir ganz geborgen ist, ganz der sein kann, der er ist oder sein möchte; dass mein Wesen ihn nicht einengt; dass ich ihm nicht zum Vorwurf mache, was er ist; dass ich in ihm denjenigen sehe, der er werden soll. Vielleicht erwachen in ihm – wohl nicht auf einmal, sondern im Laufe der ihm anhaltend zuströmenden Liebe – neue Möglichkeiten. Somit erwecke ich ihn zu seiner menschlichen Eigentlichkeit."

Ladislaus Boros nennt ausdauernden, geduldigen „Langmut" als sichtbares Kennzeichen der Liebe, die „Selbsterziehung der entsagungsbereiten Treue", die schließlich das Beistehen nicht als zermürbende Belastung und leidige Pflicht auffasst, vielmehr die konstante Nähe und das hartnäckige „Nichtkapitulieren", welches nur anfangs Selbstüberwindung kostet, als positiv erlebt, da das „unbedingte Da-sein für die andere Person für immer" gilt, unabhängig von temporären Zwistigkeiten, die allmählich überwunden werden, auch indem deren Bedeutungslosigkeit erkannt und das Triebhafte gebändigt wird. Die wechselseitige „Freude am Lichthaften der anderen Existenz" bleibt dauerhaft bestehen, ja sie wächst sogar noch mit der Zeit und Verbundenheit. Freilich erkennt auch Boros, so wie Guardini, die vielfältigen bestehenden Formen der „Verwilderung", setzt aber nicht rigorose moralische Ansprüche, die fordern und überfordern, sondern verweist stets aufs Neue darauf, wie schön die Liebe ist, die nichts Kaltherziges, Bitteres und Selbstgewisses, nichts Arrogantes und Verstörendes in sich birgt, sondern etwas Hochherziges, Erhebendes und Würdiges, das als „etwas Adeliges" bezeichnet werden kann, als „Fähigkeit des absichtslosen Inneseins", die das Kindische und Spöttische überwunden hat, die verantwortungsvoll denkt, redet und urteilt, da sich der Liebende der „eigentümlichen Schwere" und der „bedrohlichen Not" des menschlichen

Daseins tief bewusst ist. Darum wird er mit der Liebe nicht spielen. In Kenntnis der „Sorge“ und im Bewusstsein des „Ernstes“, in der Selbstlosigkeit des authentischen Liebens, setzen wir uns dem „Verbrauchenden der Liebe“ aus, während zugleich „unser Dasein zum Wesenhaften“ reift. In dieser Liebe spüren wir die „Gegenwart der bereits erfüllten Verheißung“, für den gläubigen Menschen bedeutet dies, dass er den Spuren Gottes bereits in dieser Welt folgt, dass ihm das Absolute, welches sich seinen begrenzten Erkenntnisvermögen entzieht, gewiss wird. Die Liebe ist so wichtig für uns, weil wir in ihr das „Stillwerden“ lernen und zugleich verlieren, was uns lähmt und bindet, denn das „Getriebe des bruchstückhaften Gedankens“ und die „Unruhe des Begehrens und der Ängste“ lösen sich auf. Das „ruhige Verweilen bei einer ernsten Frage“ wird möglich, die „wirkliche Innerlichkeit“ entsteht und aus der Sammlung ergibt sich eine Lebensform, die als „Weisheit“ bezeichnet, „stilles Verstehen“ genannt ist „oder einfach Liebe“ heißt: „Die Gaben der sich schenkenden Liebe strömen uns gleich Wogen von der geliebten Person zu. Deshalb erfährt der Liebende, selbst in der unscheinbarsten Liebesbegegnung, eine Freude, ein Hellwerden des Daseinsraumes. Diese Freude, dieses Licht ist eine Begleiterscheinung der Liebe, zugleich eine Offenbarung dessen, dass der Liebende dem Ursprung allen Seins nahe gekommen ist.“ Boros sagt, dass die Liebe sich in die „absolute Vollendbarkeit“ entfaltet, in den „höchsten Augenblicken“ spüren die Liebenden – sie bilden ein „seinsmäßiges ‚Wir‘“, einen „neuen Wesensraum“ – die Begegnung mit Gott, das „Hineinwachsen ins Absolute“. Wer liebt, schenkt weder seinen Körper noch seine Begabungen oder Reichtümer, er bietet das „Eigentlichste der Person“ an: „Jeder erkennt, dass es dieses Beschenktwerden, in dem der andere ihm das Eigentlichste erschließt, nie verdienen kann. Und das macht das Leuchtende und Wunderbare der Liebe aus. Was da geschenkt wird, ist im Tiefsten immer der Schenkende selbst. Alle anderen Geschenke, die der Mensch in der Liebe erhalten mag, werden vom Glanz dieses Sich-selbst-Schenkens durchflutet. Das eigentliche Schenken der Liebe geht nicht auf der Ebene des Habens und Besitzens, sondern auf der Höhe des Seins vor sich.“

IV. „Philosophie der Liebe" von Kant bis Schopenhauer

Der Ausgang des achtzehnten und der Beginn des neunzehnten Jahrhunderts stellte eine Blütezeit der Philosophie in Deutschland dar. Die Besinnung auf die Ideale der Aufklärung, die die Revolutionäre in Frankreich erfüllten und in ihrem Ruf nach „Freiheit! Gleichheit! Brüderlichkeit!" einen adäquaten Ausdruck fanden, führte zu einer Neuorientierung der Philosophie in ganz Europa. Der Enthusiasmus der emanzipatorischen Bewegung erfasste zwar Philosophen und Literaten, doch der Begriff „Gender" wird erst im zwanzigsten Jahrhundert entdeckt. Alle Menschen, vielleicht auch nur alle Männer, sollen Brüder, aber eben nicht, könnte man pointiert hinzufügen, Geschwister werden. Den Gedanken an eine Gleichberechtigung der Geschlechter hegten auch die Vordenker der Aufklärung und die großen Denker in der restaurativen Phase der Biedermeierzeit noch nicht. Manchmal scheint es aus heutiger Sicht unbegreiflicherweise naheliegender und einfacher zu sein, von der Zukunft der Menschheit zu träumen, als konkret die Gerechtigkeit zwischen den Geschlechtern zu bedenken oder gar zu verwirklichen. Doch hellsichtige Einsichten zur Liebe finden wir auch bei den großen Systematikern Kant und Hegel – und dem philosophischen Unikum des Biedermeier Arthur Schopenhauer.

Immanuel Kant

Wie kein zweiter Denker gilt Immanuel Kant als Repräsentant der deutschen Aufklärungsphilosophie. Er verlieh ihr mit einer Sentenz des römischen Dichters Horaz das leitende Motto – „Sapere aude!" (= „Wage es, weise zu sein!"). Weise zu sein bedeutet für Kant, sich im selbsttätigen Verstandesgebrauch zu üben, sich ohne Anleitung eines anderen selbstständig im Denken zu orientieren. Nicht der Staat, nicht eine Kirche soll für mich sozusagen Verstand haben und mir sagen, was ich zu tun und zu lassen habe, sondern ich selbst soll das Gegebene kritisch prüfen und entsprechend handeln. Der Mensch, der seit alters als das „animal rationale“, als das „vernunftbegabte Lebewesen“ verstanden wird, ist aufgefordert, sich der ihm von Natur aus verliehenen Möglichkeiten zu bedienen, diese weiter auszubilden und auszuüben. Gebraucht der Mensch sein Talent zu eigenständiger Reflexion, gerät er notwendig in Widerspruch zu seiner Zeit und zu seinen Mitmenschen. Er kehrt damit gleichsam zurück zu den Wurzeln des abendländischen Denkens in der griechischen Philosophie. Auch Platon beschreibt im „Staat“, vor allem im „Höhlengleichnis“, den Weg des Philosophen oder, einfach gesagt, den Weg des Menschen, der sein Denkvermögen nutzt und mit einem Mal wie von den Fesseln der Vorurteile befreit ist. Fortan orientiert er sich selbsttätig erkennend in der Welt. Sobald er die Einsicht in die Wahrheit über Sein und Nichtsein der Gegenstände erworben hat, soll er erzieherisch wirken. Doch wenn die Mächtigen, die sozusagen der Unaufgeklärtheit des Menschengeschlechtes ihren bestimmenden Einfluss in Staat und Gesellschaft verdanken, seiner habhaft werden, so werden sie danach trachten, ihn umzubringen. Kant zeigt ebenfalls, dass der Weg der Aufklärung – die hiermit sich verbindende Forderung nach dem Gebrauch der eigenen Vernunft richtet sich appellativ an jedes Individuum – ein steiniger, schwieriger und zuweilen auch gefährlicher Weg ist. Gleichwohl entspricht es der Bestimmung des Menschen, sich dieser ihm verliehenen Fähigkeiten zu bedienen und sich somit nicht einfach der jeweils bestehenden Herrschaftsordnung zu fügen.

Wenn wir an Immanuel Kant denken, so kommt uns sogleich auch seine praktische Philosophie in den Sinn. Der kategorische Imperativ ist untrennbar mit seinem Namen verbunden. Diese ethische Grundregel wird in der „Grundlegung zur Metaphysik der Sitten“ und in der „Kritik der praktischen Vernunft“ diskutiert. Kant erwähnt verschiedene Formen dieses Imperativs, der eine verpflichtende Regel für das moralische Handeln darstellt. Die bekannteste

Formulierung lautet: „Handle so, dass die Maxime deines Willens jederzeit zugleich als Prinzip einer allgemeinen Gesetzgebung gelten könne.“ Obgleich der formale Charakter dieser Bestimmung auffällt – seit Kants Zeiten wird darüber kontrovers und leidenschaftlich diskutiert –, sehen wir uns sogleich an die Schwierigkeiten verwiesen, die sich auch in Sachen Liebe ergeben. Unser Handeln nämlich vollzieht sich ja nicht unabhängig von diesen ethischen Grundregeln. Oder doch? Konfrontieren wir verschiedene Beispiele mit dem kategorischen Imperativ, der, wie erwähnt, einen umfassenden Geltungsanspruch besitzt, so können wir nur einige Probleme, die sich immer wieder ergeben, mit angemessener Ratlosigkeit betrachten: So genannte „Seitensprünge“ in Partnerschaften wären kaum erlaubt, ja verboten. Ein solches Verhalten wäre ein grober Verstoß gegen diese umfassend gültige ethische Grundregel. Wenn ich meinen Partner absichtsvoll betrüge, selbst wenn ich entschuldigend eine Leidenschaft und machtvolle Neigung anführe – für Kant wäre dies niemals ausreichend, da sich das moralische Handeln pflichtbewusst, nicht gefühlsorientiert vollziehen soll –, so wäre eine solche Tat niemals verstattet. Wie würde ich im umgekehrten Falle reagieren, wenn ich selbst der Betrogene wäre? Wollte ich, dass alle sich quasi an meinem Zuwiderhandeln entsprechend ein Beispiel nähmen und es mir gleich täten? Wie würde es dann um Sitte und Moral bestellt sein? Wer hätte noch Respekt vor seinem Partner, dem er doch die Treue versprochen hat, ohne jede Einschränkung? Dies ist nur eine Variante. Nehmen wir an, der Partner selbst hätte mit der Suche nach Liebesglück außerhalb der Ehe angefangen – dürfte ich es ihm dann gleichtun? Oder müsste ich weiterhin vorbildhaft zeigen, dass nicht einmal seine Treulosigkeit mich dazu bringt, sexuelle Begegnungen außerhalb der ehelichen Gemeinschaft, ganz gleich, in welchem betrüblichen Zustand sie sich auch befindet, zu suchen? Wir stoßen auf verwickelte moralische Probleme, die eine zufrieden stellende Antwort außerordentlich problematisch erscheinen lassen. Kant hätte gewiss darauf beharrt, dass der Treuebruch eines der Vertragspartner zwar zu tadeln sei, aber keine hinreichende Begründung darstellen würde, um selbst amoralisch zu handeln oder eben gegen den kategorischen Imperativ zu verstoßen. Der Geltungsanspruch einer solchen Gesetzmäßigkeit hängt nicht davon ab, ob diese Regel nun die meisten, viele oder wenige Menschen gewissenhaft befolgen. Der Philosoph hätte darauf verwiesen, dass jeder an diesen Imperativ gebunden ist und bleibt, auch wenn andere diesem aus flüchtiger Neigung oder böser Absicht zuwiderhandeln: „Der kategorische Imperativ, indem er eine Verbindlichkeit in Ansehung gewisser Handlungen aussagt, ist ein moralisch-praktisches Gesetz. Weil aber Verbindlichkeit nicht bloß praktische Notwendigkeit, sondern auch Nötigung enthält, so ist der gedachte Imperativ entweder ein Gebot- oder Verbotgesetz, nachdem die Begehung oder Unterlassung als Pflicht vorgestellt wird." Für ganz konkrete Fragen, sozusagen aus dem Liebesalltag, scheint der kategorische Imperativ nicht zu taugen. Veranschaulichen wollen wir dies am Beispiel einer einfachen „affaire du cœur": Ein materialer Bestimmungsgrund, wie Kant dies ausdrücken würde, besteht, wenn sich ein junger Mann in ein Mädchen verliebt und dieses eine und einzige Mädchen heiraten möchte. Wäre es nicht auch nachgerade absurd, wenn der junge Mann wollte, dass aus seinem Handeln ein allgemeines Gesetz würde? Dies führte zu unhaltbaren Zuständen, besonders für die Erwählte. Dann müssten alle jungen Männer dieses eine Mädchen lieben und es zur Gattin erwählen wollen, doch nicht allein dies, denn der Imperativ wäre eine unbedingt gültige Regel, nicht nur für alle Männer, sondern für alle Menschen, also auch für die Frauen … Wir müssen dies nicht weiter ausführen, denn die Schwierigkeiten sind offensichtlich. Möglich allein wäre folgende formale Bestimmung, die als allgemeines Gesetz taugen könnte: Ein Sterblicher, der unsterblich verliebt ist, soll heiraten. Ob eine solche verpflichtende Regel erstrebenswert wäre, ist eine andere Frage. Wir sehen aber gewiss ein, dass wir nicht alle, schon gar nicht die wichtigsten Probleme, die sich mit der Liebe verbinden, mit dem Rigorismus der kantischen Pflichtethik regeln können. Der kategorische Imperativ mutet auch auf seine Weise außerordentlich unerotisch an …

Wer sich indessen fragt, ob Kant die Aufklärung des ganzen Menschengeschlechts vorsah und forderte, wird skeptisch, sobald er sich die Vorurteile und Vorbehalte vergegenwärtigt, die der Philosoph im Blick auf Frauen hegte. Eher ein launiges Aperçu, zugleich ein nüchternes wie ernüchtertes Eingeständnis ist die folgende Bemerkung: „Da ich eine Frau brauchen konnte, konnte ich keine ernähren; und da ich eine ernähren konnte, konnt' ich keine mehr brauchen.“

Im fortgeschrittenen Professorenalter gelüstete es Kant zudem nicht mehr nach „fantastischen Entzückungen“. Die Grundprinzipien seiner Ethik verbieten es zwar, Menschen zu instrumentalisieren, also einzig als bloßes Mittel und nicht zugleich als „Zweck an sich selbst“ zu betrachten, aber die Frage nach dem Nutzen und Nachteil, den ein geregeltes Eheleben oder gar eine leidenschaftliche Liaison mit sich bringen könnte, hatte er für sich eindeutig beantwortet. Eine Frau konnte oder wollte der Philosophieprofessor schlicht nicht „brauchen“. Kant zog das Abenteuer des Denkens jeglichen wolllüstigen Vergnügungen vor, labte sich an dem Kuss philosophisch gesinnter Musen, während er die Zärtlichkeiten einer Partnerin scheute, mit der er denn auch nicht tiefsinnige Probleme der theoretischen Philosophie, etwa die „Apperzeption der Reflexionsbegriffe“, diskutieren wollte. Kant, der Meister der Aufklärung aus Deutschland, hegte erhebliche Vorurteile gegen das weibliche Geschlecht an sich: „Mühsames Lernen oder peinliches Grübeln, wenngleich es ein Frauenzimmer darin hoch bringen sollte, vertilgen die Vorzüge, die ihrem Geschlechte eigentümlich sind, und können dieselbe wohl um der Seltenheit willen zum Gegenstande einer kalten Bewunderung machen, aber sie werden zugleich die Reize schwächen, wodurch sie ihre große Gewalt über das andere Geschlecht ausübt.“ Mit Ironie wendet sich Kant gegen Frauen, die sich um Selbstaufklärung bemühen, dabei aber aller übrigen Vorzüge, für die er auch kein Interesse aufbrachte, verlustig gingen. Anders ausgedrückt heißt dies, dass eine spezifische Torheit, unbemerkt, die Dame zieren könnte, obgleich sich bei dieser Bemerkung eher – wenn es gestattet ist, etwas gegen Kant zu sagen – die kaum beschreibliche Einfältigkeit eines Denkers zeigt, der für seine bedeutenden philosophischen Arbeiten große Bewunderung verdient. Freilich bleibt Kant hier eingebunden, beherrscht von den gesellschaftlichen Vorstellungen seiner Zeit, eingesponnen in die Vorurteile, die er offenbar nicht im Mindesten bereit war aufzuklären, um sie einsichtsvoll zu überwinden.

Den Herrn schmückt Geist, die Dame sollte nicht allzu klug sein, sie würde an natürlicher Schönheit verlieren. Kant spottet über die „gelehrten Frauen", die ihre Bildung wie eine Uhr tragen, damit man sieht, dass sie eine haben, „ob sie zwar gemeiniglich still steht oder nicht nach der Sonne gestellt ist", und bemerkt über diese oberflächliche Gelehrsamkeit zudem abschätzig: „Der Inhalt der großen Wissenschaft des Frauenzimmers ist der Mensch und unter den Menschen der Mann. Ihre Weltweisheit ist nicht Vernünfteln, sondern Empfinden." Wenn wir uns an die Vorstellung des von Platon erzählten Mythos erinnern und diese mit Kants Denken verbinden möchten, so würden wir wohl sagen müssen, dass des Mannes „Hälfte" aus kritischer Vernunft besteht, während die Frau gleichsam die diffuse Gefühlswelt repräsentiert. Sollten sie sich vereinigen, so könnte ein Konglomerat aus beidem entstehen, und doch ist wohl anzunehmen, dass Kant die Ausrichtung auf die Vernunft betonte, so dass der Mann, mit dem sich das „Frauenzimmer" unausgesetzt zu beschäftigen scheint – ihre „große Wissenschaft" wäre nichts als läppische Plauderei –, besser für sich allein bliebe und seine Vernunft von den albernen Empfindungen der Damen fern hielte. Die Selbstaufklärung bleibt auch für Kant ein beeindruckendes, imposantes Projekt, verstanden als Einsicht in die Grenzen der menschlichen Erkenntnis überhaupt, aber auch als Bewusstmachung der bestehenden Vorurteilsstruktur, derer wir uns eher unbewusst als absichtsvoll bei der Erkenntnis von Mensch und Welt bedienen – ein hehrer Anspruch mithin, dem der Philosoph selbst in unzureichender Weise genügt.

Die markanten Unterschiede zwischen den Geschlechtern, die Kant auszumachen meint, mögen zwar partiell nachvollziehbar sein, etwa wenn er implizit jene Konversation, die vermögende oder adlige Damen in literarischen Zirkeln als „Weltweisheit" ausgeben, für gefühliges Geplauder hält, er bleibt aber wirklich enttäuschend und geringschätzig, sofern er die Befähigung zu wissenschaftlicher

Tätigkeit dem „Frauenzimmer“ an sich, in unzulässiger Verallgemeinerung, schlichtweg abspricht. Er behauptet, diese kaprizierten sich auf ein einziges Studienobjekt, nämlich die Herren, die sie heimlich begehrten oder über deren Verhalten sie sich tratschend austauschten. Zwar hält Kant es für durchaus angemessen, in bürgerlicher Hinsicht sogar für wünschenswert, sich zu verheiraten, weiß aber zugleich, dass sich erotisches Begehren nicht künstlich „anschwatzen“ lässt und dass ein Zwang zur Liebe ein Widerspruch in sich selbst sei. Die Bemerkungen, die Kant weiterhin zu Fragestellungen macht, die dieses komplexe Problem betreffen, sind durch Lektüre angeeignet oder auf die Kenntnis seiner Umwelt, die Aufmerksamkeit für seine weit gereisten Gesprächspartner am Mittagstisch und natürlich auch auf das erfahrungswissenschaftliche Studium der Eigenheiten des Menschengeschlechts zurückzuführen.

Betrachten wir Kants in der „Kritik der Urteilskraft“ nuanciert entfaltete Theorie des Schönen aufmerksam, so lesen wir, dass nur derjenige Mensch unbefangen über das Schöne zu urteilen vermag, der keinerlei Interesse an dem Gegenstand hege: „Schön ist, was ohne alle Begriffe gefällt.“ Die nüchterne Distanz der Beurteilung wahrt nur ein Mensch, der sich nicht einnehmen, schon gar nicht betören oder bezaubern lässt, ganz gleich, so würde Kant wohl sagen, ob es sich hierbei um eine gotische Kathedrale, ein Gemälde von Jan Vermeer oder um eine schöne Frau handelt, die er zufällig auf der Straße erblickt – und ihr unversehens folgt. Wer Interesse hegt, lässt sich von subjektiven Neigungen leiten und hat seine Freiheit im Urteil längst eingebüßt. Das mag so sein, jedoch bleibt der junge Mann, der den Liebesbrief schreibt und immer wieder fortwirft, nicht doch fixiert auf die – aus seiner Sicht – unbeschreibliche Schönheit des Mädchens, welches ihn betört? Wieder und wieder fällt sein Blick, wie er am Schreibtisch sitzt, auf das Foto der jungen Frau, die er so wunderschön findet … Er schreibt einmal, verwirft die Zeilen und grübelt unausgesetzt. Er beginnt erneut. Dann macht er einen Fehler, zerknüllt das Papier und fängt wieder an. Es dauert lange, bis er zufrieden ist. Das Mädchen, dem er schreibt, würde er natürlich schön nennen, bedenkenlos, und auch nicht bestreiten, dass er an ihr lebhaft interessiert ist. Schließlich verfasst er all das, was er schreibt, einzig für sie, und jedermann könnte er ihre Vorzüge preisen. Kant würde sagen, er ist befangen, ein Schwärmer, und was immer er sagen wird, sagt mehr über ihn aus als über das Mädchen. Wäre er nicht verliebt, spräche er anders. Ob der Verliebte dies nicht vehement bestreiten würde? Über die Schönheit des Partners können wir keine Aussage treffen. Was in der Theorie stimmig sein mag, taugt vielleicht doch nicht für die Praxis – wir dürfen der Ästhetik Kants beipflichten und ihren Geltungsanspruch sogleich begrenzen, indem wir ungeniert behaupten, schön zu finden, wen wir lieben, auch wenn wir uns um die „subjektive Allgemeingültigkeit", die Kant dem ästhetischen Urteil zuschreibt, nicht bekümmern. Hiermit verlassen wir die Theorie des Schönen und würdigen Betrachtungen des Menschlich-Allzumenschlichen. Kant schreibt: „Wer liebt, kann dabei doch wohl noch sehend bleiben; der sich aber verliebt, wird gegen die Fehler des geliebten Gegenstandes unvermeidlich blind; wiewohl der Letztere acht Tage nach der Hochzeit sein Gesicht wieder zu erlangen pflegt." Diese eigentümliche, nicht konstitutive Blindheit, die er den „Frauenzimmern" gleichwohl als dauerhaftes Merkmal zuerkennen wollte, ist eine charakteristische Sichtfeldverengung, eine getrübte Optik ohne physiologische Ursache. Die Unterscheidung zwischen Liebe und Verliebtsein führt Kant nicht weiter aus, hält Letzteres aber offenkundig für eine verstörende Narretei, die zu allerlei vernunftwidrigen Launen führt, zu einer sogar verhängnisvollen Blindheit, wenn der rauschhafte Zustand des Gemüts überwunden ist und die „Fehler", die zuvor vielleicht noch in Vorzüge umgedeutet wurden, als solche erkannt werden. Worüber der Verliebte gnädig hinwegsieht, weiß erst später der Ehemann als Marotte oder schwer wiegende Macke einzuschätzen – und umgekehrt verhält es sich ebenso. Kant scheint hier eine besonnene Art der Liebe zu empfehlen, rät, sich nicht Illusionen hinzugeben, sondern sachlich zu beurteilen und einzuschätzen, den Partner nicht im Stadium der amourösen Trunkenheit kennen zu lernen, sich also nicht stürmisch zu verlieben, sondern – einfach gesagt – sich ausgeglichen und bedacht mit der gegebenen Situation und dem anderen Menschen zu befassen, die Möglichkeiten auszuloten und sich nach Abwägungen vielerlei Art zu einer Ehe zu entschließen. Unweigerlich aber erwacht aus dem Rauschzustand ernüchtert, gar entsetzt auf, wer annimmt, dass das trügerische Bild, das er sich als Verliebter gemacht hat, auch im miteinander verbrachten Alltag des Lebens, der die eigentliche Herausforderung darstellt, dauerhaft Bestand haben könnte.

In Kants Werken entdecken wir weder den Begriff Eros selbst noch verstreute Bemerkungen zur Erotik, und es wäre auch verwunderlich, wenn der Königsberger Philosoph sich in seinen oft nur mühevoll zu lesenden, gewissermaßen unelegant formulierten kritischen Schriften, die von sperrigen und verschachtelten Sätzen gekennzeichnet sind, einem Phänomen zugewandt hätte, das er auch in seinen essayistischen Frühschriften unbeachtet ließ. Wesentlich durch anthropologische Beobachtungen vermögen wir annäherungsweise zu entschlüsseln, wie gedankenvoll – wenn auch oft mit haarsträubender Befangenheit verbunden, die zu einem guten Teil wohl der ausgebliebenen Erfahrung und seiner streng pietistischen Erziehung geschuldet ist – Kant sich mit Liebe und Sexualität beschäftigt. Bemerkenswert ist, dass die philosophischen Grundfragen – „Was kann ich wissen?“, „Was soll ich tun?“ und „Was darf ich hoffen?“– in der Altersvorlesung zur Logik in die Frage „Was ist der Mensch?“ münden, eine Frage, welche, berücksichtigt man Kants Betrachtungen zum Geschlechterverhältnis, noch einmal untergliedert werden müsste in die Teilfragen: „Was ist ein Mann?“ und „Was ist eine Frau?“ Dass Frauen sich seines Erachtens nicht zu wissenschaftlicher Tätigkeit eignen, wie erwähnt, ist ein Aspekt, indessen versucht sich Kant andernorts auch an einer sorgfältigen Aufzählung von positiven Merkmalen. Die Frauen sind schön, die Männer erhaben. „Das Frauenzimmer hat ein angeborenes stärkeres Gefühl für alles, was schön, zierlich und geschmückt ist. Schon in der Kindheit sind sie gerne geputzt und gefallen sich, wenn sie geziert sind. Sie sind reinlich und sehr zärtlich in Ansehung alles dessen, was Ekel verursacht. Sie lieben den Scherz und können durch Kleinigkeiten, wenn sie nur munter und lachend sind, unterhalten werden.

Sie haben sehr früh ein sittsames Wesen an sich, wissen sich einen feinen Anstand zu geben und besitzen sich selbst; und dieses in einem Alter, wenn unsere wohlerzogene männliche Jugend noch unbändig, tölpisch und verlegen ist. Sie haben viel teilnehmende Empfindungen, Gutherzigkeit und Mitleiden, ziehen das Schöne dem Nützlichen vor und werden den Überfluss des Unterhalts gerne in Sparsamkeit verwandeln, um den Aufwand auf das Schimmernde und den Putz zu unterstützen. Sie sind von sehr zärtlicher Empfindung in Ansehung der mindesten Beleidigung und überaus fein, den geringsten Mangel an Aufmerksamkeit und Achtung gegen sie zu bemerken." Frauen haben nach Kant einen schönen Verstand, Männer besitzen hingegen die Anlage zu vertieftem Nachdenken; Frauen handeln mit Leichtigkeit, aber „tiefes Nachsinnen" und die Fähigkeit zu „langer fortgesetzter Betrachtung" fehlen gänzlich. Kant schreibt noch deutlicher: „Ein Frauenzimmer, das den Kopf voll Griechisch hat oder über die Mechanik gründliche Streitigkeiten führt, mag nur immerhin noch einen Bart dazu haben; denn dieser würde vielleicht die Miene des Tiefsinns noch kenntlicher ausdrücken, um welchen sie sich bewerben." Es ziemt sich nicht, nach Kants Auffassung, wenn Frauen mit spröder Wissenschaft beschäftigt sind. Der Empfindungsreichtum ist geordnetem Denken abträglich. Eine junge Dame, die sich mit Analysis, Infinitesimalrechnung und Geometrie befasst, mit der Geschichte des alten Roms oder mit den Biografien der Päpste der Renaissance, sich mit dem Investiturstreit, Karl dem Großen und den Kreuzzügen auseinander setzt, benimmt sich buchstäblich daneben, wildert gleichsam in fremden Revieren, „denn es schickt sich für sie ebenso wenig, dass sie nach Schießpulver, als für die Mannspersonen, dass sie nach Bisam riechen sollen". Jedoch scheinen damit noch nicht alle Fragen hinsichtlich der unterschiedlichen Talente der Geschlechter beantwortet zu sein, denn der Philosoph bemerkt zudem: „Der Mann ist leicht zu erforschen, die Frau verrät ihr Geheimnis nicht; obgleich anderer ihres (wegen ihrer Redseligkeit) schlecht bei ihr verwahrt ist." Nun mag man zu diesen schalen empirischen Studien bemerken, dass der kritische Philosoph Kant auf eindrucksvolle Weise demonstriert, wie sehr er sich zum Kolporteur tradierter Vorurteile und abgeschmackter Allerweltsweisheiten eignete. Jedoch entdecken wir mitunter in den Werken verstreute Betrachtungen zum Verhältnis der Geschlechter, besonders über die Eigenheiten des Verliebten. Kant ist hier nicht nur gleichsam anthropologischer Augenzeuge des menschlichen Treibens in Welt und Gesellschaft, er bezieht sich vermutlich auch auf eigene Erfahrungen, über die er sich im Übrigen bestens auszuschweigen weiß – die Bemerkungen über den verhinderten Liebhaber zeugen nur von einer verlässlichen Beobachtungsgabe: „Ein ernstlich Verliebter ist in Gegenwart seiner Geliebten verlegen, ungeschickt und wenig einnehmend. Einer aber, der bloß den Verliebten macht und sonst Talent hat, kann seine Rolle so natürlich spielen, dass er die arme Betrogene ganz in seine Schlingen bringt; gerade darum, weil sein Herz unbefangen, sein Kopf klar und er also im ganzen Besitz des freien Gebrauchs seiner Geschicklichkeit und Kräfte ist, den Schein des Liebenden sehr natürlich nachzumachen.“ Mit wenigen Worten erzählt Kant in beispielloser Nüchternheit eine tragische Geschichte, die sogleich mit dem Anspruch auf Allgemeingültigkeit verbunden werden kann. Ein junger Mann, der sich tatsächlich verliebt hat, fürchtet, etwas falsch zu machen, möchte, anders gesagt, besonders gut auftreten, den richtigen Ton im Gespräch mit dem bewunderten Mädchen finden. Da er sich aber wirklich nicht mehr frei und ungezwungen bewegen kann, spielt er eigentlich eine armselige Rolle – weil er nicht spielt. Normalerweise müsste der Verliebte doch beflügelt sein, geistreich und fröhlich, doch er wirkt nur verkrampft, ungeschickt und bieder, hilflos und bejammernswert, von der Schönheit der Geliebten richtiggehend geblendet. Gelähmt durch das eigene Interesse, von dem Mädchen betört, versagt er kläglich. Seine humorig gemeinten Bemerkungen versanden. Zudem errötet er, stottert vielleicht und wirkt unbeholfen, ja tölpelhaft. Selbst wenn die junge Dame ihm gewogen sein sollte, so bietet der Verliebte eher einen Anlass zum Mitgefühl, als dass man sich diesen verzagten jugendlichen Herrn als feurigen Liebhaber oder galanten Verführer vorstellen könnte. Er wirkt eher wie ein Kandidat im Examen, der zu viel gelernt hat und nun ins

Stocken gerät. Weil er Angst hat zu versagen und ganz eingenommen ist von der Erscheinung dieses weiblichen Wesens, das er so sehr begehrt, versagt er auch wirklich.

Ein anderer Mann hingegen, der dasselbe Mädchen erblickt, spielt die Rolle des Verführers gekonnt, weil er kein aufrichtiges Interesse hegt, sondern es nur darauf ankommen lässt, ob sie auf sein Werben eingeht. Existenziell bleibt er unbeteiligt. Versagt sie sich, nun gut – dann würde er sein Spiel andernorts aufs Neue treiben. Jedoch verhält sich dieser erfahrene Mann ungeniert draufgängerisch, geschickt, weiß, worauf das Mädchen anspricht, betört und erobert die junge Dame im Flug, während sie von Kant als „Betrogene“ bezeichnet wird. Der kluge Taktiker sucht nur ein erotisches Abenteuer, bestenfalls, danach verschwindet er, und sie bleibt getäuscht von der vermeintlichen Aufrichtigkeit, davon, wie er sich geschickt und gekonnt präsentiert, gänzlich teilnahmslos in Wahrheit – neben diesem hat der aufrichtig bemühte, wahrhaft verliebte Erstbewerber, sozusagen mit dem Herzen auf dem rechten Fleck und den besten Absichten, aber im Ernstfall doch ein gehemmter Versager, traurig das Nachsehen. Er war zu ungeschickt. Im Spiel von Verführung und Begehren bleibt er eine tragische, bekümmernswerte Figur, denn er wusste nicht zu spielen, weil er ernsthaft interessiert und somit innerlich zutiefst beteiligt war. Der begabte Hochstapler oder versierte Verführer wäre ein charakteristisch „verunarteter Mann“, sittenlos, eitel und egozentrisch, der amouröse Ausschweifungen fortwährend treiben wollte, ein Beispiel an „Liederlichkeit“, gegen den der täppische, doch aufrichtige Bewerber, also der tatsächlich verliebte junge Mann, im Gebaren hilflos anmutet, aber Kontinuität und Stabilität in der Beziehung verspräche. Einen leichtlebigen Zeitgenossen indessen vermögen weder Großmut noch Treuherzigkeit zurechtzubringen, seine Charaktermängel kehrten stets wieder. Die Ehe strebt er nicht an, und er würde hierzu auch nicht taugen. Die Frau bliebe stets die Betrogene, weil der flatterhafte Herr beständig Ausschau hielte nach neuen Möglichkeiten, um seine Begierden auszuleben. Die Ehe hingegen wird geschlossen, um das ganze Leben hindurch eine gegengeschlechtliche, zwischen zwei Personen bestehende Zuneigung als dauerhafte Partnerschaft zu befestigen, mit dem Ziel des „wechselseitigen Besitzes ihrer Geschlechtseigenschaften“, wie Kant sagt. Die Fortpflanzung erkennt er als „Zweck der Natur“ an, welcher den Grund für die sexuelle Attraktivität bildet, doch die „Rechtmäßigkeit“ der Ehe hängt davon nicht ab, denn sonst müsste die Ehe sich auflösen, sofern die Möglichkeit des Zeugens und Gebärens zu bestehen aufhört. Die Liebe durch das bürgerliche Recht zu ordnen, hält Kant für durchaus angebracht, wie es auch angemessen scheint, die leidenschaftlich ausgelebte Sexualität, die er mit einer akademischen Sprödigkeit betrachtet, zu normieren und auch unter gelegentlich etwas exotisch anmutenden philosophischen Gesichtspunkten zu betrachten. Die Notwendigkeit des Heiratens erklärt sich für Kant daher, dass der wechselseitige Genuss der „Geschlechtseigenschaften“ strikt geordnet werden muss. Es ergibt sich hier allerdings ein moralisches Problem, das dem Grundprinzip der Ethik, nämlich dem Verbot, Menschen zu instrumentalisieren, entgegenzustehen scheint: „Der natürliche Gebrauch, den ein Geschlecht von den Geschlechtsorganen des anderen macht, ist ein Genuss, zu dem sich ein Teil dem anderen hingibt. In diesem Akt macht sich ein Mensch selbst zur Sache, welches dem Rechte der Menschheit an seiner Person widerstreitet. Nur unter einer einzigen Bedingung ist dieses möglich, dass, indem die eine Person von der anderen gleich als Sache erworben wird, diese gegenseitig wiederum jene erwerbe; denn so gewinnt sie wiederum sich selbst und stellt ihre Persönlichkeit wieder her. Es ist aber der Erwerb eines Gliedmaßes am Menschen zugleich Erwerbung der ganzen Person – weil diese eine absolute Einheit ist –; folglich ist die Hingebung und Annehmung eines Geschlechts zum Genuss des anderen nicht allein unter der Bedingung der Ehe zulässig, sondern auch allein unter derselben möglich.“

Wie Kant hier die Hingabe, ohne die der Geschlechtsakt nicht vollzogen werden soll, gleichsam als Vergegenständlichung einer Person sieht, so dass sich die Frau im Stadium der geschlechtlichen Lust gleichsam als Objekt darbietet, somit hingibt, während der sexuell erregte Mann diese sich nimmt, ist bemerkenswert. In diesem

Zustand hätte sie ihre Rechte als Person freiwillig preisgegeben, was streng genommen nicht zulässig ist und nur gerechtfertigt werden kann, wenn die beiden Partner eine „absolute Einheit“ darstellen, so dass der hingebende und empfangende Teil eines sind, zumindest theoretisch, also quasi ein mit staatlichen Rechtsnormen und gegebenenfalls kirchlichem Beistand fantasievoll wieder zusammengefügter „Kugelmensch“. Möglich ist Sexualität nur in einer ordentlich gefügten Partnerschaft, die Liebe, so scheint es, kommt nur im Idealfall dazu und ist nicht zwingend notwendig, jedenfalls hält Kant es nicht für nötig, dieses Phänomen hier eigens zu erwähnen. Die Hingabe ist nur durch einen freiwilligen Verzicht auf die Autonomie der Person möglich; sofern dieses wechselseitig geschieht, innerhalb einer ehelichen Gemeinschaft, lässt sich nichts dagegen einwenden. Wer dagegen außerhalb einer ordnungsgemäß geregelten Partnerschaft diese menschlich-allzumenschlichen Leidenschaften auslebt, schadet sich gewissermaßen selbst, da er etwas von sich aufgibt und einem anderen Menschen ein Recht einräumt, das diesem gar nicht zusteht, nicht zustehen kann, denn das Subjekt darf sich selbst nicht zum Objekt machen lassen. Wer ein „Gliedmaß“ erwirbt, erwirbt die „ganze Person“ – und dies ist nach Kant nicht zulässig. Die Ehe firmiert sozusagen als Stiftung des Rechts zum immerwährenden wechselseitigen Genuss: „Soll also die Geschlechtsneigung auf der von der Moral erlaubten Seite anerkannt werden, so muss sie mit der von der Menschheit geheiligten Freiheit zusammen bestehen können …“ Die Partner erwerben einander, „da jeder von ihnen dem anderen seine membra sexualia gleichsam hingibt, und ihm das Eigentum daran zusteht, so unterwirft sich keiner einem willkürlichen Gebrauch des anderen von seiner Substanz, da er nur so viel erlaubt, als er vom anderen fordern kann … Jeder besitzt sich aber dennoch selbst, ob er gleich sich dem anderen als Sache hingibt, da jeder die Freiheit behält, über das Eigentum des anderen als sein Eigentum zu disponieren … Das Weib konzediert die Substanz ihres Körpers zur Wolllust; so deterioriert sie durch Verbrauch der Kräfte bei der Schwangerschaft; sie unterwirft sich der Gefahr, in der Geburt zu sterben; und doch ist der Geschlechtstrieb sowohl Neigung der Menschen, als er auch unter dem Namen der Liebe Pflicht werden kann.“

Der Ehealltag selbst wird von Kant gleichsam bunt und anschaulich geschildert. Die Rollen sind klar verteilt. Dank des führenden Verstandes wäre es aberwitzig, wenn der Mann nicht den Hausvorstand bilden und bestimmen würde, während die empfindungsreiche, feinfühlige Frau durch ihr ästhetisches Gefühl und ihren Geschmack die Stimmung aufhellen, das Heim beleben und die Gemeinschaft verfeinern wie formen soll. Die Frau wird durch die Ehe frei – insofern sie nun das elterliche Heim verlässt –, sagt Kant, der Mann verliert seine Freiheit, da er sich bindet und einen eigenen Hausstand gründen muss. Wie passen solche Bemerkungen zu den oben geführten Auseinandersetzungen über Leidenschaft und Hingabe? Der Philosoph kehrt nach rechtsphilosophischen Erwägungen zu empirischen Beobachtungen des Alltags zurück, räsoniert gelegentlich ein wenig planlos und, wie bereits bemerkt, vorurteilsbelastet über die Prosa des ehelichen Daseins: „Er liebt den Hausfrieden und unterwirft sich gern ihrem Regiment, um sich nur in seinen Geschäften nicht behindert zu sehen; sie scheut den Hauskrieg nicht, den sie mit der Zunge führt und zu welchem Behuf die Natur ihr Redseligkeit und affektvolle Beredtheit gab, die den Mann entwaffnet. Er fußt sich auf das Recht des Stärkeren, im Hause zu befehlen, weil er es gegen äußere Feinde schützen soll; sie auf das Recht des Schwächeren: vom männlichen Teile gegen Männer geschützt zu werden, und macht durch Tränen der Erbitterung den Mann wehrlos, indem sie ihm seine Ungroßmütigkeit vorrückt.“ Diese törichte, simpel konturierte Schilderung ist recht hübsch erzählt, jedoch wäre Kant von einem gemütvollen Schmunzeln, das seiner mitunter doch hanebüchenen Reduktion ehelichen Lebens und Liebens eigen ist, kaum erheitert. Auch als anschauliches Sittengemälde der Aufklärungszeit taugt diese Darstellung nur bedingt, da Kant hartnäckig die weibliche Intelligenz auf eine Art intuitiven Zweckrationalismus verkürzt wissen will – die Frau weiß, was sie will, und sie weiß auch, wie sie es für sich erreicht, schert sich nicht um ethische Erwägungen und kümmert sich auch nicht um die

Interessen ihres prinzipiell tüchtigen Ehemannes. Die Gattin steht eher im Weg, weil sie den „Hauskrieg“ führen und gewinnen möchte. Der friedliebende Gatte hingegen ist ihr willfähriges Opfer, stets bereit bei Appellen an die Großmütigkeit, auf welchem Wege auch immer geäußert, sich dem Ansinnen seiner Frau zu fügen. Es fragt sich indessen, ob in diesem bürgerlichen Rechtsverhältnis namens Ehe, mit einer solchen Atmosphäre, Raum für die Liebe bleibt, weiterhin, ob diese Lebensweise unbedingt empfehlenswert ist – so besehen scheint der alte Kant, seiner Ehelosigkeit nicht unfroh, eher eine leise, stille Apologie des Junggesellentums verfasst zu haben, denn wer wollte sich freiwillig dieser rauen Alltagswirklichkeit aussetzen? Der unverheiratete Eremit ebenso wie der ledige Professor wappnen sich somit gegen die tückische Eifersucht, welche doch bei Liebenden notwendig früher oder später sichtbar wird, bei den Damen ist sie nach Kants Überzeugung gar ein konstitutives Prinzip ihres Charakters. Notwendigerweise ist jeder von anderen gewonnene Liebhaber für sie verloren, endet doch sein Dasein als potenzieller Verehrer: „Im bürgerlichen Zustand gibt sich das Weib dem Gelüsten des Mannes nicht ohne Ehe weg und zwar die der Monogamie: wo, wenn die Zivilisierung noch nicht bis zur weiblichen Freiheit in der Galanterie (auch andere Männer als den einen öffentlich zu Liebhabern zu haben) gestiegen ist, der Mann sein Weib bestraft, das ihn mit einem Nebenbuhler bedroht. Wenn diese aber zur Mode und die Eifersucht lächerlich geworden ist (wie das dann im Zeitpunkt des Luxus nicht ausbleibt), so entdeckt sich der weibliche Charakter, mit ihrer Gunst gegen Männer auf Freiheit und dabei zugleich auf Eroberung dieses ganzen Geschlechts Anspruch zu machen. Diese Neigung, ob sie zwar, unter dem Namen der Koketterie, in üblem Ruf steht, ist doch nicht ohne einen wirklichen Grund zur Rechtfertigung. Denn eine junge Frau ist doch immer in Gefahr, Witwe zu werden, und das macht, dass sie ihre Reize über alle den Glücksumständen nach ehefähigen Männer ausbreitet: damit, wenn jener Fall sich ereignete, es ihr nicht an Bewerbern fehlen möge.“ So besehen mag sich der brave Ehegatte seiner Gemahlin nie ganz sicher sein, da sie schon zu seinen Lebzeiten eine Art Vorsorge treffen muss, um ihn, sollte er unversehens aus dem Leben scheiden, adäquat zu ersetzen, besonders in Zeiten des Krieges, an die Kant hier gewisslich denkt, nicht ungewöhnlich, wenn auch maßlos übertrieben und zugespitzt formuliert, zumal jeder Frau nahezu nymphomanische Züge unterstellt werden. Andererseits wartet Kant, der strenge, spröde Systematiker mit dem Hang zu komplexen Satzgefügen, mit ebenso bemerkens- wie beherzigenswerten Ratschlägen auf und rät mit deutlicher Ironie zur Abstraktion, sofern ein Junge sich ein Mädchen wählt. So manche persönliche Unzufriedenheit liege nur darin begründet, dass der „Freier“ sich wirklich bestens verheiraten könnte, übersähe er bloß die schwer übersehbare „Warze im Gesicht“ der Dame und ertrüge tapfer wie schweigend die „Zahnlücke“, das grelle Gelächter, die dominante Nase oder das herbe Antlitz. Genauso doch, können wir hinzufügen, würde ein solcher Mensch mit festen Absichten auch erwarten, dass die Dame ihn nicht mit einem Adonis verwechselte, über den Mangel an Körperkraft sich belustigte oder das sich lichtende Haupthaar als schweres Hindernis für eine glückliche Verbindung beurteilte. Kant führt aus, dass es unsinnig sei, solche Nebensächlichkeiten und Nichtigkeiten als besonders bedeutsam zu betrachten und zu erachten: „Es ist aber eine besondere Unart unseres Attentionsvermögens, gerade darauf, was fehlerhaft am anderen ist, auch unwillkürlich seine Aufmerksamkeit zu heften: seine Augen auf einen dem Gesicht gerade gegenüber am Rock fehlenden Knopf oder die Zahnlücke oder einen angewohnten Sprachfehler zu richten und den anderen deutlich zu verwirren, sich selbst aber auch im Umgange das Spiel zu verderben.“ Manchmal stellen die kleinen Unzulänglichkeiten sogar einen besonderen Reiz dar. Ein hinkender Herr mag durchaus über Charme und Charakter, eine Dame mit markanter Warze über Anmut, Grazie und Schönheit verfügen, denn eine feine Gestalt sei doch durch „ihre Miene im Ausdrucke der Freundlichkeit, des Scherzes und der Leutseligkeit bedeutender und einnehmender“ als sämtliche männlichen Gesprächspartner. Sie verfügt, selbst wenn sie nicht makellos ist, über eine „geheime Zauberkraft“, die den Werbenden beflügelt und beschwingt. Kant sagt auch, dass die meisten

Männer sich gegenüber den Vorzügen der Frauen als eigentümlich schwach empfänden, allein durch den Anblick einer Vertreterin des „schönen Geschlechts" in eine eigentümliche Verwirrung geraten, stärker irritiert sind als durch die schwerste Prüfungsfrage, die ihnen ein übel wollender Professor beim Examen stellen mag. Der Philosoph rühmt die guten Manieren der Frauen, um deren Ausbildung sie sich stärker bekümmern als ihre männlichen Pendants. Immer wieder aber verweist er auf seines Erachtens unüberwindliche Grenzen der Erkenntnis: „Das Frauenzimmer ist aller Befehle und alles mürrischen Zwanges unleidlich. Sie tun etwas nur darum, weil es ihnen so beliebt, und die Kunst besteht darin, zu machen, dass ihnen nur dasjenige beliebe, was gut ist. Ich glaube schwerlich, dass das schöne Geschlecht der Grundsätze fähig sei, und ich hoffe dadurch nicht zu beleidigen, denn diese sind auch äußerst selten beim männlichen. Davor aber hat die Vorsehung in ihren Busen gütige und wohlwollende Empfindungen, ein feines Gefühl von Anständigkeit und eine gefällige Seele gegeben." Die weibliche Eitelkeit nennt Kant einen „schönen Fehler", und so tut der verliebte Mann gut, der Dame seines Herzens nicht wenig zu schmeicheln. Komplimente nehmen Frauen stets gern auf und entgegen: „Diese Neigung ist ein Antrieb, Annehmlichkeiten und den guten Anstand zu zeigen, ihren munteren Witz spielen zu lassen, imgleichen durch die veränderliche Erfindungen des Putzes zu schimmern und ihre Schönheit zu erhöhen." Während die Eitelkeit selbst entschuldigt werden kann, nennt der Philosoph „Aufgeblasenheit" eine Verunstaltung des Charakters, ausnehmend dumm und hässlich: „Man muss Eitelkeit und Aufgeblasenheit jederzeit unterscheiden. Die erstere sucht Beifall und ehret gewissermaßen diejenige, um deren willen sie sich diese Bemühung gibt, die zweite glaubt sich schon in dem völligen Besitze desselben, und, indem sie keinen zu erwerben bestrebt, so gewinnt sie auch keinen."

Sobald Kant auf die starke Neigung, die die Geschlechter füreinander verspüren, zu sprechen kommt, erwähnt er den Nutzen der Schamhaftigkeit, die ein „Geheimnis der Natur" sei, nicht etwa eine gesellschaftliche Konvention oder kirchliche Vorschrift. Er tadelt plumpe Scherze und Zoten, schlechthin alles, was Anstand und Sittsamkeit beeinträchtigen könnte. Sodann wendet sich der Philosoph direkt dem Geschlechterverhältnis zu: „Diese ganze Bezauberung ist im Grunde über den Geschlechtertrieb verbreitet. Die Natur verfolgt ihre große Absicht, und alle Feinigkeiten, die sich hinzugesellen, sie mögen nun so weit davon abzustehen scheinen, wie sie wollen, sind nur Verbrämungen und entlehnen ihren Reiz doch am Ende aus eben derselben Quelle. Ein gesunder und derber Geschmack, der sich jederzeit sehr nahe bei diesem Triebe hält, wird durch die Reize des Anstandes, der Gesichtszüge, der Augen etc. etc. an einem Frauenzimmer wenig angefochten und, indem er eigentlich nur aufs Geschlecht geht, so sieht er mehrenteils die Delikatesse anderer als leere Tändelei an.“

Kants Bemerkungen zur Triebhaftigkeit und Geschlechterliebe erweisen sich als nicht sonderlich subtil und kontrastieren die vorherrschende Kultur in der Gesellschaft, denn der „derbe Geschmack“, gleichsam die unverstellte Bodenständigkeit eines auf eilige Befriedigung und Fortpflanzung ausgerichteten Mannes, erblickt sehr wohl die variantenreich kostümierte und unterschiedlich proportionierte Damenwelt, nimmt aber die Merkmale äußerlichen Reizes wie ein saturierter Kaufmann zur Kenntnis. Charmantes Auftreten, schwebende Leichtigkeit und jene Formen, von den etwa Sören Kierkegaard schwärmerisch-verzückt wie poetisch-melodisch berichtet, zeigt Kant hier als profane Albernheiten, die man zwar zur Kenntnis nehmen, aber nicht sonderlich beachten muss, für die einen „Delikatesse“, für jenen, der „gesund“ ausschließlich „aufs Geschlecht geht“ nichts anderes als „leere Tändelei“. Die sichtbaren „Verbrämungen“ vermögen auf gewisse Weise und oft sehr bedingt zu betören, doch sie sind nicht mehr als ein äußerliches, vordergründiges Spiel der „Frauenzimmer“, das rasch zu durchschauen und für die meisten Männer gar nicht so wichtig ist, obgleich die Damen vom Gegenteil überzeugt sein mögen. Sollte aber der von Kant hier exemplifizierte doch etwas plumpe, grobe und ungeschlachte Herr, so „gesund“ er auch körperlich verfasst sein mag, eher wie ein trampeliger Tölpel auftreten, könnte es sehr wohl sein, dass sein innerster Trieb, den er zu befriedigen sucht, geradezu erbärmlich unbefriedigt bleibt, weil er die ungeniert kalte Abweisung für täppisches Verhalten wird erleben müssen. Dem Hunger auf Nahrung folgt gleich das Bedürfnis nach Liebe, der „Instinkt zum Geschlecht", zur Arterhaltung: „Die einmal rege gewordene Vernunft säumte nun nicht, ihren Einfluss auch an diesem zu beweisen. Der Mensch fand bald: dass der Reiz des Geschlechts, der bei den Tieren bloß auf einem vorübergehenden, größtenteils periodischen Antriebe beruht, für ihn der Verlängerung und sogar Vermehrung durch die Einbildungskraft fähig sei." Somit wird die Liebe zu einer kreativen Leistung. Der Mensch entwickelt sich und gelangt von empfundenen zu vorgestellten, idealen Reizen, von der tierischen Begierde zur Liebe, vom Gefühl des Angenehmen zum Geschmack der Schönheit.

Kant indessen versteht sich als anthropologischer Realist, fest davon überzeugt, dass die tiefen Eindrücke, die ein attraktives „Frauenzimmer" hinterlässt, von der nächsten Dame, die durch gleichfalls üppige Reize und angenehme Wesensart, durch ein kaum merkliches Detail noch verführerischer anmuten kann, rasch abgelöst werden. Er schreibt: „Wie alle Dinge in der Welt auch ihre schlimme Seite haben, so ist bei diesem Geschmacke nur zu bedauern, dass er leichter als ein anderer in Liederlichkeit ausartet. Denn weil das Feuer, das eine Person entzündet hat, eine jede andre wieder löschen kann, so sind nicht genug Schwierigkeiten da, die eine unbändige Neigung einschränken könnten." Die Sorge um Sitte, Anstand und Moral bewegt den Philosophen also sehr. Wer klug ist, achtet darum nicht auf „bezaubernde Mienen", sondern auf schlichte Tugenden, die für die Meisterung des Alltags vortrefflich taugen, nämlich ordentliche Haushaltsführung und Sparsamkeit. Wer sich von äußerlichen Vorzügen bei der Partnerwahl leiten lässt, offenbart Defizite verschiedener Art. Das Unmoralische leuchtet bei ausgesprochen hübschen Frauen nach Kants Ansicht geradezu hervor: „Ein proportionierlicher Bau, regelmäßige Züge, Farben von Auge und Gesicht, die zierlich abstechen, lauter Schönheiten, die auch an einem Blumenstrauße gefallen und kalten Beifall erwerben. Das Gesicht selber sagt nichts, ob es gleich hübsch ist, und redet nicht zum Herzen.“ All das erscheint dem Philosophen als ausdruckslos, nur die moralisch erhabene Gesinnung offenbart wahrhafte Schönheit, „lässt unter einer Miene von Gelassenheit und einem edlen Anstande den Schimmer eines schönen Verstandes aus bescheidenen Blicken hervorspielen, und, indem sich in ihrem Gesicht ein zärtlich Gefühl und wohlwollendes Herz abmalt, so bemächtigt sie sich sowohl der Neigung als der Hochachtung eines männlichen Herzens“. Jene Dame verfügt vielleicht nicht über einen sonderlich schlanken Körperbau, wirkt eher sperrig, vielleicht sogar ungestalt, hat aber erstaunliche Qualitäten in moralischer Hinsicht, zeigt sich, salopp gesprochen, als ein ordentlicher Kerl, ein tüchtiger Charakter, ein bisschen grob, möglicherweise etwas beleibt, verfügt jedoch über moralisch gezeichnete Gesichtszüge. Das empfindsame, gütige Mienenspiel verweist auf ihre „Eigenschaft des Schönen“, die sogar als ganz reizend empfunden werden kann, denn sie zeigt „Munterkeit und Witz in lachenden Augen“, besitzt einen „feinen Mutwillen“ und „schalkhafte Sprödigkeit“. Sie kleidet sich unauffällig, bevorzugt gedeckte Farben, wird von innerem Gefühl und zärtlicher Empfindung geleitet. Wer indessen eine rote, kräftig leuchtende Kolorierung bevorzugt, ist gewiss von fröhlicher Gemütsart. Kant glaubt nun, entschieden vor attraktiven Frauen warnen zu müssen und schreibt: „Es können dagegen Personen ohne alles moralische Gefühl, und ohne einigen Ausdruck, der auf Empfindungen deutete, sehr hübsch sein, allein sie werden weder rühren noch reizen, es sei denn denjenigen *derben Geschmack*, von dem wir Erwähnung getan haben, welcher sich bisweilen etwas verfeinert und dann nach seiner Art auch wählet. Es ist schlimm, dass dergleichen schöne Geschöpfe leichthin in den Fehler der Aufgeblasenheit verfallen, durch das Bewusstsein der schönen Figur, die ihnen ihr Spiegel zeigt, und aus einem Mangel feinerer Empfindungen; da sie dann alles gegen sich kaltsinnig machen, den Schmeichler ausgenommen, der auf Absichten ausgeht und Ränke schmiedet.“ Der Geschlechtstrieb nämlich, ein „wolllüstiger Wahn“, treibt blind voran, und kaum dass er dies ausgesprochen hat, meint Kant, hier nicht weiter fortfahren zu müssen, denn alles andere, was er hierzu noch sagen könnte, läge jenseits des feinen Geschmacks. Vielmehr weist er darauf hin, dass eine menschliche Person, die als außerordentlich hübsch erkannt worden sei, äußerlich rasch welken kann, so dass ihre Schönheit verblasst. Das sittliche Gefühl hingegen ist etwas dauerhaft Bleibendes. Schließlich wird auch zuweilen gar das Auge, das sich an offenkundiger Schönheit labt, solchen Anblicks müde: „Man findet, dass diejenigen Bildungen, die beim ersten Anblicke nicht sonderliche Wirkung tun, weil sie nicht auf eine entschiedene Art hübsch sein, gemeiniglich, sobald sie bei näherer Bekanntschaft zu gefallen anfangen, auch weit mehr einnehmen und sich beständig zu verschönern scheinen; dagegen das hübsche Ansehen, das sich auf einmal ankündigt, in der Folge mit größerem Kaltsinn wahrgenommen wird, welches unvermutlich daher kommt, dass moralische Reize, wo sie sichtbar werden, mehr fesseln, imgleichen weil sie sich nur bei Gelegenheit sittlicher Empfindungen in Wirksamkeit setzen und sich gleichsam entdecken lassen, jede Entdeckung eines neuen Reizes aber immer noch mehr derselben vermuten lässt; anstatt dass alle Annehmlichkeiten, die sich gar nicht verhehlen, nachdem sie gleich anfangs ihre ganze Wirkung ausgeübt haben, in der Folge nichts weiter tun können, als den verliebten Vorwitz abzukühlen und ihn allmählich zur Gleichgültigkeit zu bringen." Der „verliebte Vorwitz" kann aber auch durchaus bis zur Gleichgültigkeit sich abkühlen. Kant meint, dass das einfältige und grobe Gefühl der Geschlechterneigung zwar zur Verwirklichung der Zwecke der Natur führen, aber sehr leicht auch in Ausschweifung und Liederlichkeit ausarten kann. Der verfeinerte Geschmack zügelt die ungestümen Neigungen, was ehrenwert ist. Doch gesteht er zu, dass durch das Hemmnis der sittlichen Wesensart oft die Absicht der Natur verfehlt wird. Personen von „so delikater Empfindung" werden selten glücklich: „Die erstere Gemütsart wird ungeschlacht, weil sie auf alle von einem Geschlechte geht, die zweite grüblerisch, indem sie eigentlich auf keinen geht, sondern nur mit einem Gegenstande beschäftigt ist, den die verliebte Neigung sich in Gedanken schafft, und mit allen edlen und schönen Eigenschaften auszieret, welche die Natur selten in einem Menschen vereinigt und noch seltener demjenigen zuführt, der sie schätzen kann und der vielleicht eines solchen Besitzes würdig sein würde.“

Der Philosoph rät, jegliche Art überzogener Erwartungen zu zügeln, denn wer sich Großes erhofft, die schönste aller moralischen Frauen, den klügsten und attraktivsten Mann, zudem treu, ergeben und unterhaltend, wird doch stets enttäuscht oder vereinsamt zurückbleiben. Man tut auch nicht gut daran, sofern man einen Partner für sich gefunden hat, diesen zu überfordern oder beständig mit vermeintlichen Qualitäten anderer in Vergleich zu bringen: „Es ist niemals aus den Augen zu lassen: dass, in welcher Art es auch sei, man keine sehr hohe Ansprüche auf die Glückseligkeiten des Lebens und die Vollkommenheit der Menschen machen müsse; denn derjenige, welcher jederzeit nur etwas Mittelmäßiges erwartet, hat den Vorteil, dass der Erfolg selten seine Hoffnung widerlegt, dagegen bisweilen ihn auch wohl unvermutete Vollkommenheiten überraschen.“

Mit zunehmender Lebensdauer sollte eine herzliche Freundschaft die einstige Verliebtheit ablösen. Das Alter ist der unbarmherzige „Verwüster der Schönheit“. Indessen schreibt Kant zugleich, ungeniert fantasierend: „Die Grazien residieren in ihren Runzeln, und meine Seele scheint auf meinen Lippen zu schweben, wenn ich ihren welken Mund küsse.“ Die Eheleute sollen als „vereinigtes Paar“ eine „einzige moralische Person“ bilden: „In dem ehelichen Leben soll das vereinigte Paar gleichsam eine einzige moralische Person ausmachen, welche durch den Verstand des Mannes und den Geschmack der Frauen belebt und regiert wird. Denn nicht allein, dass man jenem mehr auf Erfahrung gegründete Einsicht, diesem aber mehr Feinheit und Richtigkeit in der Empfindung zutrauen kann, so ist eine Gemütsart, je erhabener sie ist, auch um desto geeigneter, die größte Absicht der Bemühungen in der Zufriedenheit eines geliebten Gegenstandes zu setzen, und andererseits, je schöner sie ist, desto mehr sucht sie durch Gefälligkeit diese Bemühung zu erwidern … Indessen bringt es die weise Ordnung der Dinge so mit sich: dass alle diese Feinheiten und Zärtlichkeiten der Empfindung nur im Anfange ihre ganze Stärke haben, in der Folge aber durch Gemeinschaft und häusliche Angelegenheit allmählich stumpfer werden und dann in vertrauliche Liebe ausarten, wo endlich die große Kunst darin besteht, noch genugsame Reste von jenen zu erhalten, damit Gleichgültigkeit und Überdruss nicht den ganzen Wert des Vergnügens aufheben, um dessentwillen es einzig und allein verlohnt hat, eine solche Verbindung einzugehen."

Immanuel Kant können wir uns schwerlich als großen Liebhaber vorstellen. Er wusste sich seinem Werk verpflichtet, und der Gedanke pflichtgemäßen Handelns blieb für ihn zeitlebens leitend. Wer sich verliebt oder später in einer Lebens- und Liebesgemeinschaft seine Zeit verbringt, wählt ein ebenso verführerisches Wagnis wie ein schwieriges Los. Kant wusste die Probleme aufzuzeigen, spürte förmlich die drückende Last der drohenden „Gleichgültigkeit" oder auch des „Überdrusses", den die Partner aneinander nach einer Zeitspanne leidenschaftlichen Begehrens und gemütvollen Miteinanders verspüren. Die Paare mögen des „Vergnügens" verlustig gehen. Kant hat dies wohl aus eigener Beobachtung an Zeitgenossen, aber auch aus vielen Gesprächen mit Kollegen und Kaufleuten, die beim geselligen Professor zu Tische geladen waren, vernommen. Die Erhabenheit des Pflichtgedankens und die argumentative Stringenz des kategorischen Imperativs verblassen, sobald Menschen einander über das Phänomen der Liebe austauschen, über ihre Erlebnisse und ihre Geheimnisse, ihre Beweggründe und ihre schwer zu zügelnden Triebe. An einer „Philosophie der Liebe" selbst hätte Immanuel Kant, der sich auf die Kritik der Vernunft verstand, die Fragen der Moral und Religion sinnreich erörterte, kaum Interesse gefunden, nicht weil er in dieser Angelegenheit sein ganzes Leben hindurch eher ein Außenstehender gewesen war, möglicherweise zwar in jungen Jahren verliebt und einer Dame zugetan – dies legt auch die neuere Forschung, in einschlägigen Biografien dokumentiert, nahe –, sondern weil er im Ganzen betrachtet doch durch und durch ein Mann der geistvollen Reflexion, nicht der impulsiven Triebe war. Über seine Motive, allein, wenn auch nicht einsam, zu leben, können wir spekulieren, was jedoch nur bloße Vermutungen ergeben würde.

Immanuel Kant hat außerordentlich treffend über die Liebe Folgendes geschrieben: „Liebe ist eine Sache der Empfindung, nicht des Wollens, und ich kann nicht lieben, weil ich will, noch weniger aber, weil ich soll (zur Liebe genötigt werden); mithin ist eine Pflicht zu lieben ein Unding.“ Zu dieser Empfindung genötigt werden wollte Kant gewiss nicht, dass er sie gekannt hat, zumindest flüchtig bei sich selbst, dürfen wir annehmen, aber er ist weder in der Jugend noch im Alter, trotz seiner etwas despektierlichen Bemerkung über die Frauen, die er als betagter Professor zwar ernähren, aber nicht „brauchen“ konnte, nicht der Dame begegnet, in die er sich von ganzem Herzen verliebt und sodann gewusst hätte, dass er den Rest seiner Tage, in Kenntnis aller menschlichen Unzulänglichkeiten, auch der eigenen, mit niemandem lieber als mit ihr hätte verbringen wollen.

Georg Wilhelm Friedrich Hegel

Den Werken Platons ist unverkennbar anzumerken, dass ihr Verfasser über ein stilistisches Feingefühl verfügte, ja schon ein Meister der Sprache war, ehe er Sokrates begegnete und zu philosophieren begann. Doch nur wenige Philosophen wussten und wissen sich auf hohem Reflexionsniveau sprachlich brillant auszudrücken. Von Aristoteles ist bekannt, dass er auch dichtete, überliefert hingegen ist nicht ein einziger seiner Verse – die Nachgeborenen müssen deswegen nicht traurig sein. Seneca verfasste eine Reihe von Dramen mit stoischen Helden, rhetorisch versiert, sprachmächtig. Doch uns vorzustellen, dass er, vielleicht für seine Gattin, lichte Gedichte verfasst hätte, zarte, poetische Worte, fällt uns schwer, aus gutem Grund – denn wir kennen seine philosophischen Abhandlungen. So verhält es sich nahezu mit allen Philosophen des Abendlandes, schöpferisch und zuweilen genial in Hinsicht auf ihre Gedankenwelt, aber sprachlich zuweilen kompliziert und dunkel.

Das Schulhaupt des Deutschen Idealismus, Georg Wilhelm Friedrich Hegel, können wir mit einigem Recht als den wirkungsmächtigsten deutschen Philosophen nach Kant bezeichnen. Bis heute dauert der Enträtselungsversuch seines hochgradig komplexen Werkes an. Hegel behauptete nicht allein – und zeigte damit dem sensiblen Publikum vielleicht deutlich seine ihm selbst verborgen gebliebenen Grenzen –, die „Gedanken Gottes“ vor der Schöpfung rekonstruieren zu können. Der Philosoph verfasste, so unerotisch-grüblerisch seine oft grimmig formulierten Traktate auch sein mögen, auch ein paar Liebesgedichte, an die verehrte und begehrte Marie von Tucher. Eines davon mag uns als ein treffliches Beispiel für die lyrische Begabung dieses Philosophen dienen. Am 13. April 1811 dichtete Hegel:

„Tritt mit mir auf Bergeshöhen,
Reiß dich von den Wolken los;
Lass uns hier im Äther stehen
In des Lichts farblosem Schoß.

Was die Meinung in den Sinn gegossen,
Halb aus Wahrheit, halb aus Wahn gemischt:
Die leblosen Nebel sind zerstoßen,
Lebensliebehauch hat sie verwischt.

Jenes Tal des engen Nichts dort unten,
Eitler Mühe, die mit Mühe lohnt,
Dumpfen Sinns an die Begier gebunden –,
Nie hat es dein Herz bewohnt.

Aus der Talnacht hob dich höh’res Sehnen,
Aus dem Innern schloss sich auf
Dir das Licht des Guten und des Schönen,
Nahmst zum Morgenhügel deinen Lauf.

Glanz der Sonne rötet seine Lüfte,
Unbestimmte Ahnung webt
Sich nach Lehr und Wissen in die Düfte
Zu dem Bild, in dem die Sehnsucht lebt.

Aber aus ihm schlägt kein Herz herüber;
Wie des Sehnens Töne sie empfängt,
Schicket Echo seelenlos sie wieder –
Auf sich selber bleibet es beengt.

Die Gefühle, die im Sehnen schwelgen,
Sind dem Selbst gebrachter Schmeichelhauch,
Auf sich war gekehrt sein Sinnen
Hatte sich zu eigen es gepaart,
Nun soll seines Daseins Punkt zerrinnen,
Und der Schmerz des Opfers ward ihm hart.

Aber fühlend ein unsterblich Streben
Treibt's ihn über sich hinaus:
Mag die irdische Natur erheben,
Führt er es in Flammen aus.

Fallt so, enge Binden, die uns scheiden,
Nur ein Opfer ist des Herzens Kauf,
Mich zu dir, zu mir dich zu erweiten,
Geh in Feu'r, was uns vereinzelt, auf!

Denn das Leben ist nur Wechselleben,
Das die Lieb' in Liebe schafft;
Der verwandten Seele hingegeben,
Tut das Herz sich auf in seiner Kraft.

Tritt der Geist auf freie Bergeshöhen,
Er behält vom Eig'nen nichts zurück;
Leb' ich, mich in dir, du, dich in mir zu sehen,
So genießen wir des Himmels Glück!“

Marie von Tucher willigte wenige Tage nach der Abfassung dieses Gedichts in die Ehe ein und heiratete den Philosophen ein halbes Jahr später. Wie sehr ihr die „Poeterei“ Hegels behagte, wissen wir indessen nicht. Er wurde prosaischer, auch in seinen wissenschaftlichen Arbeiten.

Mögen auch die bedeutenden, weithin bekannten philosophischen Werke des Denkers, von der „Phänomenologie des Geistes" bis hin zur „Wissenschaft der Logik" sowohl sprachlich als auch gedanklich Herausforderungen sein, die an „freie Bergeshöhen" erinnern, so werden wir bei aufmerksamer Lektüre seiner frühen Schriften gewahr, dass er sich ausgiebig mit dem Phänomen der Liebe beschäftigt hat, auf andere Weise freilich als sein Tübinger Zimmergenosse Friedrich Hölderlin. Aber eine gewisse geistige Verwandtschaft zwischen dem Philosophen und dem hymnischen Dichter lässt sich entdecken. Hölderlin bezeichnet die Liebe als Vereinigung gegenstrebiger Leidenschaften, sie beende den „Widerstreit der Triebe", von denen jeder einzelne „unentbehrlich" sei. Auch Hegel bezieht sich auf das Stadium der Vereinigung: Die Liebe bindet, führt zueinander, verknüpft Disparates, aber vermag nichts gewaltsam zu vernetzen. Ihre Einheit ergibt sich aus „Entgegensetzungen". Die Liebe erweist sich als eine „wahre Vereinigung" unter „Lebendigen", während der Verstand das beziehungsreiche Mannigfaltige der Gegenstände in dieser Pluralität belässt, auch Menschen nicht miteinander verbindet. Die Vernunft ist nur etwas Ordnendes, das „Bestimmende", welches dem, was sie bestimmt, immer entgegengesetzt bleibt, wohingegen der Liebe „nichts Begrenzendes" und auch „nichts Begrenztes" eigen ist.

Hegels Ausführungen zur Liebe erinnern manchmal gar an Platons „Gastmahl", auch wenn er nicht von den durch einen unbarmherzigen Götterwillen getrennten „Hälften" spricht, die verzweifelt-sehnsüchtig einander suchen. Er nennt die Liebe etwas abschätzig ein „Gefühl", jedoch eines der besonderen Art. Der Mensch zerstreut sich in der „Mannigfaltigkeit der Gefühle", in der Vielfalt der Bestrebungen – und sucht sich in diesem „Ganzen der Mannigfaltigkeit" wieder. Zunächst entfaltet er sich, seine Begabungen und Talente, entwickelt seinen Charakter, löst sich aus Bindungen, wird schöpferisch tätig, aber er findet an der Vielheit und Vielfalt nicht Genüge. Die Zerstreuung befriedigt ihn nicht, so wenig wie den Liebenden die Summe aller Möglichkeiten, die er vor sich erblickt, die Menschen, mit denen er sich vereinigen könnte, die ihm aber doch nicht den inneren Ausgleich verschaffen, den er mit Herz und Seele erstrebt. Nicht eine bloße Akkumulation von verschieden konturierten Glücksmomenten sucht der Mensch, sondern das Glück schlechthin. Sein Streben richtet sich auf das Ganze, das sich aber niemals als die „Summe vieler Besonderer, Getrennter“ erweist, sondern einzig in der Liebe gegenwärtig ist als „das Leben selbst, als eine Verdoppelung seiner selbst, und Einigkeit desselben“. Denn der Mensch hat sich, von der „unentwickelten Einigkeit“ ausgehend, zu sich selbst entwickelt und in der Liebe den Kreis der „vollendeten Einigkeit“ erlangt. Der Mensch hat in der Reflexion „Entgegengesetztes“ hervorgebracht, das antithetisch zu seinem Dasein steht, und erst im „befriedigten Triebe“ vereinigt wurde. Stets wird Neues entwickelt, das widerstreitend und widersprechend ist, ehe der Weg der Reflexion das „Ganze des Menschen selbst“ ihm entgegensetzt. Die Liebe hebt die Reflexion in völliger Objektlosigkeit auf, das Leben verliert alle Unzulänglichkeiten und Mangelerscheinungen: „In der Liebe ist das Getrennte noch, aber nicht mehr als Getrenntes, sondern als Einiges, und das Lebendige fühlt das Lebendige.“ So können wir eine fast unmerkliche Parallelität erblicken, denn – platonisch gesprochen – die beiden „Hälften“, die einander als gegensätzlich erfahren, entdecken ihre tiefe Einheit und Verbundenheit in der Lebendigkeit ihrer Liebe, die alles Widerstreitende aufhebt und in eine Art dissonante Harmonie münden lässt. Die Dissonante steht gleichsam im Einklang mit sich selbst. Anders ausgedrückt wussten die beiden nun verbundenen Partner lange Zeit nicht, dass sie einander suchten, weil sie ohne einander stets unvollkommen geblieben wären. Im Bund der Liebe bilden sie eine in höchstem Maße glückliche Einheit, in der die Liebenden zwar selbstständig agieren, über ein „eigenes Lebensprinzip“ verfügen, und doch ein geistvolles „lebendiges Ganzes“ darstellen, welches auch Zeiten der Trennung zu überdauern vermag. Die Liebe ist ungleich stärker als die Furcht des Verlierens. Sie kennzeichnet ein wechselseitiges „Nehmen und Geben“, eine vertrauensvolle Verbundenheit, der räumliche Abstände nichts anhaben können, in der die Partner sich schüchtern, zaghaft nähern und allmählich, vorsichtig tastend, Zutrauen gewinnen. Gerade in dem Prozess des Austauschs kristallisiert sich die eigentümliche Kraft der Liebe. Werden die Gaben verschmäht, abgewiesen, verweigert? Täuscht sich ein Mensch über den anderen? Verkennt er diesen? Ist er, ist sie nicht bloß ein „Entgegengesetztes", ein Hindernis gar? Wer nimmt, wird hierdurch nicht reicher als derjenige, der gibt. Zwar bereichert er sich, gewinnt hinzu, gewiss – simpel kalkuliert verzeichnet der Schenkende, der Gebende einen erklecklichen Verlust. Wer empfängt, gewinnt, doch freilich nur in einer Welt, die allein auf das, was materiell zählt, Wert legt. In der Welt der Liebe gewinnt auch derjenige, der gibt, unendlich viel hinzu. Beide bereichern sich durch „Nehmen und Geben", sie bewegen sich aufeinander zu, scheu und zaghaft, beklommen und verkrampft, manchmal unsicher, richtiggehend gehemmt, doch Hegel sagt deutlich: Wer gibt, verarmt nicht. Wenn der Liebende der Geliebten etwas von sich schenkt, vermehrt er „seine eigenen Schätze", wohlgemerkt jene immaterieller Art, in gleicher Weise, denn „je mehr ich gebe, desto mehr habe ich" – und dies begreift nur, wer zu lieben weiß. Hegel formuliert: „Diesen Reichtum des Lebens erwirbt die Liebe in der Auswechslung aller Gedanken, aller Mannigfaltigkeiten der Seele, indem sie unendliche Unterschiede sucht und unendliche Vereinigungen sich ausfindet, an die ganze Mannigfaltigkeit der Natur sich wendet, um aus jedem ihrer Leben die Liebe zu trinken." Aus der Differenz ergibt sich die Identität, in der die beiden Einzelnen oder auch „Hälften" zwar je für sich bleiben, aber doch in ihrem gemeinschaftlichen Leben ein einiges Ganzes bilden, wechselseitig intensive Zuneigung erfahren und erleben, die „unendlichen Unterschiede" aneinander entdecken, aber zugleich auch „unendliche Vereinigungen" erkennen. Nicht also das offensichtliche, deutlich spürbar Trennende, das für die Außensicht weiterhin schier unüberbrückbar scheint, ist wesentlich und trennt wahrhaft, sondern es ergeben sich unvermutete Berührungspunkte. Wer zuvor sich scheute, durch Wald und Flur zu wandern, entdeckt durch seine Partnerin das Wunderbare der Natur. Mochte ihr die Meeresatmosphäre von Sonne, Sand und Wind wenig behagt haben, so erschließt sich ihr nun erstmals dieser Reiz, wenn sie dies gemeinsam mit ihrem Freund genießt. Die Personen fügen sich zueinander, das Disparate hebt die je individuelle Unterschiedlichkeit nicht auf und ermöglicht doch im beglückten Miteinander die höchste, tiefste und innigste Einigkeit, den unverbrüchlichen Bund. Jede Begegnung mit der „Mannigfaltigkeit der Natur“ öffnet den Blick für die Weite und Schönheit der erfahrenen Welt. Es gelingt, die „Liebe zu trinken“, so dass die Liebenden, beglückt durch ihr gemeinsames Leben, durch die Daseinsfreude, einander gefunden und erkannt zu haben, aus dem, was ihnen begegnet, das Schönste schöpfen, eben die Liebe, die ihnen neue Kraft verleiht und die sichtbare Vielfalt der Welt unvergleichlich bezaubernd erscheinen lässt. Hegel schreibt hymnisch über die Liebe: „Das Eigenste vereinigt sich in der Berührung, in der Befühlung bis zur Bewusstlosigkeit, der Aufhebung aller Unterscheidung; das Sterbliche hat den Charakter der Trennbarkeit abgelegt, und ein Keim der Unsterblichkeit, ein Keim des ewig sich Entwickelnden und Zeugenden, ist ein Lebendiges geworden. Das Vereinigte trennt sich nicht wieder; die Gottheit hat gewirkt, erschaffen.“

Doch mag Hegel die „Blüte des Lebens“ auch als das „Gefühl des Lebens, das sich selbst wieder findet“, preisen, so steigen zugleich gedankenvolle Fragen auf. Der Philosoph zweifelt, ja bestreitet, dass eine „Liebe“, die eben noch als die umfassende Daseinserfüllung betrachtet wurde, über jene Belastbarkeit verfügt, dass die Partner „miteinander in Wüsteneien“ sich begeben, auf „Bequemlichkeiten“ verzichten und „nur von der Liebe leben“. Neben den Moment der beseligenden Freude, der in der Vereinigung geistig aufgehobenen Differenz, tritt die „Prosa des Lebens“, die an offenkundig banaler Alltäglichkeit schier unüberwindliche Herausforderungen zu bestehen hat, an der Ödnis scheitert und zerbricht. Aus sich selbst kann sich die Liebe dauerhaft nicht ernähren. Ungeachtet dieser Einwände ist das besondere Kennzeichen der Liebe die totale Anerkennung, gegenwärtig in der Hingabe des konkreten Subjekts an ein Individuum des anderen Geschlechts. Das selbstständige Subjekt gibt sich hin, entäußert sich seines „vereinzelten Für-sich-Seins“ und gewinnt im „Bewusstsein des anderen sein eigenes Wissen von sich“. Einfach gesagt erhält der Mensch erst durch die Preisgabe seiner Eigenständigkeit, durch die Hingabe an den gegengeschlechtlichen Partner sich selbst. Indem er sich dem Partner liebend zuwendet, findet er durch die fremde Wirklichkeit zu sich, gelangt über den Geliebten in der Liebe zu sich selbst, zum voll entfalteten Bewusstsein seiner selbst, das er ohne die Anerkennung des anderen niemals erlangen könnte. Erst in der Verbindung finden die Liebenden gänzlich zu sich selbst, durch Akzeptanz, Respekt und Achtung, so dass das Individuum die selbstbezüglichen Strebungen aufgibt, sich in und mit dem anderen Menschen aber trotzdem auf eine Weise verwirklicht, die der singulären Existenz immer versagt bliebe, nämlich, so schreibt Hegel, „wenn ich meiner ganzen Subjektivität nach, mit allem, was dieselbe ist und in sich enthält, als dieses Individuum, wie es war und ist und sein wird, das Bewusstsein eines anderen durchdringe, sein eigentliches Wollen und Wissen, sein Streben und Besitzen ausmache“. Die Geliebten durchdringen einander wechselseitig, so „lebt dies Andere nur in mir“, ebenso verhält es sich umgekehrt – zumindest auf der intellektuell-emotionalen Ebene, wenn auch nicht auf der des bürgerlichen Rechts herrscht Gleichheit zwischen den gegengeschlechtlichen Partnern – und „beide sind in dieser erfüllten Einheit erst für sich selber und legen in diese Identität ihre ganze Seele und Welt hinein“. Jegliche Äußerlichkeiten büßen an Bedeutung ein oder, anders gedeutet, die Identität konstituiert sich in der verdoppelten Subjektivität, aus der sich eine unsichtbare, aber stabile Einheit ergibt, die erst in dieser neuen Struktur für sich erschließt und erkennt, was um sie herum besteht: „Dies Verlorensein seines Bewusstseins in dem anderen, dieser Schein von Uneigennützigkeit und Selbstlosigkeit, durch welchen sich das Subjekt erst wieder findet und zum Selbst wird, diese Vergessenheit seiner, so dass der Liebende nicht für sich existiert, nicht für sich lebt und besorgt ist, sondern die Wurzeln seines Daseins in einem anderen findet und doch in diesem gerade ganz sich selbst genießt, macht die Unendlichkeit der Liebe aus; und das Schöne ist vornehmlich darin zu suchen, dass dieses Gefühl nicht nur Trieb und Gefühl bleibt, sondern dass die Fantasie sich ihre Welt zu diesem Verhältnis ausbildet, alles andere, was sonst an Interessen, Umständen, Zwecken zum wirklichen Sein und Leben gehört, zu diesem Schmucke dieses Gefühls erhebt, alles in diesen Kreis reißt und nur in dieser Beziehung ihm einen Wert zuteilt.“

In der Erlebniswelt der Liebenden wird die gegebene Wirklichkeit transzendiert, romantisch überhöht, fantastisch gestaltet und so betrachtet, als ob diese übersteigerte Wahrnehmung real wäre – ein übermütiges, ausgelassenes Verhalten, bei dem ein jeder aufopfernd und hingebungsvoll von sich absieht, die „Wurzeln seines Daseins“, mithin das Tragende, Haltgebende der Existenz besitzt – in dem geliebten Mitmenschen, in der Person, aber auch in dem Verhältnis, das sich zwischen ihm und dem anderen entwickelt hat. Während die Liebenden aber ihr egoistisches Wollen überwunden haben durch den existenziellen Bezug zueinander, reißen sie, so formuliert Hegel drastisch, schier die Welt ringsum „in diesen Kreis“ und deuten alles im Blick auf ihre Zweisamkeit. Allein was zu ihnen in Beziehung steht, gewinnt an Bedeutung und erscheint wertvoll ausschließlich in Rückbezug auf den Bund der Liebenden. Auch hier zeigt Hegel deutlich, dass der Mensch nicht durch sich allein, nicht durch eigenes Machen und Gestalten, weder durch elaborierte Philosophie, geistige Kreativität oder handwerkliches Geschick noch durch materielle Güter oder ehrgeiziges Streben den Weg zu sich selbst findet, sondern durch den anderen Menschen, durch den er in der ihn umflutenden Mannigfaltigkeit der Lebensformen (indem er sich existenziell mit dem anderen verbindet) ganz zu sich selbst gelangt.

Nur die Liebe ist der „Halt des Daseins“, weniger jene Form des ästhetisch geformten Betörtseins, die sich als „lyrische Begeisterung“ oder auch als „heiterer, allgemeiner Genuss“ zeigt, ein fröhlich-beschwingtes, enthusiastisches Gefühl, das sich von dem Reiz, von besonderer Attraktivität leiten, indessen ernste Absichten vermissen lässt. Dieser Form fehlen die „unendlichen Leiden“, welche die Liebe mit sich bringt, ebenso bemächtigt sie sich nicht des ganzen Daseins des Menschen, auch mangelt es ihr an der „frommen Ergebenheit“, die ein schmachtendes, schweigendes Gemüt auszeichnet, das sich einerseits die Verliebtheit nicht eingestehen, andererseits aber an nichts anderes als die erwählte Dame, den bewunderten Herrn zu denken vermag, von dem phantasmagorischen Bild entrückt, verzückt, bezaubert ist – und sich zugleich in stiller Demut verzehrt. Wer sich aber am Nächstbesten ausrichtet, verlangt nur den „unmittelbaren Genuss“, macht sich auf, „unbefangen“ und frisch, ist nicht wählerisch, während der wahrhaft Liebende doch geradezu belastet scheint von der „unendlichen Wichtigkeit, gerade *dieses* und kein anderes Mädchen zu besitzen“. Zwar mag auch der Genussmensch monogam veranlagt sein und seine Leidenschaft, sein Begehren auf die Dame, die er zufällig erblickt und ausgewählt hat, einstweilen begrenzen, doch ist sie austauschbar, nicht die Eine und Einzige, nur eine Möglichkeit unter vielen. Kontrastiert wird sein Verhalten von der asketischen Entsagung des Mönches, des zölibatär lebenden Priesters oder des Eremiten, der auch inmitten der bürgerlichen Gesellschaft seine Tage zubringen kann, ganz auf sexuelle Kontakte verzichtet und das Geschlechtsverhältnis für sich nicht länger als wesentlich erachtet.

Die „Prosa des Lebens“ sorgt allenthalben für Ernüchterung. Die Dame versteht nicht die geheimen Winke, verborgenen Zeichen und doppeldeutigen Bemerkungen des scheu Liebenden. Er grämt sich ob ihrer Ratlosigkeit und seiner selbst, und sie weiß gar nicht, was all das bedeutet, was sie gleichsam wie Rauchzeichen am Horizont erblickt. Manche Liebe wird nicht realisiert, obgleich die Partner sich auf beste Weise zueinander gefügt hätten. Doch auch die „Prosa“ anderer Art mag sich bemerkbar machen, plötzlicher Eigensinn, aufkeimende Selbstsucht, neue, abwegige Ideen. Die romantische Liebe überhöht die erwählte Person. Hegel empfiehlt in diesem Zusammenhang indessen Nüchternheit, denn ein absolut gültiger Grund, „dass *dieser* gerade *diese*, *diese diesen* liebt“, existiert nicht. Es liegt allein an der „subjektiven Partikularität“, am „Zufall der Willkür“. Gleichwohl äußert der Philosoph Verständnis für die romantische Liebe: „Jedwedem kommt seine Geliebte sowie dem Mädchen ihr Geliebter, obschon sie andere sehr gewöhnlich finden können, als die Schönste, als der Herrlichste vor, und sonst keiner und keine in der Welt. Aber eben indem alle, oder doch viele, diese Ausschließung machen und nicht Aphrodite selbst, die Einzige, geliebt wird, sondern vielmehr jedem die Seine, die Aphrodite und leicht noch mehr ist, so zeigt sich, dass es viele sind, welche als dasselbe gelten; wie denn auch in der Tat jeder weiß, dass es viele hübsche oder gute, vortreffliche Mädchen in der Welt gibt, die alle – oder doch die meisten – auch ihre Liebhaber, Anbeter und Männer finden, denen sie als schön, tugendreich, liebenswürdig usf. erscheinen.“ Der jeweilige Vorzug ist nichts als eine „bloße Privatsache des subjektiven Herzens“, etwas boshaft ausgedrückt sogar eine einzige „Absonderlichkeit des Subjekts“, in diesem einen Mitmenschen durch die Liebe sein „höchstes Bewusstsein“ zu finden: „Diese Leiden aber der Liebe, diese zerscheiternden Hoffnungen, dies Verliebtsein überhaupt, diese unendlichen Schmerzen, die ein Liebender empfindet, diese unendliche Glückseligkeit und Seligkeit, die er sich vorstellt, sind kein an sich selbst allgemeines Interesse, sondern etwas, was nur ihn selber angeht. Jeder Mensch hat zwar ein Herz für die Liebe und das Recht, dadurch glücklich zu werden; wenn er aber hier, gerade in diesem Falle, unter den und den Umständen, in Betreff gerade auf dieses Mädchen, sein Ziel nicht erreicht, so ist damit kein Unrecht geschehen. Denn es ist nichts in sich Notwendiges, dass er sich gerade auf dieses Mädchen kaprizioniere, und wir sollen uns daher für die höchste Zufälligkeit, für die Willkür der Subjektivität, die keine Ausdehnung und Allgemeinheit hat, interessieren. Dies bleibt die Seite der Kälte, die bei aller Hitze der Leidenschaft in ihrer Darstellung uns durchdringt.“ Stellt die große Liebe nach Meinung des Philosophen Hegel also nichts als einen beliebigen Zufall dar? Die Desillusionierung, die der Idealist im Bereich des Persönlichen anstrengt, kontrastiert nun den Glauben an die Erwähltheit, an die besondere Fügung, die als einzig mögliche das höchste Glück auf Erden mit sich zu bringen scheint. Die „Hitze der Leidenschaft“ führt Hegel sogleich entschuldigend an, die nur unseren Verstand zu verwirren scheint, denn der Liebende muss notwendigerweise ganz und gar nicht dieses eine Mädchen für sich gewinnen und erwählen. Es ist nichts als Zufall, belanglos gar, die „Willkür der Subjektivität". Bekommt er seinen Willen nicht, bleibt ihm dieses Mädchen versagt, so hat es damit sein Bewenden, selbst wenn er darüber in einem Meer von Traurigkeit versinkt. Die „zerscheiternden Hoffnungen" mögen ihn zutiefst bekümmern, doch er bleibt damit allein. Grämt er sich, vergeht er darüber, Hegel empfindet keinerlei Mitleid, denn er jammert einzig über den Zufall, über eine austauschbare Größe in einer Gleichung mit vielen Unbekannten. Die Frau ist nur eine Variable und lässt sich nach Auffassung Hegels beliebig einsetzen, gebrauchen und buchstäblich verwerten, da die persönliche Kontur, die individuellen Charakterzüge, auch Attribute wie Anmut, Schönheit und Eleganz als vergleichsweise nichtig bestimmt werden.

Die Emanzipation des Menschengeschlechts, welche die Aufklärungsphilosophie postuliert, wird durch die gängige Praxis konterkariert, dass es sich augenscheinlich nur um eine Emanzipation der Männer handelt, zumal auch Hegel, als Protagonist des Deutschen Idealismus ein unmittelbarer Nachfolger des aufklärerischen Denkens, mit geradezu lustvoller Ignoranz die Bildungsbemühungen der Frauen verhöhnt. Auf eine schlichte Weise „gebildet" mögen sie sein, belesen, kundig vielleicht in sentimentalen Romanen. Die Frau verfügt über ein gerüttelt Maß an weiblicher Allerweltsweisheit und wirkt gescheit, doch für die „höheren Wissenschaften", also für die Philosophie, und für die Kunst, die von überzeitlichem Rang ist, taugt sie gar nicht. Einfach gesagt, hierfür „sind Frauen nicht gemacht" – worüber sie verfügen, das ist oft zwar sehr lobenswert, aber letzthin niederen Ranges. Der Mann bildet sich philosophisch-theoretisch und entwickelt ein technisches Verständnis und Geschick. Auch der Frau gelingt dies mitunter, auf ihre Weise, so Hegel, „man weiß nicht wie", vermutlich durch die Erfahrung im Umgang mit Menschen. Zwar mögen „Einfälle, Geschmack, Zierlichkeit" eine positive Ausstrahlung verstärken, angenehm wirken – doch sie sind bloßes Beiwerk, entbehrlich und geistlos. Den Frauen fehlt nach Hegel das „Ideale". Sie schauen interessiert auf kindische Tändelei, Albernheiten, pflegen läppische Gewohnheiten, vernachlässigen das Entscheidende, allein weil sie es gar nicht erkennen. So sind sie unausgesetzt tätig, glauben auch, mit ihren „Einfällen“ etwas Bedeutsames zu leisten, verharren aber stets bei Oberflächlichkeiten. Worin liegt die Differenz zwischen den Geschlechtern? „Der Unterschied zwischen Mann und Frau ist der des Tieres und der Pflanze: Das Tier entspricht mehr dem Charakter des Mannes, die Pflanze mehr dem der Frau, denn sie ist mehr ruhiges Entfalten, das die unbestimmte Einigkeit der Empfindung zu seinem Prinzip erhält.“ Wegen der fehlenden Ausrichtung auf das „Allgemeine“ hält es der Philosoph für ein eminentes Risiko, wenn Frauen an der „Spitze der Regierung“ stehen, denn der Staat gerate dann unweigerlich in Gefahr. So regieren sie nicht „nach den Anforderungen der Allgemeinheit, sondern nach zufälliger Neigung und Meinung“, behauptet Hegel. Er dachte offenbar an die österreichische Kaiserin Maria Theresia und die russische Zarin Katharina die Große, vielleicht auch an den bestimmenden Einfluss, den die preußische Königin Luise auf ihren Gatten Friedrich Wilhelm nahm. Hegels Einschätzungen tun der jeweiligen Qualifikation und besonderer Begabung dieser – und anderer – Frauen für Staats- und Regierungsämter keinen Abbruch. Unvorstellbar erscheint dem Philosophen, dass auch Männer im Tagesgeschäft der großen Politik bewusst emotional agieren. Ein wenig realitätsblind war er gewiss.

Abseits der politischen Betrachtungen kehrt Hegel in der „Rechtsphilosophie“ zu Einschätzungen über Ehe und Liebe zurück. Die Ehe bestimmt er als „sittliches Verhältnis“, das nicht allein von der „physischen Seite“ beurteilt und auf die sexuelle Dimension, auf ein bloßes „Geschlechtsverhältnis“ reduziert werden sollte. Umgekehrt jedoch sei es herzlos, die Ehe als „bürgerlichen Kontrakt“ aufzufassen und die Beziehungen, die diese staatlich sanktionierte partnerschaftliche Vereinbarung regeln, auf ihren „vertragsmäßigen Gebrauch“ herabzuwürdigen. Doch wer die Ehe nur durch die Liebe gesetzt sieht und erklären möchte, verkennt, dass die Liebe in jeder Hinsicht eine „Empfindung“ darstellt, deren konstitutives

Merkmal die Zufälligkeit ist, eine „Gestalt, welche das Sittliche nicht haben darf". Hegel bemüht sich um eine objektive Definition: „Die Ehe ist daher näher so zu bestimmen, dass sie die rechtlich sittliche Liebe ist, wodurch das Vergängliche, Launenhafte und bloß Subjektive aus ihr verschwindet." Die solcherart institutionalisierte Liebe wird zu einem Bestandteil des Gemeinwesens. Der „subjektive Ausgangspunkt" ist die „besondere Neigung" beider Partner zueinander, sie verspüren eine wechselseitige Attraktivität oder sie werden von ihren Eltern aus begründeter Sorge um eine geeignete Verbindung einander zugeführt. Der „objektive Ausgangspunkt" der Ehe ist jedoch die „freiwillige Einwilligung der Personen", die natürliche, individuelle Persönlichkeit aufzugeben zugunsten der Einheit, um „*eine Person auszumachen*", ein Entschluss, der flüchtig besehen eine „Selbstbeschränkung", tatsächlich aber, durch die Erlangung eines „substanziellen Selbstbewusstseins", eine „Befreiung" ist. Die Personen lösen sich aus ihrer jeweiligen Begrenztheit und Unzulänglichkeit, bilden freiwillig eine Einheit, die aus zwei selbstständigen Personen besteht – und ein durch Liebe verbundener, vertraglich geregelter Zusammenschluss ist.

Dass Hegel das „Hohelied" der Ehe anstimmt, welches eher beiläufig auch ein bedingter Lobpreis der Liebe ist, zeigt sich in der nachdrücklichen Empfehlung, die sorgsame Wahl des Partners den vorausschauenden Eltern zu überlassen, die für den „Entschluss zur Verehelichung" treffliche Vorarbeiten leisten, während die jungen Leute, wenn man sie sich selbst überlässt, sich allzu sehr an flüchtiger Neigung orientieren, nicht an der Vernunft, welche unstreitig den „sittlicheren Weg" darstellt. Die Literaten der Romantik propagieren die nachgerade sich als töricht erweisende, hemmungslose „Geschlechterliebe", welche doch niemals eine Ehe ausreichend begründen kann. Zudem lassen die Dichter die wohlmeinende Haltung der Eltern als „durchdringende Frostigkeit" und borniertes Unverständnis erscheinen, während „in die Hitze der dargestellten Leidenschaft durch die damit verknüpfte gänzliche *Zufälligkeit*, dadurch nämlich gebracht, dass das ganze Interesse als nur auf *diesen* beruhend vorgestellt wird, was wohl für diese von unendlicher

Wichtigkeit sein kann, aber es *an sich* nicht ist“. Der Philosoph hätte die romantischen Dichter wohl allzu gerne aus Preußen verbannt, doch so lebhaft er wider die verklärte „sinnliche Seite“ der Liebe streitet, verkennt er gleichwohl den positiven Effekt der sexuellen Leidenschaft in der Ehe nicht, schließlich mag dieses angenehme Erleben über manche Mühen des Alltags hinweghelfen. Hegel hält zudem das wechselseitige Begehren für wesentlich, wenn auch nicht für allein maßgeblich. Einfach gesagt wollen die Partner, welche einander lieben, miteinander leben. Ob aber die junge Dame tatsächlich in Liebe entflammt ist, weil der künftige Ehemann sie zur Frau machen soll, und sie durch ihn „ihre Würde“, ihren „Wert“ und ihre „Freude“ erhält, ja endlich vollumfänglich das „Glück als Ehefrau“ erleben darf? Er ignoriert nicht das Besondere des jeweiligen Verliebtseins, ahnt zugleich, dass die bürgerlichen Absichten nicht das Wesentliche bei der ehelichen Bindung sind. Wer sich verheiraten möchte, verfolgt das Ziel, irdische Glückseligkeit zu erlangen. Also achtet er auf natürliche Schönheit und Anmut, auf Liebreiz, freundliches Verhalten, auf eine fröhliche Wesensart, gute Manieren und charakterliche Festigkeit des Herzens, aber auch auf materielle Güter und den gesellschaftlichen Stand. Allein um all dies gebührend zu beachten, genügt es nicht, einer bloßen Laune, dem Verliebtsein, zu folgen: „Es kommt bei der Wahl auf das Glück des ganzen Lebens an.“ Die Ehe steht jenseits von Glück und Unglück, denn die Partner versprechen einander Treue, die Bereitschaft, ein Jegliches miteinander zu teilen, und werden durcheinander, das heißt miteinander glücklich und bisweilen ebenso unglücklich. Hegel differenziert aber deutlich zwischen der „leidenschaftlichen Liebe“ und der Ehe. Muss ein Partner dem anderen aber nicht auf diese Weise zugetan sein, feurig begehrend, getrieben vor Lust? Die vollendete Erfüllung einer solchen Liebesleidenschaft zeigt, dass „alle Saiten seines Wesens nur dieses und nur in diesem widerklingen“, dass „sein Selbstbewusstsein ganz“ untrennbar mit diesem verbunden und doch nur in dem „Besitz dieser *einen zufälligen Person*“ ist. Sich aber auf einen einzigen möglichen Partner zu kaprizieren, unter prinzipiellem Ausschluss aller anderen Möglichkeiten, hält Hegel für eine romantische Übertreibung. Mit spürbarem Unbehagen formuliert er im Blick auf seine Zeit: „In den modernen Zeiten wird dagegen der subjektive Ausgangspunkt, das Verliebtsein, als der allein wichtige angesehen. Man stellt sich hier vor, jeder müsse warten, bis seine Stunde geschlagen hat, und man könne nur einem bestimmten Individuum seine Liebe schenken." Unbeirrt hält der Philosoph an dem Gedanken fest, dass nicht die Triebbefriedigung durch die leidenschaftlich ausgelebte Sexualität das Wesen und Zentrum, den einzigen Zweck der Ehe ausmachen, sondern das „Sittliche" als „Bewusstsein dieser Einheit" zweier Partner, welches der „substanzielle Zweck" ist, in Liebe, Vertrauen und Gemeinschaft, „in welcher Gesinnung und Wirklichkeit der natürliche Trieb zur Modalität eines Naturmoments, das eben in seiner Befriedigung zu erlöschen bestimmt ist, herabgesetzt wird". Über die „Zufälligkeit der Leidenschaften" erhaben ist das „geistige Band" als das „Substanzielle", dem „zeitlichen besonderen Belieben" enthoben, als das „an sich Unauflösliche" herausgehoben aus der Sphäre bloßer Triebhaftigkeit.

Auch in der Beschreibung der „Geschlechterliebe" und des sexuellen Akts verweist Hegel deutlich auf die aus seiner Sicht unantastbare, exponierte Stellung des Mannes: „Der Kitzler ist das untätige Gefühl überhaupt. Im Manne hingegen haben wir dafür das tätige Gefühle, das aufschwellende Herz, die Bluterfüllung der *corpora cavernosa* und der Maschen des schwammigen Gewebes der Urethra; dieser männlichen Bluterfüllung entsprechen dann die weiblichen Blutergüsse. Das Empfangen des Uterus, als einfaches Verhalten, ist auf diese Weise beim Manne entzweit in das produzierende Gehirn und das äußerliche Herz. Der Mann ist durch diesen Unterschied das Tätige; das Weib aber ist das Empfangende, weil sie in ihrer unentwickelten Einheit bleibt. Die Zeugung muss man nicht auf den Eierstock und den männlichen Samen reduzieren, als sei das neue Gebilde nur eine Zusammensetzung aus den Formen oder Teilen beider Seiten, sondern im Weiblichen ist wohl das materielle Element, im Manne aber die Subjektivität enthalten. Die Empfängnis ist die Kontraktion des ganzen Individuums in die einfache, sich hingebende Einheit, in seine Vorstellung, der Same diese einfache Vorstellung selbst – ganz ein Punkt, wie der Name und das ganze Selbst. Die Empfängnis ist also nichts anderes als dies, dass das Entgegengesetzte, diese abstrakten Vorstellungen zu *einer* werden.“ Die „Geschlechterliebe“ – die „körperliche Vereinigung“ ist die „Folge“, niemals aber die Ursache des „sittlich geknüpften Bandes“– begreift Hegel auch als „Konkubinat“. Doch für die Ehe zählt niemals allein die „Befriedigung des Naturtriebes“, den die Partner in der gemeinschaftlichen Verbundenheit beinahe zu bezwingen scheinen: „Deswegen wird bei der Ehe ohne Erröten von natürlichen Ereignissen gesprochen, die bei unehelichen Verhältnissen ein Schamgefühl hervorbrächten. Darum ist aber auch die Ehe *an sich* unauflöslich zu achten; denn der Zweck der Ehe ist der sittliche, der so hoch steht, dass alles andere dagegen gewaltlos und ihm unterworfen scheint. Die Ehe soll nicht durch Leidenschaft gestört werden, denn diese ist ihr untergeordnet.“ Die Ehe, obgleich ein auf Dauerhaftigkeit ausgerichteter Bund, ist auflösbar, aber nicht auf beliebige Weise. Die Sinnlichkeit gilt es durch Keuschheit zu disziplinieren. Das Aufgabenfeld der Ehefrau ist eng umrissen, es obliegt ihr die Erziehung der Kinder und das Ordnen des Hausstands, den der Gatte gleichwohl dominiert. Er wirkt zu dem noch am Leben in Staat und Gesellschaft maßgeblich mit. Die Liebe zueinander soll der ehelichen Gemeinschaft Stabilität verleihen: „Die Bestimmung des Mädchens besteht wesentlich nur im Verhältnis der Ehe; die Forderung ist also, dass die Liebe die Gestalt der Ehe erhalte und dass die verschiedenen Momente, die in der Liebe sind, ihr wahrhaft vernünftiges Verhältnis zueinander bestimmen.“

Hegels Verhältnis zu Frauen wird als unproblematisch beschrieben, erscheint geradezu entspannt. Er ehelichte Marie, und es ist nicht bekannt, dass diese sich je über sein Betragen oder über seine Philosophie mokiert hätte. Vielleicht war sie nicht einmal traurig, dass er zu Zeiten der Ehe sich verstärkt den Vorlesungen widmete und weniger dichtete als in der Verlobungszeit. Hegels Biograf Karl Rosenkranz, ein ergebener Verehrer des Philosophen, schildert ihn in der Beziehung zu Frauen als ausgesprochen liebenswürdig und zuvorkommend, vielleicht sogar als vorbildlich: „Mit der zärtlichen Mutter wusste er sich gemütlich über Erziehung zu ergehen, der eleganten Dame etwas Angenehmes über die Wahl der Toilette zu sagen, auf die er – beiläufig – sich besonders gut verstand, dass nicht leicht eine neu gewählte Partie seiner Aufmerksamkeit entging, und er die gelegentlichen Toilettengeschenke für seine Frau immer selbst mit Sorgfalt zu wählen pflegte. Der wirtlichen Hausfrau spendete er nicht nur sein Lob über ein wohlschmeckendes Gericht, sondern ließ sich über die Bereitung in allen Details ein, wobei er denn mit Humor zuweilen als eifriger Gastronom erschien, was er jedoch keineswegs war, da in seinem Hause auch hierin eine edle Einfachheit herrschte, wie es denn in allen Beziehungen erfreulich und erhebend war, ihn als Gatte, Vater und Hauswirt zu beobachten. Angebetet von den Kindern, vergöttert von der Frau, die, zweiundzwanzig Jahre jünger als er, nicht bloß mit der Zärtlichkeit einer Gattin, sondern mit kindlicher Verehrung an ihm hing, sah man ihn in gleichmütiger Zutätigkeit bemüht …" Rosenkranz übertrieb maßlos, gewiss, aber selbst wenn wir diese Zeilen eines ergebenen Gefolgsmanns lesen und wissen, dass er Hegel verklärt darstellte, bleibt noch immer zu bemerken, dass der alternde Philosoph und seine junge Gattin Marie ein vorbildliches Eheleben führten. Vielleicht war bei ihnen, anders als dies der Denker in seinen Werken gestreng ausführte, die eingestandene, tief empfundene und aufrichtige Liebe zwischen den Partnern doch dasjenige Element, dass ihre Verbindung zu einer glücklichen machte – und somit der Ehe Dauer und Stabilität verlieh. Marie war über manche seiner Bemerkungen im Blick auf die „Zufälligkeit" bei der Partnerwahl erheblich verstimmt. Sie liebte ihn dennoch von ganzem Herzen. Aber auch einem Philosophen wie Georg Wilhelm Friedrich Hegel vermochte eine kluge Gattin nicht alle Torheiten eines bigotten, biedermeierlichen Konservativismus auszutreiben.

Arthur Schopenhauer

Nur ein Semester lang hielten die beiden Philosophen Georg Wilhelm Friedrich Hegel und Arthur Schopenhauer zur selben Zeit Vorlesungen. Wortmächtig polemisierte und agitierte der Frankfurter Kaufmannssohn auch gegen den Idealisten, artikulierte mit überschäumender Wut Schmähungen und richtete doch nichts gegen diesen aus. Die Studenten verließen seinen Hörsaal nach und nach, der andere, der akademische und philosophische Kombattant und Feind triumphierte. Schopenhauer zog sich aus dem universitären Betrieb zurück, lebte im Verborgenen und formte weiter seine philosophische Gedankenwelt, deren Faszination bis heute anhält.

In Schopenhauers Hauptwerk „Die Welt als Wille und Vorstellung“, das auf die Literatur und Musik des neunzehnten und zwanzigsten Jahrhunderts tiefer und nachhaltiger wirkte als auf die Philosophie – stellvertretend für viele seien nur Thomas Mann und Richard Wagner genannt –, finden sich Betrachtungen zu Liebe, Lust und Leidenschaft, die so genannte „Metaphysik der Geschlechterliebe“. Inspiriert vom Geist des Pessimismus war er voller Abscheu gegenüber den Dilettanten seines Metiers, den ehemaligen akademischen Zunftgenossen, aber auch für Denker wie Jean-Jacques Rousseau hatte er nichts als verächtliche, höhnische und grimmige Bemerkungen übrig. Wer sich mit dem Phänomen der Liebe beschäftigt und die Weisheiten der Philosophen zu Rate zieht, begibt sich gleichsam unter fabulierfreudige Ignoranten, die nichts von der Liebe verstanden haben. Schopenhauer empfiehlt, eher die Dichter aufmerksam zu studieren – oder natürlich seine eigenen Schriften. Die Leidenschaften, damit auch die unbändige Lust, das Bedürfnis nach sexueller Befriedigung, die Gestalten der Triebhaftigkeit, fasst der Philosoph als adäquaten Ausdruck der menschlichen Natur auf. Jeden, der anderes behauptet, nennt er einen ausgemachten Narren. Auch das entschiedene Beharren auf Sittlichkeit, die nach Hegels Meinung ausschließlich in der ehelichen Verbindung gegenwärtig ist, hätte Schopenhauer mit kalter Verachtung zurückgewiesen. Die Intensität dieser Leidenschaft, die ihre Erfüllung in der praktizierten „Geschlechterliebe“ findet, jegliche „Rücksichten“ beseitigt, scheint einem rauschähnlichen Zustand zu gleichen, auch einen schöpferischen Genius zu beflügeln oder erst hervorzurufen, durch den der von diesem Trieb bewegte Mensch die vielfältigen Widerstände auf seines Lebens Weg kühn und kraftvoll zu überwinden vermag. Um diese höchste Befriedigung zu erreichen, wagt er seine Existenz. Spricht Arthur Schopenhauer von der Liebe, von der Sehnsucht nach einem harmonischen, partnerschaftlichen Miteinander? Für die Liebe, für das saturierte Genügen an biedermeierlicher Behaglichkeit, den vollendeten Zustand gemäß dem bürgerlichen Recht, wird niemand die mindeste Anstrengung unternehmen, und so werden, ließe sich sagen, im Idealfall der Apologeten der Ehe als rechtsgültiger Gemeinschaft keusche Jungfrauen mit braven Männern dem Willen der Eltern entsprechend verheiratet. Aber ein solcher Bund wäre eine schlichte Behaglichkeit, die formvollendete Langeweile, niemals aber ein Anlass, um im ekstatischen Daseinsgenuss sich aufzuschwingen, gewissermaßen die engen Grenzen des Biedermeiers aufzubrechen und enthemmt mit Leib und Seele das lustvolle Vergnügen der „Geschlechterliebe“ auszuleben. Für eine strikt geregelte Beziehung unternimmt niemand etwas, aber in der glutvollen Leidenschaft wirken verborgene Kräfte. Die Leidenschaft treibt manche Menschen gar in den Tod, andere in den Irrsinn, und zuweilen scheidet auch ein Liebespaar jäh aus dem Leben. Dafür hat der Philosoph indessen nur ein resignatives, unverständiges Kopfschütteln übrig, denn ihm bleibt unbegreiflich, „wie die, welche, gegenseitiger Liebe gewiss, im Genusse dieser, die höchste Seligkeit zu finden erwarten, nicht lieber durch die äußersten Schritte sich allen Verhältnissen entziehen und jedes Ungemach erdulden, als dass sie mit dem Leben ein Glück aufgeben, über welches hinaus kein größeres denkbar ist“. Die Formen der Liebe, das Verlangen und Begehren nach einem erfüllten Dasein, trägt ein jeder in sich und führt es mit sich, „solange er nicht alt ist, meistens auch im Herzen“.

Arthur Schopenhauer verwundert sich, warum die Philosophen des Abendlandes sich über die Philosophie der Liebe nahezu ausgeschwiegen haben. Fühlten sie sich nicht bemüßigt, dieses allgemein menschliche, in Geschichte und Gegenwart schier allgegenwärtige Phänomen zu würdigen, zu beleuchten und zu verstehen? So unglaublich viele Betrachtungen haben die Denker angestellt, komplexe und oft nur einfach komplizierte Probleme erörtert, in der Antike wie im Mittelalter, erkenntnistheoretische Reflexionen angestrengt, Begriffe gebildet und kritisiert, Utopien ersonnen und logische Schlussfolgerungen konstruiert. Über die Liebe, über die Leidenschaft schwiegen sie sich aus – oder sie formulierten rigorose moralische Anweisungen zur Zügelung der Affekte. In üblicher Manier erteilt Schopenhauer den Philosophen früherer Zeiten Rügen, findet scheltende Einlassungen für nahezu jedermann, nennt beispielsweise Platon einen in Mythen, Fabeln und Scherzen vernarrten Päderasten, der außerhalb dieser zu einer Philosophie der Liebe, wie sie doch eigentlich wünschenswert und erforderlich sei, nichts beizutragen wusste. Während Schopenhauer in Fragen der Ethik die Philosophie Kants durchaus wertschätzt, hält er seine empirischen Betrachtungen über das fragliche Phänomen, wie überhaupt sämtliche Auffassungen über die Regungen des Herzens, die dieser doch bewunderte Denker angestellt hat, für oberflächlich. Dies alles sei nicht mehr als elegante Schwatzhaftigkeit. Resolut, selbstgewiss und konsequent erklärt er die Vorgänger im Felde der Philosophie für Unwissende und Unkundige, darum glaubt er sie sämtlich ignorieren zu dürfen, obgleich auch seine Betrachtungen zur Liebe, so viel sei erwähnt, gelegentlich evidente Parallelen zu den Werken von Platon und Kant aufweisen. Schopenhauer liebte besonders das deutliche Wort, die gallig-schmähende Anfeindung – der polemische, streng apologetische Zug eines Philosophen, der sich verkannt fühlte. Auch für die Lyrik und Prosa der Romantik kannte er als passende Entgegnung nur Boshaftigkeit. Dass die Verliebtheit auch ätherische, entrückte Züge haben kann, bestreitet er nicht, die Gefühlsaufwallungen aber als etwas Transzendentes auszuzeichnen, führt für ihn doch nur umso deutlicher auf die Quelle aller Liebesregungen, auf den „Geschlechtstrieb“, dessen individuelle Ausprägung besondere Züge tragen mag. Wer derart wonnetrunken schwärmt, zeigt nur, was er innerlich begehrt. Die „Geschlechtsliebe“ in der Deutung Schopenhauers verfügt über Abstufungen und Nuancen, und diese finden sich nicht nur in sentimentalen Romanen, sondern überall dort, wo das seltsame Spiel der Liebe seinen Lauf nimmt. Er nennt den „Geschlechtstrieb“ neben der „Liebe zum Leben“ die „stärkste“ und zugleich „tätigste aller Triebfedern“ und mag über jene Philosophen der Aufklärungszeit, die auf die Macht der Rationalität setzen und diese nicht nur als spezifisches Merkmal des Menschen, sondern auch als entscheidendes Kriterium des Handelns hervorheben, nur milde lächeln. Der auf das Liebesverhältnis fokussierte „Geschlechtstrieb“ bindet die Kräfte, beherrscht die Gedanken beständig, erweist sich als das „letzte Ziel fast jedes menschlichen Bestrebens“ und gewinnt bestimmenden Einfluss auf die „wichtigsten Angelegenheiten“. Wie benebelt und verwirrt erscheinen die Verliebten, unterbrechen die „ernsthaftesten Beschäftigungen“, weil sie sich nicht zu konzentrieren wissen, sondern geradezu besinnungslos erscheinen, nicht mehr wissen, was sie tun oder beabsichtigen, bei Vorträgen sprachlos werden, ins Stocken geraten, wissenschaftliche Studien unterbrechen, eine schlaflose Nacht an die andere reihen, gedanklich kreisend um nichts als die Liebe. Der „Geschlechtstrieb“ unterbricht „Verhandlungen der Staatsmänner“, auch werden „Liebesbriefchen“ und „Haarlöckchen“ in „ministerielle Portefeuilles“ geschmuggelt, selbst als Lesezeichen in „philosophischen Manuskripten“ taucht dieser amouröse „Plunder“ auf. Die Liebe, der „Geschlechtstrieb“ mit seiner schier unbezwingbaren Macht zettelt „täglich die verworrensten und schlimmsten Händel“ an, löst die „wertvollsten Verhältnisse“ auf, zerreißt die „festesten Bande“ und raubt „bisweilen Leben oder Gesundheit, bisweilen Reichtum, Rang und Glück“, macht den „Redlichen“ gänzlich „gewissenlos“ und den Treuen zum Verräter. Was ist dieser gewaltige Trieb anderes als ein „feindseliger Dämon“, der alles in Unruhe und Aufruhr versetzt? Schopenhauer meint, man möchte doch ausrufen: „Wozu der Lärm? Wozu das Drängen, Toben, die Angst und die Not?“ Mit dem Prediger Salomo gesprochen erweist sich dieser Liebesrausch, diese unheimliche Macht des Triebs auch nur als Haschen nach Wind, als leere Tändelei, als ein gefährliches Spiel – und endet doch mit einer Ernüchterung, wenn die Spannung erloschen ist, das aufgeregte Treiben ein Ende gefunden hat.

Ein jeder Hans findet seine Grete, so sagt der Philosoph. Was geschieht eigentlich? Welches ist der verborgene Sinn des Liebestaumels, des lustvollen Trubels? Allein die „Zusammensetzung der nächsten Generation“, die bloße Fortpflanzung, stellt den „Endzweck aller Liebeshändel“ dar, oder doch etwas mehr, denn das poetisch verklärte, frivole Vergnügen dient durchaus einer prosaischen Absicht, der biologischen Beschaffenheit der Menschheit. Im Individuum erscheint der Wille der Gattung. Hier zeigt sich das Pathetische und Erhabene aller Liebesangelegenheiten, ja das aufdämmernde „Transzendente ihrer Entzückungen und Schmerzen“, welches ahnungsvoll im Gemüt erspürt wird, das Moment einer Theatralik, ohne die jegliches Drama leer, langweilig und verkopft anmutet: „Was im individuellen Bewusstsein sich kundgibt als Geschlechtstrieb überhaupt und ohne die Richtung auf ein bestimmtes Individuum des anderen Geschlechts, das ist an sich selbst und außer der Erscheinung der Wille zum Leben schlechthin.“ Der „Geschlechtstrieb“ maskiert sich. Wer verliebt ist, neigt zu einer Haltung der Bewunderung, ja der Anbetung. Das Bewusstsein wird getäuscht. Eine solche Leidenschaft ergreift Besitz, zunächst nicht vom begehrten Mitmenschen, sondern von dem unvermerkt Entflammten, der sich sinnlich der Gestalt des anderen Wesens, welches er auswählt unter den vielen, nach zufälliger Begegnung, wie von einem Blitz aus heiterem Himmel getroffen, und dessen Vorzüge er nun unausgesetzt preist. Der Verliebte sucht nichts anderes als die Gegenwart jenes Menschen, dem nun sein Herz gehört, auch sein Verstand, denn gleichsam ohnmächtig scheint er der bezwingenden Wirkung dieses Menschen zu verfallen. Wesentlich ist ihm einzig, so Schopenhauer, der „physische Genuss“, die körperliche Vereinigung, die sexuelle Erfüllung, nicht die aufrichtig empfundene Gegenliebe, nur der fleischliche Besitz. Die Verliebten nehmen hiermit vorlieb, sagt der Philosoph, besonders wenn sie spüren, dass ihre Zuneigung kaltherzig zurückgewiesen oder nicht erwidert wird. Das zeigen zahlreiche „gezwungene Heiraten“, bei denen viele triebbestimmte Herren sich die Damen ihrer Wahl erkaufen, wider deren Willen, mit „großen Geschenken“, auch mit hastiger Zudringlichkeit. Für Schopenhauer zeigt sich in diesen Menschen der „Wille zum Leben“, sie werden von diesem ergriffen, haben keine Wahl, müssen gehorchen und zeugen, weil es die Gattung fordert: „Dass dieses bestimmte Kind erzeugt werde, ist der wahre, wenngleich den Teilnehmern unbewusste Zweck des ganzen Liebesromans: die Art und Weise, wie er erreicht wird, ist Nebensache.“ Zwar leugnet Arthur Schopenhauer nicht, dass leidenschaftliche Gefühle durch einen tiefen Ernst bestimmt sein können, doch er sieht deutlich, dass in ihnen vor allem die mächtige Triebfeder wirkt, welche sich auf die „Erlangung des geliebten Gegenstandes der Sache“ ausrichtet. Er vertritt die Auffassung, dass die künftige Generation selbst sich in ihrer individuellen Bestimmtheit „schon in der so umsichtigen, bestimmten und eigensinnigen Auswahl zur Befriedigung des Geschlechtstriebs, die man Liebe nennt“, regt: „Die wachsende Zuneigung zweier Liebenden ist eigentlich schon der Lebenswille des neuen Individuums, welches sie zeugen können und möchten; ja schon im Zusammentreffen ihrer sehnsuchtsvollen Blicke entzündet sich sein neues Leben und gibt sich kund als eine künftig harmonische, wohl zusammengesetzte Individualität. Sie fühlen die Sehnsucht nach einer wirklichen Vereinigung und Verschmelzung zu einem einzigen Wesen, um alsdann nur noch als dieses fortzuleben; und diese erhält ihre Erfüllung in dem von ihnen Erzeugten, als in welchem die sich vererbenden Eigenschaften beider zu einem Wesen verschmolzen und vereinigt fortleben.“ Das für die beiden Verliebten im Augenblick ihres affektiven Verlangens verborgene Ziel der Zeugung erweist sich als führend. Verbunden sind sie nicht durch sich selbst, sondern in dem Dritten, das sie gemeinsam zeugen. Schopenhauers metaphysische Überhöhung der gleichsam in Liebe entflammten Gemüter und ihrer „sehnsuchtsvollen Blicke“ könnte man aber auch als romantisch bezeichnen, sosehr er sich gegen die Intentionen seiner Zeit auch wehren mag. Das „neue Leben“ entzündet sich schon hier und erscheint doch, vorsichtig ausgedrückt, ein wenig unmäßig. Auch die Idee, dass sich der „neue Lebenswille“ in der „wachsenden Zuneigung“ ausdrückt, ist skeptisch zu betrachten. Was geht aber wirklich vor sich? Der Wille zur Zweisamkeit manifestiert sich, während der „Trieb der Gattung“, der verantwortlich sein soll für die Erzeugung der kommenden Generation oder, konkret betrachtet, eines Individuums, wofür diese beiden Liebenden gewissermaßen auserwählt sind, hingegen eine interpretatorische Leistung des Philosophen ist, der in der Wirklichkeit nichts entsprechen muss.

Empfinden Menschen keinerlei Zuneigung füreinander, so liegt dies, glaubt Schopenhauer, darin begründet, dass ein in einer möglichen Beziehung gezeugtes Kind außerordentlich disharmonisch würde. Der „Wille zum Leben“ bedient sich der Menschen und fügt sie zusammen, erstrebt eine Objektivation, das Kind nämlich, welches beide zeugen. Man staunt ein wenig über diese Theorie, und auch Schopenhauer scheint skeptisch gestimmt zu sein, wenn er einschränkend bemerkt, dass sich das Geheimnis der menschlichen Zuneigung nicht gänzlich erklären lässt. Die Leidenschaftlichkeit der Liebenden bleibt in mancherlei Hinsicht genauso rätselhaft wie der Mensch als Individuum. Gleichwohl entfaltet Arthur Schopenhauer die entsprechende Theorie, von der der Leser vielleicht nicht ebenso überzeugt ist wie sein Verfasser: „Im Begegnen und Heften ihrer sehnsüchtigen Blicke entsteht der erste Keim des neuen Wesens, der freilich wie alle Keime meistens zertreten wird. Dies neue Individuum ist gewissermaßen eine neue Idee: wie nun alle Ideen mit der größten Heftigkeit in die Erscheinung zu treten streben, mit Gier der Materie hiezu ergreifend, welche das Gesetz der Kausalität unter sie alle austeilt: so strebt eben auch diese besondere Idee einer menschlichen Individualität mit der größten Gier und Heftigkeit nach ihrer Realisation in der Erscheinung. Diese Gier und Heftigkeit eben ist die Leidenschaft der beiden künftigen Eltern zueinander.“

Der Wille ist gleichsam selbsttätig, äußert sich im Charakter des Vaters und im Intellekt der Mutter. Die Leidenschaft gewinnt an Intensität in dem Maße, wie der Partner geeignet scheint, um die Begierde zu befriedigen, die sich offenbar nicht durch sich selbst, sondern jeweils nur durch die zu zeugende Individualität erklären lässt. Die „Seele einer eigentlich großen Leidenschaft" ist die das „Maß des sterblichen Herzens übersteigende Sehnsucht", die die beiden Partner, welche auf beste Weise zueinander passen, füreinander empfinden. Nun scheint Schopenhauer den von Aristophanes in Platons „Gastmahl" erzählten Mythos aufzugreifen, wenn er ausführt, dass es für jede Individualität ein passendes Pendant geben muss, also für jeden Mann eine entsprechende Frau, um die konstitutive Unzulänglichkeit der jeweiligen Person wechselseitig auszugleichen: „Da es nicht zwei ganz gleiche Individuen gibt, muss jedem bestimmten Mann ein bestimmtes Weib am vollkommensten entsprechen. So selten wie der Zufall ihres Zusammentreffens ist die eigentlich leidenschaftliche Liebe." Im Unterschied zu dem antiken Mythos sieht Schopenhauer indessen die Vollkommenheit nicht in dem Miteinander der Partner, sondern eben in dem gemeinschaftlich erzeugten Kind, in der neuen Individualität. Doch bestehen nicht noch wesentlich mehr Zeichen des Verliebtseins als dieser verborgene Wille? Schopenhauer gesteht zu, dass zwischen intelligenten jungen Menschen wohl Einhelligkeit in Ansichten und Meinungen zum Weltgeschehen bestehen möge, dass Freundschaft sich entwickelt, auf der Ebene der Gesinnung und gleicher Interessen. Körperlich mag gelegentlich sogar eine gewisse Abneigung feststellbar sein. Selbst bei einer Verschiedenheit der Denkweisen mögen die beiden eine immense sexuelle Anziehungskraft aufeinander ausüben. Wer diese nicht verspürt, aber aufgrund des wortreichen Einverständnisses in der Lebensanschauung die Ehe schließt, wird ein stilles, unerfülltes und unglückliches Dasein gemeinsam zubringen. Zur sexuellen Leidenschaft müssen sich die Partner überreden, verspüren sie doch keinerlei Attraktivität, erfüllen aber ihre Pflicht, widerstrebend, gezwungen, ohne bezwingenden inneren Antrieb. Sollten aber zwei Menschen, die vollkommen gegensätzlicher Auffassung in allen Fragen des Lebens sind, beständig streiten und einander sich entzweien, zueinander finden wegen ihrer Leidenschaft, so werden auch sie zeitlebens unglücklich bleiben, denn das Moment der „Geschlechterliebe" befriedigt zwar die

Triebe, führt aber allein nicht zu einer dauerhaft erfüllten Partnerschaft.

Egoistisch wählen die Menschen ihre Partner, streben nach Trieberfüllung und Genuss und lassen sich vom Schönheitssinn leiten – bleibt dieser unberücksichtigt, wird der Geschlechtstrieb, so Schopenhauer mit drastischen Worten, zu einem „ekelhaften Bedürfnis“: „Demgemäß wird jeder erstlich die schönsten Individuen, d.h. solche, in welchen der Gattungscharakter am reinsten ausgeprägt ist, entschieden vorziehen und heftig begehren; zweitens aber wird er am anderen Individuum besonders die Vollkommenheiten verlangen, welche ihm selbst abgehen, ja sogar die Unvollkommenheiten, welche das Gegenteil seiner eigenen sind, schön finden: Daher suchen z.B. kleine Männer große Frauen, die Blonden lieben die Schwarzen usw. – Das schwindelnde Entzücken, welches den Mann beim Anblick eines Weibes von ihm angemessener Schönheit ergreift und ihm die Vereinigung mit ihr als das höchste Gut vorspiegelt, ist eben der Sinn der Gattung, welcher, den deutlich aufgedrückten Stempel derselben erkennend, sie mit diesem perpetuieren möchte.“ Ob sich die von Schopenhauer aufgeführten Besonderheiten, etwa dass, seine Wendung weiter zugespitzt, zwergwüchsige Herren bevorzugt Riesinnen erwählen oder Blonde die Schwarzhaarigen öfter und mehr lieben, Bestätigung finden, darf ungeniert bezweifelt werden, weniger aber die Suche nach einer buchstäblich atemberaubenden Schönheit, die dem subjektiven Idealtypus entspricht. Schopenhauer sagt bedeutungsvoll, dass in diesen außerordentlichen, somit auch auffallenden Menschen der „Gattungscharakter am reinsten ausgeprägt“ sei. Er argumentiert also ausgesprochen unerotisch, wenn er hier die Aussicht auf die Fortpflanzung als wichtigstes Kriterium der Partnerwahl benennt. Diese entspreche nicht einer bewussten Willensentscheidung des Verliebten, sondern in ihm drücke sich der „Wille“ der Gattung aus, der ihn instinktiv leite. Der Mensch jedoch, ein eitler Narr sondergleichen, glaubt, dass der einzige Beweggrund seines Handelns die Orientierung am größtmöglichen sexuellen Genuss ist. Um den nach Schopenhauer souveränen „Willen“ der Natur, der sich des

Menschen bemächtigt, zu erfüllen, dient er seiner Gattung, opfert zuweilen sich selbst, sein Glück, Vermögen und Ehre, ja sein Leben. Er weiß sich selbst nicht zu beherrschen, und im hemmungslosen Begehren, von dem er schier besessen ist, wird er von dem „Willen“ geführt, den er nicht zu bezwingen weiß, schon gar nicht in einer Angelegenheit, in welcher er selbst zu führen glaubt. Doch erotische Leidenschaft, Liebesspiel, die Launen des Begehrens, all das ist für Arthur Schopenhauer nichts mehr als bloße Gaukelei. Stellen wir uns vor, dass irgendwo in einem Handwerksbetrieb, im Zug oder Flugzeug, bei einer Wanderung durchs Hochgebirge, am Meeresstrand oder im Elefantenhaus des Tierparks, kurzum – an allen möglichen Orten auf dieser Welt ein Junge ein Mädchen erblickt, ein Mädchen einen Jungen erkennt, hingerissen und wie verzaubert ist … Er sieht sie und nur noch sie, die Welt um ihn verblasst, die Eiseskälte bei der Bergwanderung, das Rauschen des Meeres oder die fröhlich trompetenden Dickhäuter, für all das, was ihn vorher faszinierte, interessierte und begeisterte, hat er in diesem Moment kein Auge mehr. Nur dieses Mädchen, das gar nichts von des jungen Mannes erwachten Interesses weiß, wird für ihn zum Mittelpunkt der Welt – und er schwärmt von ihr, unausgesetzt, von ihrer verlockenden Schönheit, ihrem angenehmen Wesen, ihren anmutigen Bewegungen und ihrem wohlgestalteten Körper. Mühsam, schüchtern und vielleicht ungeschickt bahnt er nun den Kontakt an, sucht einen Weg zu ihr, quält sich, kämpft und wirbt um sie. Was würde Arthur Schopenhauer dazu sagen? Dass er gleichsam von dem unentrinnbaren „Willen“ der Natur geknechtet sei. Was er als sein Begehren erfährt, entstammt nicht ihm selbst. Verborgene Mächte wirken in ihm. Der Verliebte glaubt, dass nur dieses Mädchen, diese eine und einzige junge Frau ihn dauerhaft glücklich machen kann. Der ernüchterte Pessimist und misanthropische Realist Schopenhauer ist gänzlich anderer Auffassung: „Ein wolllüstiger Wahn ist es, der dem Manne vorgaukelt, er werde in den Armen eines Weibes von der ihm zusagenden Schönheit einen größeren Genuss finden als in denen eines jeden anderen; oder der, gar ausschließlich auf ein *einziges* Individuum gerichtet, ihn fest überzeugt, dass dessen Besitz ihm ein überschwängliches Glück gewähren werde.“ Die Geschlechtsbefriedigung jedoch erweist sich als gewöhnlich. Nichts Besonderes erlebt er. Sein Tun kommt allein der Gattung zugute, denn er war als leidenschaftlich Begehrender und Verliebter vom „Willen der Gattung“ beseelt. Für die sexuelle Befriedigung genügt nach Schopenhauers Meinung jeder Partner, ob ansehnlich oder unansehnlich. War der junge Mann vorher wie trunken und berauscht von seinen Gefühlen und Leidenschaften, erlebt er nun ein Stadium der Ernüchterung. Nur der „Wille der Gattung“ hatte sich seiner bemächtigt: „Daher also findet jeder Verliebte nach endlicher Vollbringung des großen Werkes sich angeführt: denn der Wahn ist verschwunden, mittelst dessen hier das Individuum der Betrogene der Gattung war.“ Während die Frau als Empfangende diese Ernüchterung offenbar nicht spürt, erlebt der „Betrogene“ nun Wechselbäder, leidet daran, dass die Leidenschaft nun auch noch institutionalisiert werden soll, denn ihm ist „von Natur aus“ nur „Unbeständigkeit“ eigen: „Die Liebe des Mannes sinkt merklich von dem Augenblick an, wo sie Befriedigung erhalten hat: Fast jedes andere Weib reizt ihn mehr als das, welches er schon besitzt; er sehnt sich nach Abwechslung. Die Liebe des Weibes hingegen steigt von ebenjenem Augenblick an.“ Der Hochzustand der Verliebtheit ist längst verflogen, dem „Willen der Gattung“ wurde Genüge getan, und der Mann sträubt sich nun dagegen, domestiziert zu werden, glaubt sich eingesperrt, während die Frau die nachlassende Liebe spürt. Sie wissen beide nicht, was mit ihnen geschieht. Arthur Schopenhauer rechtfertigt dies entschuldigend mit dem lapidaren Hinweis, dass ein jeder Mann im Jahr einhundert oder mehr Kinder zeugen, die Frau aber nur eines gebären könne. Sie würde sich einfach dem Beschützer liebend zuwenden, während der Mann sich am liebsten anderen Frauen zuwandte, getrieben vom „Willen der Gattung“. Die meisten Eheleute bleiben doch beieinander, gezwungenermaßen: „Demzufolge ist die eheliche Treue dem Manne künstlich, dem Weibe natürlich, und also Ehebruch des Weibes, wie objektiv wegen der Folgen, so auch subjektiv wegen der Naturwidrigkeit, viel unverzeihlicher als der des Mannes.“

Man mag Schopenhauers groteske, kuriose Auffassungen in Sachen Liebe mit verständlicher Empörung, aber auch mit einer postmodernen Heiterkeit lesen, vielleicht auch weil die Erklärungsmuster, die er bemüht, zu abwegig erscheinen – und tatsächlich nicht mehr als eine bizarre Metaphysik darstellen, ein sorgsam errichtetes Luftschloss. Zutreffende anthropologische Einsichten vermischen sich hier mit bizarren Vorstellungen aus der Zeit des Biedermeier, in der mit schneidiger Virtuosität die gesellschaftliche Stellung des Mannes gerechtfertigt, sein treuloses Verhalten entschuldigt wird, weil in ihm ein weder naturwissenschaftlich feststellbarer noch philosophisch auf plausible Weise erklärbarer „Willen" wirken soll, der zum scheinbaren Fortbestand und zur Optimierung der Gattung dient, aber auch als billige Ausrede für Treulosigkeit und Liebesverrat dient. Was erwidert die verlassene Gattin oder die betrogene Geliebte auf eine Erklärung wie die folgende? „Ich dachte, ich würde dich betrügen, als ich ein amouröses Abenteuer mit Madame X suchte. Aber in Wirklichkeit musst du mir dies nachsehen, denn nicht ich wollte es, sondern ich erfüllte den Willen der Gattung, der sich unbewusst meiner bemächtigte – sagt Schopenhauer." Wenn die bitter enttäuschte Dame diese scheinbar geistreiche Ausrede oder philosophisch verbrämte Erklärung als hanebüchenen Unfug ansieht, so wird ihr schwerlich zu widersprechen sein. Vielleicht ist es doch weniger verwunderlich als man denkt, dass nur wenige Zuhörer die Vorlesungen dieses Denkers säumten.

Für den Philosophen ist die Frau an sich wohl einfach das unbekannte Wesen, ein rätselhaftes Geschöpf, das er gleichwohl mit dem scharfsichtigen Blick des Psychologen erkannt zu haben glaubt. Bestimmt ist sie als Gebärende, ihre Gestalt lehrt, dass sie zu allem ungeeignet ist, zu körperlichem Tun wie zu geistigen Arbeiten. Ihr Leben soll stiller und gelinder dahinfließen, aber deswegen ist sie nicht glücklicher oder unglücklicher als der Mann. Frauen sind „große Kinder": „Man betrachte nur ein Mädchen, wie sie tagelang mit einem Kinde tändelt, herumtanzt und singt, und denke sich, was ein Mann beim besten Willen an ihrer Stelle leisten könnte." Schopenhauer spricht von körperlichen Reizen, „damit sie nämlich während jener Jahre der Phantasie eines Mannes sich in dem Maße bemächtigen könnten, dass er hingerissen wird, die Sorge für sie zeitlebens in irgendeiner Form ehrlich zu übernehmen; zu welchem Schritte ihn zu vermögen die bloße vernünftige Überlegung keine hinlänglich sichere Bürgschaft zu geben schien.“ Häusliche Geschäfte und Gewerbe sind nebensächlich. Was die Mädchen als „ernsthaften Beruf“ ansehen, die Liebe, Toilette, Tanz usw., darüber mag der Philosoph in bornierter Arroganz nur spotten: „Daher bleiben die Weiber ihr Leben lang Kinder, sehen immer nur das Nächste, kleben an der Gegenwart, nehmen den Schein der Dinge für die Sache und ziehen Kleinigkeiten den wichtigsten Angelegenheiten vor … Die Weiber denken in ihrem Herzen, die Bestimmung der Männer sei, Geld zu verdienen, die ihrige hingegen, es durchzubringen, womöglich schon zu Lebzeiten des Mannes, wenigstens nach seinem Tode.“ Dies hat auch sein Positives, da Frauen, so Schopenhauer, aufgrund ihres praktischen Sinnes, nicht verstiegene philosophische Systeme erdenken würden, sondern sich am Naheliegenden orientieren und die Gegenstände, die sie umgeben, ernsthaft zur Kenntnis nehmen: „Hiezu kommt, dass die Weiber entschieden nüchterner sind als wir, wodurch sie in den Dingen nicht mehr sehen, als wirklich da ist, während wir, wenn unsere Leidenschaften erregt sind, leicht das Vorhandene vergrößern oder Imaginäres hinzufügen.“ Müssten Frauen dann nicht auch die besseren Philosophen, also wahre Philosophinnen sein? Schließlich würden sie nicht, wie Schopenhauer bei seinen Kollegen kritisiert, etwa dem hegelschen Denken verfallen oder komplex strukturierte, doch schlicht absurde Systeme erdenken, mit denen sie die Welt erklären wollten. Diese Konsequenz seines Denkens sieht der Philosoph indessen nicht. Er gesteht den Frauen zwar Wirklichkeitssinn zu, meint aber auch einen eklatanten Mangel an Redlichkeit und Gerechtigkeit feststellen zu können, da ihr führendes Prinzip die Verstellung sei: „Das niedrig gewachsene, schmalschultrige, breithüftige und kurzbeinige Geschlecht das schöne nennen konnte nur der vom Geschlechtstrieb umnebelte männliche Intellekt: In diesem Triebe steckt nämlich seine ganze Schönheit … Dass das Weib seiner Natur nach zum Gehorchen bestimmt sei, gibt sich daran zu erkennen, dass eine jede, welche in die ihr naturwidrige Liebe gänzlicher Unabhängigkeit versetzt wird, alsbald sich irgendeinem Manne anschließt, von dem sie sich lenken und beherrschen lässt, weil sie eines Herrn bedarf. Ist sie jung, so ist es ein Liebhaber; ist sie alt, ein Beichtvater."

Das Bemerkenswerte im Blick auf die „Geschlechterliebe", die Arthur Schopenhauer metaphysisch zu deuten versucht, können wir aber auch darin erblicken, dass er schlicht jegliche Merkmale menschlicher Individualität so zu deuten weiß, dass sie seiner theoretischen Konzeption von Mensch und Welt entsprechen. Der Philosoph fügt etliche Betrachtungen zur physiognomischen Schönheit an, zählt auf, was reizt und abstößt, erwähnt besonders kleine Füße und bemerkt generös, dass ein schöner Körperbau viele andere Mängel kompensieren könne. Übermäßige Leibesfülle bei der Frau indessen behagt dem Philosophen so wenig wie Magerkeit: „Ein voller weiblicher Busen übt einen ungemeinen Reiz auf das menschliche Geschlecht aus: weil er, mit den Propagationsfunktionen des Weibes in direktem Zusammenhange stehend, dem Neugeborenen reichliche Nahrung verspricht." Schopenhauer rühmt die wohlgestalteten Nasen, die ihm den Anlass bieten, die Schönheit des jeweiligen Gesichtes noch einmal besonders zu würdigen. Der Philosoph bemüht sich um einen Perspektivwechsel und führt an, was Damen als attraktiv empfinden. An Jünglingen schätzen sie die „höchste menschliche Schönheit", die scheinbar, wie diese Formulierung nahe legt, auch die weibliche Attraktivität übersteigt. Gelegentlich lieben aber Frauen auch richtiggehend hässliche, jedoch niemals „unmännliche Männer". Sie bewundern die „Festigkeit des Willens", entschlossenes, mutiges Handeln sowie Redlichkeit und Güte des Herzens, Eigenschaften mithin, die einnehmend sind. Indessen unterläuft hier Schopenhauer eine Ungenauigkeit, da es doch fraglich erscheint, ob der benannte „Wille", der zu großer Anerkennung verleitet, die Entschlusskraft des jeweiligen Charakters ist oder ob sich nicht viel eher der vormals ausführlich gewürdigte „Wille der Gattung" hier gleichsam wieder einschleicht und tiefen Respekt erheischt. Der Intellekt selbst übt keine „instinktmäßige Gewalt" aus, Dummheit oder, etwas nobler ausgedrückt, schlichter „Unverstand“ schadet nicht. Manche beurteilen „überwiegende Geisteskraft“ oder Genialität als „Abnormität“, so dass etliche Frauen, aber eigentlich nicht sie selbst, sondern der in ihnen wirkende „Wille“, vielleicht einen ausgesprochen fragwürdigen Kandidaten dem intelligenten Philosophen vorziehen. Manchmal liest es sich, als würde Arthur Schopenhauer hier seine eigenen Erfahrungen und Frustrationen literarisch-philosophisch zu bewältigen versuchen. Er schreibt: „Daher sieht man oft einen hässlichen, dummen und rohen Menschen einen wohl gebildeten, geistreichen und liebenswürdigen Mann bei Weibern ausstechen. Auch werden Ehen aus Liebe bisweilen geschlossen zwischen geistig höchst heterogenen Wesen: z.B. er roh, kräftig und beschränkt; sie zart empfindend, fein denkend, gebildet, ästhetisch usw.; oder er gar genial und gelehrt, sie eine Gans.“ Den Wert der gefälligen, geistvollen Konversation für die Ehe beurteilt der Philosoph denn auch als außerordentlich gering, denn der Zweck des Zusammenseins sei einzig, dem „Willen der Gattung“ zu entsprechen und Kinder zu erzeugen. Darum lässt sich die Ehe auch als ein „Bund der Herzen, nicht der Köpfe“ begreifen. Schließen gebildete Menschen einen Ehevertrag, so handeln sie vernunftorientiert, aber nicht aus leidenschaftlicher Liebe. Zwar können sich Intellektuelle ihrer gegenseitigen Zuneigung wortreich versichern, doch kann diese weder herbeigeredet noch künstlich erzeugt werden, am besten sei es, wenn „beide Personen einander neutralisieren wie Säure und Alkali zu einem Mittelsalz“. Schopenhauer führt weiter aus, dass der „Grad der Mannheit“ dem „Grad der Weiblichkeit“ entsprechen müsse, damit die jeweilige Einseitigkeit durch die Verbindung aufgehoben werde. Daher erwählte der „männlichste Mann“ auch das „weiblichste Weib“: „Während daher die Liebenden pathetisch von der Harmonie ihrer Seele reden, ist meistens die hier nachgewiesene, das zu erzeugende Wesen und seine Vollkommenheit betreffende Zusammenstimmung der Kern der Sache und an derselben auch offenbar viel mehr gelegen als an der Harmonie ihrer Seelen – welche oft nicht lange nach der Hochzeit sich in eine schreiende Disharmonie auflöst.“ Auch kommt es vor, dass ein

Mann sich in eine ausgesprochen unansehnliche Frau verliebt, doch dies geschieht nur, so Schopenhauer, sofern „bei der oben erörterten genauen Harmonie des Grades der Geschlechtlichkeit ihre sämtlichen Abnormitäten gerade die entgegengesetzten, also das Korrektiv der seinigen sind". Um den „Willen der Gattung" vollkommen zu erfüllen, zur „höchstmöglichen Herstellung des besten Typus", tritt ein sozusagen unumschränktes, absolutes Begehren auf, die Suche nach der ausschließlichen und vollkommenen Ergänzung: „Nun aber kann die Individualisierung und mit ihr die Intensität der Verliebtheit einen so hohen Grad erreichen, dass ohne ihre Befriedigung alle Güter der Welt, ja das Leben selbst seinen Wert verliert. Sie ist alsdann der Wunsch, welcher zu einer Heftigkeit anwächst wie durchaus kein anderer, daher zu jedem Opfer bereit macht und, im Fall die Erfüllung unabänderlich versagt bleibt, zum Wahnsinn oder zum Selbstmord führen kann." Die Sehnsucht der Liebe, die sich in diesem besonders manifestiert, bleibt mitunter unerfüllt, führt nicht zu der erhofften unendlichen Seligkeit, erträgt den schmerzhaften Gedanken, dass die beste Fügung ausbleibt, und so zeigen sich die beschriebenen Reaktionen, die unerfüllte Wollust, die im Irrsinn endet oder gar zur Selbsttötung führt, gleichsam „Seufzer des Geistes", der sieht, dass das „unersetzliche Mittel" – und eben nur als solches Mittel wird die Frau aufgefasst – für seine Zwecke verloren ist. Das Leben scheint allen Reiz zu verlieren, wenn der Verliebte nicht die Geliebte erlangen kann, es erscheint freudenleer, schal und ungenießbar, so dass er zuweilen dem Tod entgegenläuft: „Das Individuum ist hier ein zu schwaches Gefäß, als dass es die auf ein bestimmtes Objekt konzentrierte unendliche Sehnsucht des Willens der Gattung ertragen könnte." Nämlich schon vom ersten Moment der Begegnung erkennt der „Geist der Gattung" den idealen Partner. So erklärt Schopenhauer das spontane Verliebtsein. Wenn der begehrte Mensch aber unerreichbar ist oder verloren geht, entsteht ein Schmerz mit transzendenter Dimension, quälende Eifersucht, denn eine größere Abtretung als die der Geliebten an jemand anderen ist nicht vorstellbar. In den Klagen um die verlorene Liebe hört man den Jammer der gesamten Gattung. Sogar der Ehebruch kann, fügt Schopenhauer an, ein Ausdruck dieses „Willens der Gattung“ sein, da dieser sich nicht an die bürgerlichen Konventionen gebunden weiß und einen Weg für sich sucht: „Mit gleicher Leichtigkeit werden Standesunterschiede und alle ähnlichen Verhältnisse, wenn sie der Verbindung leidenschaftlich Liebender entgegenstehen, beseitigt und für nichtig erklärt vom Genius der Gattung, der, seine endlosen Generationen angehörenden Zwecke verfolgend, solche Menschensatzungen und Bedenken wie Spreu wegbläst.“ Im Stadium der Leidenschaft werden selbst schüchterne Menschen mutig und tollkühn. Mitunter aber wirken Verliebte auch komisch und tragisch. Schopenhauer erklärt dies damit, dass sie nicht länger sich selbst angehörten, sondern gänzlich vom „Willen der Gattung“ erfasst seien. In ihnen handelt der „Geist der Gattung“, er bedient sich ihrer vollkommen. Wer sich in einem solchen Zustand befindet, ist gewissermaßen auch den Mühen des Alltags entrückt: „Das Gefühl, in Angelegenheiten von so transzendenter Wichtigkeit zu handeln, ist es, was den Verliebten so hoch über alles Irdische, ja über sich selbst emporhebt und seinen sehr physischen Wünschen eine hyperphysische Einkleidung gibt, dass die Liebe eine poetische Episode sogar im Leben des prosaischsten Menschen wird.“

Mancher schleppt den unerfüllten Drang nach Liebe wie einen „Eisenblock am Fuß“ mit sich durchs Leben. Dass die Liebesleidenschaft den „Anstrich des Erhabenen“ annimmt, zeigt für Schopenhauer deutlich, auf welche Weise sich der „Geist der Gattung“ des Menschen bemächtigt, der „nicht *seine* Sache“ sucht, sondern die des Nachkommen, den er zeugen muss. Doch ist er vom „Wahn“ umfangen, als ginge es einzig um ihn und sein Glück, welches er sogar im Rausch der Sinne verlieren kann. Es ist gerade das „Nicht-*seine*-Sache-Suchen“, das Schopenhauer als Ingredienz des Herausragenden bezeichnet, welches stets der „Stempel der Größe“ sei. Darum übersieht jener Mensch, der sich in der Begierde nach Liebe regelrecht verzehrt, gänzlich „verblendet“, die Defizite des begehrten Partners, ignoriert Charakterfehler, lässt sich aber von nichts, was sich ihm andeutet, abschrecken, bis er buchstäblich enttäuscht, aller

Illusionen verlustig, aus dem Liebesrausch, der einem Trancezustand ähnelt, plötzlich erwacht: „Weil nämlich die Leidenschaft auf einem Wahn beruhte, der das, was nur für die Gattung Wert hat, vorspiegelte als für das Individuum wertvoll, muss nach erlangtem Zwecke der Gattung die Täuschung verschwinden. Der Geist der Gattung, welcher das Individuum in Besitz genommen hatte, lässt es wieder frei. Von ihm verlassen, fällt es zurück in seine ursprüngliche Beschränkung und Armut und sieht mit Verwunderung, dass nach so hohem heroischen und unendlichen Streben für seinen Genuss nichts abgefallen ist, als was jede Geschlechtsbefriedigung leistet: Es findet sich wider Erwarten nicht glücklicher als zuvor." Da auch in Bezug auf Ehen, die durch den bestimmenden Einfluss des „Geistes der Gattung" geschlossen werden, ist es für Schopenhauer nicht verwunderlich, dass nur wenige von ihnen, dass nur wenige Paare auf Dauer glücklich sind, denn der Bund findet seinen Zweck nicht in sich selbst, sondern in der „kommenden Generation". Tröstend aber fügt er hinzu, es sei nicht allein die fremdbestimmte „leidenschaftliche Geschlechtsliebe", die die beiden ja gewissermaßen ohne ihr Wissen von außen verbindet, sondern eine „auf Übereinstimmung der Gesinnung gegründete Freundschaft", die mit der Zeit hervortritt und sich als tragfähig erweist, besonders dann, wenn der Drang nach „Geschlechtsliebe" erloschen ist.

Wer aufmerksam das „Gewühl des Lebens" betrachtet, erblickt wohl Not und Plage, quälerisches Streben, unerfüllte Bedürfnisse und Triebe, entsetzliche Leiden und das verzweifelte Bemühen, sich ihrer zu erwehren, nur um die Dauer des individuellen Daseins für eine kurze Weile schmerzfrei zu verlängern. Dankbar und beglückt erfahren die Menschen jene Momente, wenn Qualen und körperliche Pein sie für einen Augenblick verlassen, und doch so bald vergessen sie, wie dankbar diese knappe Zeitspanne erfahren, genossen und ausgekostet werden könnte. In diesem Zustand der Ruhe erblickt man zuweilen Verliebte, die gar nicht nach dieser erholsamen Ruhe zu suchen scheinen, die das Leid nicht aufheben, sondern noch vermehren wollen: „Dazwischen aber, mitten im Getümmel, sehen wir die Blicke zweier Liebenden sich sehnsüchtig begegnen

– jedoch, warum so heimlich, furchtsam und verstohlen? – Weil diese Liebenden die Verräter sind, welche heimlich danach trachten, die ganze Not und Plackerei zu perpetuieren, die sonst ein baldiges Ende erreichen würde, welches sie vereiteln wollen, wie ihresgleichen es schon früher vereitelt haben.“ Dem Zauber der Liebe erliegt der tief pessimistisch gestimmte Philosoph Arthur Schopenhauer nicht, obgleich er zuweilen bezaubert und beeindruckt erscheint, doch in dieser Welt, die er als einen Tummelplatz von gequälten und geängstigten Lebewesen ansieht, die einander fürchten und verzehren, bleibt das Streben nach Selbsterhaltung der Art, vom „Geist der Gattung“ beseelt, nichts als die Fortsetzung einer Kette von Martertoden, die niemals abreißen wird.

Das Verhältnis der Geschlechter ist für Schopenhauer der „unsichtbare Mittelpunkt alles Tuns und Treibens“, die „Ursache des Krieges“ und der „Zweck des Friedens“, die „Grundlage des Ernstes“ und das „Ziel des Scherzes“, auch die „Quelle des Witzes“. Der Schlüssel zu Anspielungen und Sinn aller geheimen Winke, „aller unausgesprochenen Anträge und aller verstohlenen Blicke, liegt im Geschlechtstrieb verborgen. Wir finden hier den Grund für das tägliche Dichten und Trachten der jungen Menschen und oft auch der Alten, die Ursache für die lüsternen Gedanken des Unkeuschen und die stets wiederkehrende Träumerei des Keuschen, der allezeit bereite Stoff zum Scherz, eben nur weil ihm der tiefste Ernst zum Grunde liegt“. Der Geschlechtstrieb ist der „Wunsch der Wünsche“ und die „vollkommenste Äußerung des Willens zum Leben“: „Das aber ist das Pikante und der Spaß der Welt, dass die Hauptangelegenheit aller Menschen heimlich betrieben und ostensibel möglichst ignoriert wird. In der Tat aber sieht man dieselbe jeden Augenblick sich als den eigentlichen und erblichen Herrn der Welt aus eigener Machtvollkommenheit auf den angestammten Throne setzen und von dort herab mit höhnenden Blicken der Anstalten zu lachen, die man getroffen hat, sie zu bändigen, einzukerkern, wenigstens einzuschränken und wo möglich ganz verdeckt zu halten oder so zu bemeistern, dass sie nur als eine ganz untergeordnete Nebenangelegenheit des Lebens zum Vorscheine komme. – Dies alles aber stimmt damit überein, dass der Geschlechtstrieb der Kern des Willens zum Leben, mithin die Konzentration alles Wollens ist; dabei eben ich im Texte die Genitalien den Brennpunkt des Willens genannt habe. Ja man kann sagen, der Mensch sei konkreter Geschlechtstrieb; da seine Entstehung ein Kopulationsakt und der Wunsch seiner Wünsche ein Kopulationsakt ist und dieser Trieb allein seine ganze Entstehung perpetuiert und zusammenhält."

Arthur Schopenhauers Betrachtungen zum Phänomen Liebe hinterlassen einen faden Beigeschmack. Die dezidiert konservative, gleichsam ausgesprochen unphilosophische Haltung des Denkers befremdet, seine Ansichten über die Differenz der Geschlechter erweisen sich als gesellschaftlich damals durchaus goutierte, faktisch aber abstruse Konstruktionen bornierter Biedermeierlichkeit, die zudem auch dem Geist der Aufklärung schroff entgegengesetzt sind.

V. Philosophische Theorien der Liebe im 20. Jahrhundert

Bei der Lektüre etlicher philosophisch inspirierter Abhandlungen über die Liebe zeigt sich ein bemerkenswertes Phänomen, das im ersten Moment überraschend erscheint: Zustimmend-vergnügt entdecken wir die mitunter oft beinah unbegreifliche, zeitlose geistige Frische in den Texten aus der Antike, die uns durch ihre Weisheit prägende, eindrucksvolle und nachhaltige Leseerfahrungen schenken. Der sprachliche Zauber, die kühne Leidenschaft des Denkens und die Tiefsinnigkeit der oft federleicht dargebotenen Einsichten lassen uns Platon oder Ovid nahezu als Zeitgenossen ansehen, die unser Denken und Fühlen erahnt, unsere Hoffnungen und Sehnsüchte gekannt, ja geteilt zu haben scheinen, so geistig nahe, so lebendig mutet ihr Philosophieren an. Das wäre noch nicht weiter erstaunlich, wenn andererseits gewiss ebenso sorgfältig verfasste Arbeiten, die zur Philosophie der Gegenwart gehören, ja möglicherweise von Menschen unserer Zeit geschrieben wurden, uns nicht eigentümlich kalt lassen würden.

In diesem Abschnitt der philosophischen Reise durch das weite Land der Liebe gelangen wir ins Zeitalter der Moderne und versuchen zunächst die Denkwege eines Philosophen zu erschließen, der zu seinen Lebzeiten geschmäht und gefeiert wurde wie kaum ein anderer Wissenschaftler des zwanzigsten Jahrhunderts. Es handelt sich um einen umfassend gebildeten Mann, der ein großer Wissenschaftstheoretiker war, der Vordenker einer mathematisch ausgerichteten Philosophie, ein leidenschaftlicher Pazifist und entschlossener Kämpfer wider Borniertheit aller Art: Sein Name ist Bertrand Russell.

Bertrand Russell

Russells Werk über die Liebe trägt den unscheinbaren Titel „Ehe und Moral“. Dem Philosophen wurde eine ganz besondere Ehre zuteil: Bertrand Russell erhielt für diese Schrift den Literaturnobelpreis. Schon dieses Faktum lässt uns innehalten. Ein philosophisches Werk des zwanzigsten Jahrhunderts, das exzellente literarische Qualitäten aufweisen soll – das ist nur schwer vorstellbar. Wer aufmerksam Verlagsprogramme durchmustert, entdeckt rasch, dass nur wenige Werke des 1975 verstorbenen Bertrand Russell derzeit lieferbar sind. Der Band „Ehe und Moral“ ist seit Jahrzehnten vergriffen, und kein Verlag hat es für nötig befunden, dieses Opus neu aufzulegen. Auch Seminare zur Moralphilosophie Bertrand Russells werden an den Universitäten hierzulande nur selten angeboten. Aus dem hartnäckigen Desinteresse der Gegenwart auf den Gehalt eines Werkes schließen zu wollen, erscheint nicht ratsam. Indessen lohnt doch eine Lektüre dieses Buches, das essayistische Qualitäten aufweist. Es handelt sich um einen schwungvoll verfassten Bericht, um eine kleine Geschichte der Liebe, pointiert und mit aufklärerischem Pathos, kurzum: das Plädoyer eines liberalen Moralisten für einen freisinnigen, humanistischen und undogmatischen Umgang mit den Phänomenen Ehe und Moral, Liebe und Sexualität. Wir können uns leicht vorstellen, dass Bertrand Russell mit diesem Werk zum Zeitpunkt seines Erscheinens den neuralgischen Punkt pietistisch geprägter Gesellschaften traf, damit lebhafte Empörung hervorrief und vielerorts endgültig zur „persona non grata“ wurde. Ebenso verstehen wir, dass der Nobelpreis sicherlich primär nicht „Ehe und Moral“ zuerkannt werden sollte, weil es sich um ein literarisches Meisterwerk handelte, sondern es galt, einen unbequemen, widerborstigen Denker auszuzeichnen. Das war eine mutige Entscheidung, besonders für die Mitglieder der schwedischen Akademie, und es ist müßig, darüber zu urteilen, ob der Philosoph Russell den Preis für dieses ganz und gar nicht belletristische Werk verdient hatte. Wer sich diese Studie heute vergegenwärtigt, muss über profunde Kenntnisse der Geschichte des neunzehnten und zwanzigsten

Jahrhunderts verfügen, um zu erkennen, welche Provokation dieser vergleichsweise harmlos anmutende Traktat darstellte – denn heute, etliche Jahrzehnte nach der „sexuellen Revolution" im Zuge der Achtundsechziger-Bewegung, wirkt dieser große Essay von Bertrand Russell trotz einer Fülle kluger Gedanken und geistreicher Bemerkungen eigentümlich abgetan und weitschweifig, ja geradezu altväterlich, abgeschmackt und altmodisch. Diese Beobachtung mag paradoxerweise durchaus für das vorliegende Werk „Ehe und Moral" sprechen. Hätte ein Aufklärer nicht wahrhaft sein Ziel erreicht, wenn kühne Ideen, über die sich die Zeitgenossen des Denkers lebhaft und heftig erregten, zum Gemeingut werden? Vielleicht hätte Russell tatsächlich gesagt: „Das Buch wird heute nicht mehr verlegt, und das muss es auch nicht. Schließlich habe ich mein Ziel, das ich mit dieser Schrift verfolgte, erreicht."

Welches sind nun die wesentlichen Aussagen und Gedanken in Sachen Liebe, die uns Bertrand Russell in „Ehe und Moral" mitteilt? Neben dem essayistischen Stil, der sämtliche ethische Schriften des britischen Philosophen kennzeichnet, fällt ein eminent antiklerikaler Zug auf. Russell artikuliert sich schneidig und selbstbewusst, attackiert forsch puritanische Spießbürgerlichkeit und zeigt mit beißendem Spott die Grenzen pietistisch geprägter Moralistik auf. Der Philosoph möchte verdeutlichen, wie engherzig, verklemmt und töricht über Liebe, Lust und Leidenschaft gesprochen wird, und geißelt mit galligem Witz die bizarre Lächerlichkeit dogmatischer Moralauffassungen. Dass die christlich-konfessionell gebundene Ethik – die Kritik des Protestantismus fällt dezidierter aus als die des Katholizismus – wenig Zustimmung bei Russell finden, überrascht nicht im Hinblick auf die klerikale Vernunftfeindlichkeit, die widernatürliche Zügelung des Sexualtriebs durch asketische Ideale und die ignorante Ausblendung der Leidenschaften der menschlichen Seele. In gleicher Weise fallen Russells Urteil über die „Modephilosophien", vielleicht besser gesagt: Pseudo-Wissenschaften, seiner Zeit aus. Siegmund Freuds Psychoanalyse und die Spielarten des Marxismus greifen in der Deutung von Mensch, Welt und Kultur, natürlich auch von Liebe und Sexualität, auf geradezu einfältige

Weise viel zu kurz. Bertrand Russell verspottet die simple Weltsicht der Marxisten, die die gesellschaftlichen und auch die zwischenmenschlichen Verhältnisse mit einer schon kurz nach der Abfassung in ihrer Strahlkraft verblassten ökonomischen Theorie erklären wollen, deren intellektuelle Dürftigkeit, gepaart mit einem naiven Glauben an universelle Weltbeglückung, nur die Einfalt ihrer Anhänger zeigt. Wer die Liebe im Lichte kapitalistischer Produktionsverhältnisse und aberwitziger geschichtsphilosophischer Entwürfe betrachtet, würde kaum Bedenkenswertes zu dem menschlich-allzumenschlichen Phänomen und dessen existenzieller Dimension zu bemerken wissen. Für nicht minder töricht hält Russell die Psychoanalyse, die in wissenschaftsgläubigem Reduktionismus die wechselvollen Verhältnisse, in denen ein jeder Mensch lebt, denkt und agiert, mit einer Theorie deutet, welche sich ausschließlich auf frühkindliche sexuelle Erfahrungen und Fantasien beruft, als erhielte man im Geburtskanal die fortdauernd prägenden Eindrücke fürs ganze Leben. Für Bertrand Russell erweisen sich solche Erklärungsansätze bestenfalls als bedingt gültig. Mit argumentativer Vehemenz, manchmal geradezu berserkerhaft, zeigt er den in seiner Zeit außerordentlich populären Lehren, die zudem über den Charme des Neuen gegenüber der tradierten Moralistik des Christentums verfügten, entschieden die Grenzen auf. Der Philosoph agitierte eben nicht allein gegen die Kirchen und den Ungeist des Puritanismus, er wendete sich nicht minder entschieden gegen seiner Auffassung nach para- und pseudowissenschaftliche Lehrgebäude, die im Grunde nur szientistische, säkulare Religionen sind, mit ebensolchen fanatischen Anhängern.

Bertrand Russell erklärt die bestehenden Theorien für unzureichend und fordert, eine Geschlechtsmoral nicht nach beliebigen Prinzipien zu konzipieren, auch nicht durch abschätzige Begriffe wie „außerehelich“ sich eine erhabene Position anzumaßen und Menschen zu stigmatisieren, sondern aufrichtig und ehrlich das Innenleben der Betroffenen zu würdigen und zu respektieren. Die Anerkennung, den Blick für die menschliche Seele gerade in Fragen der Liebe geschärft zu haben, gebührt den Dichtern, die Russell zufolge in dieser diffizilen Problematik wesentlich kundiger sind als diejenigen Denker, die Moralsysteme ersinnen oder die Wirklichkeit menschlicher Lebensformen und Liebesarten mit monokausalen Deutungsmustern glauben beurteilen zu können. Russell empfiehlt eine positive Einschätzung der Sexualität und die entsprechende Wertschätzung der Triebsphäre. Warum äußern sich so viele Menschen hierzu negativ? Für den Philosophen bestehen zwei Beweggründe, die zu einer engherzigen Sicht dieser Sphäre menschlichen Lebens führen: die gramvolle, jähzornige und grimmige Eifersucht sowie die sexuelle Erschöpfung, die er als Zivilisationskrankheit bestimmt. Plastisch schildert Russell ein Beispiel des moralisierenden Frustrierten: „Jedesmal, wenn wir auch nur die leiseste Eifersucht empfinden, kommt uns der Geschlechtsakt ekelhaft und der dazu führende Trieb abscheulich vor. Wenn es nach ihm ginge, hätte der ausschließlich triebhafte Mann den Wunsch, dass alle Frauen ihn und nur ihn lieben. Alle Liebe, die sie vielleicht anderen Männern erweisen, erzeugt in ihm Gefühle, die leicht in moralische Verzweiflung übergehen können. Das ist insbesondere dann der Fall, wenn es sich um die eigene Ehefrau handelt … Wenn der triebhafte Mann dahinter kommt, dass seine Frau ihn betrogen hat, erfüllt ihn tiefe Abscheu sowohl gegen sie als gegen ihren Liebhaber, und er zieht den Schluss, alle Sexualität sei gemein. Dies wird besonders dann der Fall sein, wenn er durch Ausschweifungen oder hohes Alter impotent geworden ist." Russell würde vermutlich weiterhin unterstellen, ob berechtigt oder nicht, dass der sexuell erschöpfte Mann der beste Anhänger einer dogmatischen Lehre wäre, die etwa bestehende kapitalistische Produktionsverhältnisse in umfassender Weise für diese Situation verantwortlich machte. Der Frustrierte bemüht in munterer Verdrängung seltsame Deutungen, um ein für ihn eigentlich einfach zu erklärendes Verhalten als unbegreiflich hinzustellen oder die wahren Gründe hierfür zu verschleiern.

Ein weiteres Problem, das in den Bereich der sexuellen Erschöpfung fällt, ist für Russell die Macht der Gewohnheit, sofern die Frau an Attraktivität eingebüßt hat oder spürt, dass der ermattete Partner sie nicht mehr umwirbt, sondern eher eine Art Pflichtübung praktiziert und die triebhafte Dimension gänzlich ausgeblendet wird. Neben den moralisierenden Asketen gibt es auch eine nicht geringe Zahl von Menschen, die nach exzessivem Genuss streben. Wer auf diese orgiastischen Vergnügungen und das ziellose Umherschweifen aufmerksam wird, wendet sich, wofür Russell durchaus Verständnis zeigt, asketischen Ansichten zu. Die Askese ist auch als Bedürfnis nach Trost zu verstehen, als Ausgleich, um die Leere des Daseins zu ertragen. Indessen führt die melancholisch-depressive Stimmung leicht zur Verwünschung jeglicher Sexualität, somit erfolgt der Umschlag in das andere Extrem: die monastische Existenz, verbunden mit der schroffen Negation triebhaft-sexuellen Vergnügens. Bertrand Russell widmet sich ausgiebig, indessen ein wenig eindimensional und schablonenhaft, der paulinischen Ethik, die prägend für die christliche Moral wurde. Der Philosoph vermisst, dass die Ehe, mit ihr auch Liebe und Sexualität, als etwas Schönes, Erstrebenswertes und Beglückendes dargestellt werden. Stattdessen scheint der Apostel einzig darum bemüht gewesen zu sein, die Vermeidung der Unzucht zu predigen, als sei der Geschlechtsverkehr ein Hindernis auf dem Weg zur ewigen Seligkeit: „Er weist mit keinem Wort darauf hin, dass die Ehe etwas wirklich Gutes oder die Liebe zwischen Mann und Frau etwas Schönes und Erstrebenswertes sein kann, ebenso wenig interessiert ihn die Familie. Im Mittelpunkt seiner Gedanken steht die Unzucht, und seine ganze Sexualethik ist darauf ausgerichtet. Es ist geradeso, als ob man behauptete, der einzige Grund für das Backen von Brot sei, die Leute am Stehlen von Kuchen zu hindern."

Nun verkennt Bertrand Russell nicht, dass die römische Gesellschaft des ersten nachchristlichen Jahrhunderts in vielerlei Hinsicht moralisch nicht unbedingt vorbildlich lebte, ein flüchtiger Blick auf die tyrannischen Herrscher, von Caligula bis Nero, genügt, jedoch vermutet er, dass es sich hier weniger um ein Korrektiv zu sittlichen Fragwürdigkeiten handelt. Russell bezeichnet es vielmehr als närrisch, schlicht albern und in der Konsequenz gefährlich, dass aller Geschlechtsverkehr außerhalb der Ehe und auch innerhalb der Ehe selbst, sofern dieser nicht in die Schwangerschaft mündet – wie dies die christliche Ethik nach Paulus ausführt –, als unmoralisch bzw. höchst bedauerlich, ja sündhaft diffamiert wird. Nur der Wunsch nach Kindern erscheint legitim, um das offenbar verstörende Phänomen der menschlichen Sexualität zu rechtfertigen. Dass diese ausgelebte Leidenschaft auch ein wirklich schöner Ausdruck der zwischenmenschlichen Liebe sein kann, wird selbstgewiss ignoriert oder brüsk abgelehnt. Bertrand Russell versucht, die Gepflogenheiten der römischen Antike zu würdigen, verkennt aber – und scheint dies mitunter zumindest unbewusst zu spüren –, dass die Gesellschaft, die quasi noch als Konkurrenzmodell zur aufkeimenden Christlichkeit gilt, porös, luxurierend und dekadent geworden war, gekennzeichnet durch orgiastisches Treiben und eine nahezu postmodern zu nennende, lustvoll zelebrierte Gleichgültigkeit, zu der blutrünstige Zirkusspiele ebenso gehörten wie ein nicht unbedingt liebenswürdiger Umgang mit den Mitmenschen. Die polemische Zuspitzung, die die im schier unaufhaltsamen Niedergang begriffene römische Kultur und ihre Sitten – nicht umsonst kritisierten Philosophen wie Seneca vehement den Verfall der „Tugend" (= „virtus") – gegen die christliche Moral nach paulinischer Prägung behaupten soll, überzeugt nicht, so gerecht der Eifer, so nachvollziehbar Russells Einwände wider den ethischen Rigorismus auch sein mögen. Der Philosoph diagnostiziert vornehmlich eine Wirklichkeitsferne, die inhumane Züge trägt, da der sakramentale Charakter der Ehe – der allerdings erst Jahrhunderte nach Paulus festgesetzt wird – die Unauflöslichkeit dieser Verbindung setzt, ungeachtet der Möglichkeit, dass die Partner sich einander entfremden können, gleichgültig gegenüber dem möglicherweise zweifelhaften Charakter des Ehemannes, der Ehefrau, der sich erst mit den Jahren zeigt. Dass der Protestantismus in dieser Frage theoretisch milder gewesen sei, praktisch aber noch strenger als der Katholizismus, führt Bertrand Russell sodann aus. Die Geschichte von Liebe, Ehe, Moral und Sexualität in den folgenden Jahrhunderten wird, etwas holzschnittartig, in ihrer gesellschaftlichen Dimension veranschaulicht: „Wo sich der Protestantismus lebenskräftig erwies, ging er auch von der Doktrin des Sakraments der Ehe ab und duldete die Scheidung unter gewissen Umständen. Aber die Protestanten verabscheuten die Unzucht noch mehr als die Katholiken und waren noch strenger in ihrer moralischen Verurteilung. Die katholische Kirche erwartete ein gewisses Maß von Sünde und traf Vorkehrungen, um damit fertig zu werden. Die Protestanten hingegen verzichteten auf das katholische Verfahren der Beichte und Absolution und überließen den Sünder einer viel hoffnungsloseren Lage als sie die katholische Kirche bot."

Russell widmet sich ausgiebig, und oft kurzweilig erzählend, dieser Geschichte der christlichen Sexualmoral und dem Aufweis ihrer Grenzen, versäumt aber die Auswirkungen dieser Praktik auf die existenzielle Bedeutung des Phänomens der Liebe in Bezug auf die verschiedenen Zeiten zu analysieren; er kritisiert heftig, bleibt aber ganz und gar einem munter formulierenden Aufklärertum verhaftet. So behauptet der Philosoph, dass an dieser Einstellung zur Sexualität nicht die Gläubigen, sondern die christlichen Kirchen litten, und unterschätzt doch naiv, wie prägend deren Einfluss auf große Teile der Bevölkerung war, insbesondere eben auf die Ungebildeten. Andernorts gesteht er dies wiederum ein und arbeitet hartnäckig an dem Erweis der klerikal sanktionierten Herzenskälte, die sich schon in der verwendeten Begrifflichkeit zeigt. Man darf freilich nicht gänzlich verkennen, dass die christliche Sexualmoral – so berechtigt die dezidierte Kritik ihres absoluten Anspruchs auch ist – ein wenig die Rechte der Frau stärkte, da der Ehebruch eben nicht länger, wie in der Antike, zumindest theoretisch, als bloßes „Eigentumsdelikt" aufgefasst wurde, sondern als moralisch verwerfliche Handlung, als Sünde. In Wirklichkeit rechtfertigten die christlichen Kirchen bis in die Gegenwart hinein patriarchalische Herrschaftsstrukturen. Richtig sieht Russell hingegen, dass die intensiven Regungen des menschlichen Gemüts von Predigern der Askese kaum angemessen gewürdigt werden konnten, und beschreibt anschaulich die lange Zeit vorherrschende negative Einstellung zur körperlichen Schönheit der Frau, die als „Tor zur Hölle" und „wirksamstes Instrument des Teufels" (W. E. H. Lecky) angesehen wurde. Erst im Zeitalter des Minnesangs wird die romantische Verklärung einer unnahbaren

Frau möglich, doch Russells Analyse der Lyrik bleibt oberflächlich, da die Erfahrung der Sexualität in verschiedenen Formen dieser Dichtung mit leiser Metaphorik sehr einfühlsam geschildert wird, freilich auch als heimlicher Protest gegen die bestehenden Moralauffassungen. Bertrand Russell führt aus: „Die Liebesdichtung ist jedoch nicht das einzige Ziel der Liebe, denn romantische Liebe kann selbst dort gedeihen, wo sie nicht zu künstlerischem Ausdruck führt. Ich persönlich bin der Auffassung, dass die romantische Liebe die Quelle der höchsten Wonnen ist, die das Leben zu bieten hat. In der Beziehung zwischen einem Mann und einer Frau, die sich mit Leidenschaft, Geist und Zärtlichkeit lieben, liegt etwas von so unschätzbarem Wert, dass es ein großes Unglück für jedes menschliche Wesen bedeutet, diese Freuden nicht zu erleben. Ich halte es für wichtig, dass die Gesellschaftsordnung diese Freuden gestattet, obgleich sie nur eine Würze des Lebens und nicht dessen Hauptzweck sein können."

Im Anschluss an die kurze und auch zu kurz greifende Betrachtung der Minnelyrik folgt ein Abschnitt zur berückenden Stimmung romantischer Liebe, die gar nicht mit der nüchternen und oft auch ernüchternden Alltagserfahrung der Ehe korrespondiert. Menschen, so Russell, die aus lauter Übermut der romantischen Liebe verfallen, einander heiraten, schreiben sich eine Vollkommenheit zu, die nur in der Fantasie, nicht aber in der erfahrbaren Wirklichkeit begründet liegt. Sie begegnen sich mit überzogenen Ansprüchen, doch das Zusammenleben gleicht niemals dem Traum von einer ununterbrochenen irdischen Seligkeit. Auch was sich über den Geschlechtstrieb auf beste Weise zueinander fügt, muss von der Wesensharmonie unterschieden bleiben, denn zur Ehe genügen nicht enthemmte Heiterkeit und lustvoller Daseinsgenuss oder hemmungslose Freude an der Wirklichkeit und Nähe des anderen. Zwar lässt sich die romantische Stimmung nutzen, sie befördert die Eheschließung, bahnt den Weg, aber das Glück der Liebe besteht dauerhaft nur, sofern der Partner nicht in poetische, verzückte Betrachtungen und illusionäre Erwartungen wie in einen „rosaroten Nebel" eingehüllt ist. Die Ehe, wie Russell sagt, muss auch dem sozialen Zweck genügen, somit eine vielschichtige, innige Intimität erreichen: „Außerdem ist die Ansicht, dass die romantische Liebe von ausschlaggebender Bedeutung für die Ehe ist, zu anarchisch, denn sie vergisst wie Paulus, nur in umgekehrten Sinne, dass es die Kinder sind, die der Ehe ihren Sinn verleihen. Wenn es nicht um die Kinder ginge, erübrigte sich eine Einrichtung zur Regelung geschlechtlicher Beziehungen; sobald aber Kinder auf der Bildfläche erscheinen, sind Mann und Frau, wenn sie auch nur ein wenig Verantwortungsgefühl oder Zuneigung für ihre Sprösslinge haben, zu der Einsicht gezwungen, dass ihre Empfindungen füreinander nicht mehr von maßgebender Wichtigkeit sind." Ganz unerwartet, wenn auch ein wenig eigenwillig, plädiert Russell für die Zeugung von Nachkommenschaft. Die positive Wertschätzung der Kinder zeigt, dass der anarchische Zustand einer fröhlichen Ungebundenheit, die nach Belieben Lust und Leidenschaft genüsslich zu mehren sucht, sozusagen gewaltsam beendet werden muss. Somit erscheinen die Kinder wie ein disziplinierender Faktor. Sie zügeln durch ihr bloßes Dasein den Egoismus ihrer Eltern und zeigen, dass die zwischenmenschliche Liebe, die eben noch als das Wichtigste überhaupt empfunden wird, zwar nicht bedeutungslos, aber auch nicht so herausragend ist, wie sie eben noch glaubten. Heute würden wir von davon sprechen, dass die vermeintlich so belangvolle „Selbstverwirklichung", die in einer Entfaltung der eigenen Fähigkeiten, Erhöhung des persönlichen Einflusses und eines wie immer konturierten und verschiedentlich kompensierten Geltungsstrebens sich ausdrückt, im Grunde nebensächlich ist. Ob dies den Eltern aber bewusst wird, wenn, wie Russell schreibt, ihre Zuneigung zu den Kindern äußerst begrenzt ist, muss doch bezweifelt werden, zu viele grausige Beispiele verwahrloster und vernachlässigter Kinder kommen uns dabei in den Sinn. Gleichwohl richtig ist, dass dieses Bewusstsein sich ausbildet und deutlicher formt, sofern ein Maß an Verantwortungsgefühl schon besteht und die Eltern das Kind als Geschenk annehmen, als bereichernd empfinden, so dass es auch ihrem Dasein einen neuen Sinn gibt. Die Erkenntnis indessen, dass die Verwirklichung des eigenen Selbst als Fixierung auf die Wünsche, Erwartungen und

Talente des Ich – oder auch des Partners – nicht wesentlich ist, sondern dass besonders derjenige Mensch die Bestimmung seines Lebens erkennen kann, der einsieht, wie unwichtig sein Wollen und Begehren ist, im Blick auf das Kind oder die Familie, hat vielleicht von dem Facettenreichtum und dem besonderen Wert der Liebe mehr verstanden als der romantische Träumer. Zumindest glaubt dies Bertrand Russell.

Er wendet sich, auch dies gehört zum aufklärerischen Impetus seines Werkes, den Tabus im Bereich der Sexualität zu und nennt es töricht, dass etwas, das unbestreitbar zur menschlichen Natur gehört, als unsauber bezeichnet wird. Man könne solche Konversationen und das Erleben der Liebe in all ihren Dimensionen und Ausprägungen nur mit radikalen Maßnahmen unterbinden, nämlich – so legt der Philosoph sarkastisch dar – mit einem konsequenten Ausgehverbot für junge Mädchen, es sei denn in Begleitung mütterlicher Gefährtinnen. Frauen vor der Menopause müsse das Autofahren verweigert werden, empfehlenswert seien zudem polizeiärztliche Untersuchungen für Alleinstehende. Unverheiratete Frauen, die ihre Jungfernschaft eingebüßt hätten, seien einzusperren. Nach etwa einhundert Jahren, so Russell, wäre dann vielleicht die viel beklagte Unmoral in der Gesellschaft verschwunden, es bestünden nur noch wohl geordnete Partnerschaften, und am besten sollten auch noch, um Übergriffe zu verhindern, Ärzte und Polizisten kastriert werden, ja alle Männer, mit Ausnahme der Pfarrer der christlichen Kirchen. Es ist immer wieder erstaunlich, wie bunt die Vorstellungswelt des Bertrand Russell sich ausnimmt und wie ingeniös er mit rhetorischem Geschick die Absurdität eines Moralsystems wie das des Pietismus, das er „tot wie eine Mumie" nennt, enthüllen kann. Der Philosoph plädiert für eine aufgeklärte Sexualmoral und für einen vorurteilsfreien Umgang der Menschen untereinander in Sachen Liebe. Wer offen über diese Dimension menschlicher Existenz spricht, bewahrt auch die Jugend vor einer Versessenheit, sich ausschließlich mit sexuellen Fragen zu beschäftigen. Die Mystifizierung fördert die Neugierde, unbegründete Verbote reizen zur heimlichen Überschreitung des Erlaubten: „Die Tatsache, dass aus der Sexualität ein Geheimnis gemacht wird, erhöht die natürliche Neugierde der Jugend auf diese Dinge beträchtlich. Wenn die Erwachsenen das Geschlechtsleben wie jedes andere Thema behandelten und dem Kinde Antworten auf alle seine Fragen und so viel Auskunft erteilten, wie es wünscht oder verstehen kann, würde das Kind niemals zu der Vorstellung der Unanständigkeit gelangen; denn diese Vorstellung beruht auf der Meinung, dass bestimmte Themen nicht erwähnt werden dürfen. Der sexuelle Wissensdrang klingt wie jeder andere ab, wenn er befriedigt ist. Deshalb ist der beste Weg, junge Menschen vor Versessenheit auf geschlechtliche Dinge zu bewahren, ihnen gerade so viel darüber zu erzählen, als sie gerne wissen möchten." Die frische Luft entgiftet das heikle Thema, und ähnlich verhält es sich auch bei der Frage der Nacktheit. Wäre sie in Mode, bestünde keinerlei Reiz. Russell empfiehlt ganz praktisch, was natürlich für die Gesellschaft seiner Zeit ein herber Bruch mit bestehenden Konventionen war, heute aber wie selbstverständlich einleuchtet: „Je mehr die Prüden das erlaubte Maß von Sexappeal beschränken, desto weniger braucht man, um einem solchen Reiz Wirkung zu verschaffen."

Bertrand Russell erörtert weiterhin verschiedene Probleme, die sich mit der Liebe wesentlich erst im Zeitalter der Moderne verbinden. Die Darstellung bleibt mitunter ein wenig blass, was weniger an der diskutierten Thematik, vielmehr an einer etwas lässigen Ausführung liegt. So liefert der Philosoph profunde Einsichten, schreibt zuweilen auch mit der ihm eigenen Verve, viel zu oft jedoch streift er Banales und Triviales, bis ihm schließlich immanente Widersprüche unterlaufen. Während die liebevolle partnerschaftliche Verbundenheit zuvor noch gegenüber der Familie als nachrangig eingeschätzt wurde, folgen wir hier einem Hymnus auf den Weg zu zweit, der indessen doch von störenden Faktoren erheblich beeinträchtigt wird. Wer etwa dem „Evangelium der Arbeit" anhängt, scheint für zwischenmenschliche Liebesbeziehungen untauglich geworden zu sein, wie ein ausgemachter Narr verhält sich, wer die Karriere der Liebe gänzlich opfert, obgleich Russell ihm eine tragische Heldenhaftigkeit zubilligt. Der Philosoph warnt, das Streben nach Erfolg als allzu wichtig zu erachten und darüber hinaus die Eroberung des privaten Glücks zu versäumen. Obsessionen, gleich welcher Art, erweisen sich als ungünstig, der Arbeitswütige taugt nicht länger zum Liebenden, denn, zugespitzt formuliert, führt die berufliche Fortbildung zu einer emotionalen Verkümmerung, zu einem Schwund der Liebesfähigkeit.

Was zeichnet die Liebe nach Auffassung Bertrand Russells aus? Er beschreibt sie als etwas Großes, Großartiges und Gewaltiges, das weit über das bloße Bedürfnis nach Triebbefriedigung hinausreicht. Nach seiner oft ein wenig holzschnittartig verfassten Geschichte der Liebe, Lust und Leidenschaft von der Antike bis heute würde man nicht vermuten, dass der Philosoph die Liebe nun gar als existenziellen Ausweg bestimmt, in einem Zeitalter metaphysischer Unbehaustheit und Isolation des Individuums in der Massengesellschaft als „Hauptmittel zur Flucht vor der Einsamkeit", da beinah jeder Mensch eine „tief sitzende Furcht vor der kalten Welt" verspürt und sich vor der „Grausamkeit der Herde" ängstigt – und von nichts anderem erfüllt ist als von der „Sehnsucht nach Liebe": „Leidenschaftliche gegenseitige Liebe macht, solange sie anhält, diesem Furchtgefühl ein Ende. Sie reißt die harten Mauern um das Ich ein und bringt ein neues Wesen hervor, das aus zwei in einem entsteht." Bertrand Russell preist die intensiv erfahrene Zweisamkeit und führt aus, dass eine vollständige Befriedigung des Triebes nur erreicht werden kann, sofern Seele und Körper beteiligt sind und in dieser Verbindung nicht der hemmungslosen Lust des Augenblicks gefrönt, sondern die tiefe Zusammengehörigkeit erfahren und sozusagen stets aufs Neue bekräftigt und vertieft wird. Sichtbare Kennzeichen einer kontinuierlich wachsenden Liebe, die gleichwohl bei dem von Russell apodiktisch als polygam eingeschätzte Wesen Mensch gefährdet und zerbrechlich, von Auflösung und Verfall bedroht ist, sind die wechselseitige Vertrautheit, das stumme, schweigende Einverständnis und die stabile Freundschaft, die zeigt, dass die Liebenden sowohl geistig-intellektuell wie seelisch-emotional eng miteinander verflochten sind. Eine solche Partnerschaft aber wird nur eingehen und als unendlich bereichernd erleben, wer nicht der besonders in der Zeit juvenilen Übermuts drohenden Gefahr erliegt, die erotische Attraktivität körperlicher Schönheit zu überschätzen und die gegenseitige Anziehung, die sodann besteht, als Ideal der wahrhaften Liebe misszuverstehen. Bertrand Russell verweist auf den eigentümlichen Wert einer hingebungsvollen Zuwendung, begreift die Individualität als Aufgabe. Die Bestimmung des Menschen ist es, sich nicht auf sich selbst zu konzentrieren, sondern sich in einem aufgeschlossenen Verhältnis zur Welt für Ideen einzusetzen, gemeinschaftlich mit anderen Menschen tätig zu werden oder auch durch die Arbeit, zum Beispiel an einem Kunstwerk, positiv gestaltend zu wirken. Das Höchstmaß dieser Hingabe besteht in der aufrichtigen zwischenmenschlichen Liebe, die weder besitzergreifend noch selbstbezogen ist: „Wenn Liebe den Wert haben soll, von dem wir sprechen, muss sie das Ich der geliebten Person als so wichtig empfinden wie das eigene Ich und muss die Gefühle und Wünsche des anderen erfassen als wären es die eigenen, das heißt, es muss eine instinktive und nicht bloß bewusste Erweiterung des egoistischen Gefühls bestehen, die die andere Person mit einschließt." Ein wenig rätselhaft, auch widersinnig mutet es an, dass Bertrand Russell einerseits die außerordentliche Bedeutung der zwischenmenschlichen Liebe betont – übrigens bei allem aufklärerischen Ehrgeiz ausschließlich als gegengeschlechtliche Liebes- und Lebensgemeinschaft verstanden –, andererseits aber die Rolle der Triebbestimmung so hoch ansetzt, dass die Trennungsfähigkeit und -bereitschaft vorausgesetzt werden und, salopp formuliert, gelegentliche Seitensprünge gestattet sind, da die Liebe als „eigenmächtige Kraft" sich offenbar jeder Regulierung entzieht oder gar widersetzt. Dies passt jedoch nicht zu den von Russell aufgeführten Hinweisen auf die eminente Wichtigkeit einer sympathetischen Verbundenheit, geistig wie körperlich, die bei einer solch ungezügelten und schier unbeherrschbaren Macht wie der Liebe auch dann offenbar nicht ganz so wertvoll, wie zuvor behauptet, sein kann. Für den Philosophen sind Ehescheidungen und zerbrochene Partnerschaften Zivilisationsfolgen. Seines Erachtens verlangen Menschen, die ihre Neigungen und Fähigkeiten immer weiter ausbilden, dass die Partner ihnen entsprechen. So möchten sie also die schönste, intelligenteste und herzlichste Frau, den erfolgreichsten, sportlichsten und talentiertesten Mann für sich gewinnen, nicht aber unbedingt jene, verglichen mit diesem hohen Anspruch, nur minder geeignete Dame, jenen nur unzureichend die hochgesteckten Ideale erfüllenden Herrn, mit dem sie partnerschaftlich-ehelich verbunden sind. Inwieweit sollte man Russells Gedanken hierüber ernst nehmen und auch bedeutungsvoll diskutieren? Vielleicht könnte es ratsam sein, diese Reflexionen eher milde zu beurteilen und abzuschwächen, ja auch zurückzuweisen, da sie doch seiner Grundintention zu widersprechen scheinen. Gewiss richtig weist der Philosoph darauf hin, dass die Liebe, ob sie nun den Status einer Ehe hat oder nicht, offenbar dem hohen Anspruch, den er selbst an diese Partnerschaft stellt, nicht genügt, also eine bloß temporär geschlossene, flüchtige Zweckgemeinschaft ist, bis die Illusionen verflogen sind, genauso wie eine reine Kameradschaftsehe, in der die erotische Komponente auf eine leidige Pflichtübung reduziert ist, nicht Bestand haben wird. Ob die wechselseitige sexuelle Vertrautheit aber tatsächlich zur Abstumpfung führt und die erotische Leidenschaft nur durch einen neuen Partner wieder belebt werden kann, das bleibt doch zu bezweifeln, zumal man hier nur die dürftige Legitimation einer laxen Sexualmoral vermutet, die wie ein Kontrapunkt zur Prüderie und Bigotterie des Puritanismus wirkt und sich wie eine Apologie der Untreue liest. Die haltbare Ehe soll, so fordert Russell, andere geschlechtliche Beziehungen im Rahmen des Zugeständnisses gegenseitiger Freiheit nicht beeinträchtigen, dann könne sie auch jene Phase überdauern, wenn die erotische Anziehungskraft verschwunden ist. Niemals sollte vergessen werden, dass sexuelle Beziehungen nur als lustbringend und genussvoll erlebt werden, sofern sich die Partner in gegenseitiger Achtung begegnen, offen miteinander umgehen und zu keiner Zeit die Werbung um den anderen versäumen: „Bei geschlechtlichen Beziehungen besteht die Moral, wenn sie frei von Aberglauben ist, im Wesentlichen aus Achtung vor der Persönlichkeit des anderen und aus der Weigerung, den anderen Menschen nur als Mittel für die eigene Befriedigung ohne Rücksicht auf seine oder ihre Wünsche zu benutzen."

Bertrand Russell sucht nach Möglichkeiten, wie das Leben auf beste Weise gelingen, wie Sexualität als wahrhaft beglückend erfahren werden kann, und weist jegliche Formen eines aus seiner Sicht übertriebenen Moralismus zurück, der mit Angstgefühlen operiert, die Lehre der Sündhaftigkeit des Menschen vertritt oder auch glaubt, dass Tugendhaftigkeit allein durch unsinnige Verbote befördert werden kann.

Ein Beispiel, das vielleicht auch die Zeitbedingtheit der Schrift Russells veranschaulicht, ist das Tabu des Onanierens, dessen Folgen der Philosoph aufzeigt: „Von seiner frühesten Jugend an betrachtet sich das Kind als Sünder. Es lernt dann bald, heimlich zu sündigen und sich halbwegs damit zu trösten, dass niemand von seiner Sünde weiß. Da es todunglücklich ist, sucht es sich an der Welt dadurch zu rächen, dass es denen zusetzt, die eine ähnliche Schuld weniger gut zu verbergen im Stande waren. Wenn sich das Kind an den Betrug gewöhnt, hat es keine Hemmungen, auch im späteren Leben zu betrügen. So wird aus ihm ein krankhaft introvertierter Heuchler und Stänkerer, nur weil seine Eltern in ihrer Verbohrtheit versuchen, ihm ihre Auffassung von Tugend beizubringen." Der pädagogische Appell Russells, dass ein ausgewogenes Verhältnis zu sich selbst die Voraussetzung stabiler Beziehungen bildet, aber auch, dass der partnerschaftliche Wechsel eine Bedingung für ein glückliches Leben ist, beschließt die Ausführungen, deren gesellschaftspolitische Aspekte den philosophischen Gehalt deutlich übersteigen. Gleichsam resümierend formuliert der Philosoph: „Die animalische und die geistige Natur sollten nicht im Kampf miteinander liegen. Keine der beiden ist unvereinbar mit der anderen und keine kann ihre volle Erfüllung finden außer in Verbindung mit der anderen. Die Liebe von Mann und Frau ist in ihrer höchsten Vollendung frei und furchtlos und besteht zu gleichen Teilen aus Körper und Seele; ohne Angst vor Idealisierung, weil eine physische Grundlage da ist, und ohne Angst vor der physischen Grundlage, die vielleicht mit der Idealisierung in Konflikt kommen könnte. Die Liebe sollte ein Baum sein, dessen Wurzeln tief in der Erde stecken, dessen Zweige aber weit in den Himmel ragen. Aber die Liebe kann nicht wachsen und gedeihen, wenn sie von Tabus und abergläubischen Angstvorstellungen eingeengt und von vorwurfsvollen Worten und dem Schweigen des Grauens umgeben ist … Eine Geschlechtsmoral muss von bestimmten allgemeinen Prinzipien ausgehen, hinsichtlich derer vielleicht in recht breitem Ausmaße Einverständnis herrscht, obgleich die Ansichten über die daraus zu ziehenden Konsequenzen weit auseinander gehen. In erster Linie muss erreicht werden, dass zwischen Mann und Frau so viel wie möglich von der tiefen, ernsten Liebe aufblüht, welche die gesamte Persönlichkeit beider Menschen umfasst und zu einer Verschmelzung führt, durch die jeder von ihnen bereichert und gesteigert wird. Ferner ist wichtig, dass die Kinder körperlich und seelisch gut betreut werden." Von welcher Dauer diese „Verschmelzung" ist, die von Russell treffender als „temporäre Verbindung" hätte bezeichnet werden sollen, entscheiden die Partner selbst in Freiheit. Manche dieser Partnerschaften dauern, auch wenn dies die Vorstellungskraft des Philosophen wohl übersteigt, das ganze Leben, ohne dass sie je ermüdend, leer und trostlos geworden sind, ja sogar beständig als das höchste Glück dieser Welt erfahren werden, auch wenn diejenigen Menschen, die solches erleben, es nicht so gut in Worte zu kleiden wissen wie Bertrand Russell, dessen Verdienste als Aufklärer unbestreitbar sind, mögen seine Ansichten zur Liebe auch in unserer Zeit aus verschiedenen Gründen weniger Resonanz finden, als er vielleicht selbst vermutet hätte.

Max Scheler

Auch eine universitäre Neubelebung der Philosophie Max Schelers steht noch aus. Primär verbindet sich mit seinem Namen die Erinnerung an eine lange Zeit wenig beachtete Disziplin, an die philosophische Anthropologie, der zwar durch Immanuel Kant der Weg gebahnt wurde, die aber im Zuge der fortschreitenden Entwicklung der kritischen Gesellschaftstheorie und der soziologisch-ökonomischen Doktrinen des neomarxistischen Denkens eher randständig fortdauerte. So wie Ernst Cassirer und Arnold Gehlen versuchte auch Max Scheler, vornehmlich in den zwanziger Jahren des letzten Jahrhunderts, die vielfältigen Dimensionen menschlicher Existenz auszuloten. Beeinflusst hat seine tiefgründige Philosophie des Personalismus übrigens niemand Geringeren als den polnischen Denker Karol Wojtyla, den späteren Papst Johannes Paul II., doch in Deutschland hat Schelers Werk noch nicht die Rezeption erhalten, die ihm eigentlich gebühren würde.

Max Scheler hat nach einem tauglichen Schlüssel zu einem adäquaten Verständnis des sich selbst rätselhaften Wesens Mensch gesucht. Obwohl er die schier unausweichliche Unzulänglichkeit definitorischer Bestimmungen eingesehen hat, mit deren Hilfe andere Philosophen – unter ihnen Meisterdenker wie Aristoteles, Kant und Nietzsche – den charakteristischen Grundzug glaubten erfassen zu können, fügte auch er eine signifikante Aussage hinzu. So geht es in der Philosophiegeschichte oftmals zu: Wer die Grenzen anderer Systeme hellsichtig aufweist, errichtet alsbald sein eigenes Gedankengebäude und bleibt für die Mängel desselben gleichsam „schaffensblind“. Denken wir heute an Schelers unvollendet gebliebenes Werk „Die Stellung des Menschen im Kosmos“, so erinnern wir besonders eine Charakterisierung des Wesens Mensch, die für die von uns behandelte Thematik wichtig erscheint – die „Weltoffenheit“ des Menschen. Für Scheler ist der Mensch dasjenige Lebewesen, welches nicht allein in einer bestimmten Umwelt existieren, sondern überall zu Hause sein kann, imstande ist, sich „festzustellen“ und sich eine Sphäre, in der es ihm zu leben und zu überleben gelingt, gestalten muss. Weltoffen zu sein, das klingt sehr positiv, vernünftig, jeglicher Borniertheit entgegengesetzt, dem Leben in all seinem Reichtum und seinen Erscheinungsformen zugewandt. Doch bildet diese „Weltoffenheit“ nicht den alleinigen Weg zum Verständnis vom Menschen. Bemerkenswert ist, wie sensibel Max Scheler das Emotionale in der Ethik würdigt, scheinbar gegen eine letzthin widermenschliche Vernunftgläubigkeit rehabilitiert, und in diesem Kontext auch dem Phänomen der Liebe neue Beachtung schenkt. Liebend befindet sich der Mensch in einem ekstatischen Zustand – dem Wortsinn nach aus dem Griechischen übersetzt heißt „ekstasis“: „Aus-sich-Heraustreten“. Der Mensch befreit sich in einem übertragenen Sinne von Fesseln, verlässt den bisherigen Kreis seines Wirkens und Schaffens und überwindet seine Fixierungen, etwa die Zentriertheit auf das Ego, und wendet sich dem anderen, dem Mitmenschen, dem Ideal, für das sich zu leben lohnt, der Aufgabe für die Gemeinschaft zu oder erkennt, wie Fjodor M. Dostojewskij in „Verbrechen und Strafe“ so anschaulich beschreibt, die rettende Kraft der Liebe. Auch am Ende dieses Romans verlassen zwei Menschen den Bannkreis ihrer Individualität. Sonja und Raskolnikow treten sozusagen als Liebende aus sich heraus: „Er wusste selbst nicht, wie es geschah, aber plötzlich glaubte er, eine Kraft hebe ihn empor und werfe ihn zu ihren Füßen nieder. Er weinte und umschlang ihre Knie. Im ersten Augenblick war sie furchtbar erschrocken, und ihr Gesicht wurde leichenblass. Sie sprang auf und starrte ihn zitternd an. Aber sogleich, im selben Atemzug, verstand sie alles. In ihren Augen leuchtete unermessliches Glück; sie verstand, und es gab für sie keinen Zweifel mehr, dass er sie liebte, sie unermesslich liebte, und dass der Augenblick endlich gekommen war … Sie wollten sprechen, aber sie konnten nicht. Tränen standen in ihren Augen. Sie waren beide blass und mager, aber in diesen kranken und blassen Gesichtern leuchtete bereits das Morgenrot einer neuen Zukunft, einer gänzlichen Auferstehung zu neuem Leben. Die Liebe hatte sie auferweckt; das Herz des einen barg unerschöpfliche Lebensquellen für das Herz des anderen.“

Die rationalistische Gefühlskälte des modernen Denkens versucht Max Scheler mit seiner Philosophie zu durchbrechen, indem er die verstockte, verstandeszentrierte Glaubenslosigkeit anprangert, die an nichts außer sich selbst glaubt und die schöpferische Produktivität nivelliert, indem sie die Vielfalt menschlicher Emotionen ignoriert, diffamiert oder hochmütig verkennt. Nicht ohne polemische Zuspitzung bezeichnet der Philosoph den Menschen als „ens amans“ – wie auch die Textpassage aus Dostojewskijs Roman verdeutlicht –, der sich durch eine Liebesfähigkeit, aber auch -bedürftigkeit auszeichnet, die oftmals verborgen in diesem zerstreuten Ich schlummert, das halt- und ziellos durch die bunt illuminierte Beliebigkeit der Moderne und Postmoderne treibt und nur geweckt werden möchte, so dass das Individuum liebend zu sich selbst und zugleich zu den Mitmenschen findet. Zur personalen Identität gehört zwar unstreitig die Vernunftbegabung, doch das Gemüt als „Chaos blinder Gefühlszustände" zu begreifen, philosophisch auszublenden, hält Scheler für töricht. Seit der Aufklärungsphilosophie besteht eine „allgemeine Schlamperei in Dingen des Gefühls". Der Philosoph beklagt den „mangelnden Ernst", der für die „Tiefe der Dinge und des Lebens" aufgebracht wird, während zugleich mit „lächerlichem Überernst" und „komischer Geschäftigkeit" der wissenschaftliche Fortschritt und die Welt der Technik angesehen werden: „Hättet ihr zum Himmel sehend gesagt: Ach, das sind nur unsere Empfindungszustände, diese Lichtfunken dort, ganz dasselbe wie Bauchweh und Müdigkeit – meint ihr, es hätte dann je jene großartige Ordnung in diesen Tatsachen für euch gegeben, die der astronomische Verstand ersann? Wer hätte sie gesucht? Wer sagt euch, dass da, wo ihr nur ein Chaos verworrener Zustände seht, nicht auch eine zunächst verborgene, aber der Entdeckung zugängliche Ordnung vorliegt von Tatsachen: ‚l'orde du cœur'? Eine Welt, so geräumig, gewaltig, so reich, so harmonisch, so blendend klar wie jene der mathematischen Astronomie – nur den Gaben von viel weniger Menschen zugänglich; und nur von geringerem Nützlichkeitsinteresse als die Welt der astronomischen Körper!" Nicht einzelne Menschen, ganze Zeitalter haben diese wunderbare Sphäre im Zuge ihrer hochmögenden Betrachtungen und ihrer filigranen Begriffsartistik vergessen, sich in die intellektualistische Ödnis begeben, getrieben, heimatlos und verwirrt durch die emotionale Sprödigkeit und die Leere des Herzens.

Allerdings würde Scheler gründlich missverstanden, wenn man ihn nun als Apologeten einer seichten Gefühligkeit in der Philosophie begreifen wollte – mitnichten vermag seine Ausrichtung auf die Emotionalität, auf das Phänomen der Liebe eine solche unsachgemäße Interpretation zu legitimieren. Gerade die schroffe Zurückweisung der vielerorts betriebenen Reduktion des Menschen auf bloße Brauchbarkeit zeigt die Zeitgemäßheit der schelerschen

Philosophie – ob nun im Blick auf eine ökonomische Praxis, die die Individuen zu Produktionsmitteln herabwürdigt und entsprechend lieblos behandelt, oder hinsichtlich totalitärer Ideologien, die mit spekulativer Metaphysik utopische Zukunftsentwürfe ersinnen und für deren Umsetzung Menschen instrumentalisieren und töten. Die Besinnung auf die Emotionen, die Würdigung und Integration der Liebe in ein philosophisches Konzept, auch als Grundpfeiler für eine praktikable Ethik, könnte als notwendiges Korrektiv wirken.

Max Scheler spricht vom „ordo amoris", also von einem „Ordnungsmuster der Liebe", welches mehr Aufschluss über den Menschen als moralisches Subjekt bietet, als dies vielleicht eine imperativistische Ethik im Sinne von Kant zu leisten vermag. Möglicherweise könnte Immanuel Kants Moralphilosophie durch Schelers Einsichten ergänzt werden. Für den Menschen ist dieser „ordo amoris" mit einer „Kristallformel für den Kristall" vergleichbar. Er erhellt den Menschen, durchschaut ihn, soweit dies möglich ist, entdeckt hinter der erfahrungswissenschaftlich zugänglichen Mannigfaltigkeit die Grundlinien des Gemüts. Was das Wesen des Menschen wirklich ausmacht, darüber erfahren wir, so Scheler, ungleich mehr, wenn wir in sein Herz schauen, seine Beweggründe entdecken, aus denen er schöpft. Sokrates hätte vielleicht von dem „Daimonion" gesprochen, Scheler nennt dies, konkret gefasst, die Quelle des Menschen als Geistwesen, die mehr über ihn verrät als Erkenntnis und Wollen. Das „geistige Schema" des „ordo amoris" kommt einem „Urquell" gleich, aus dem sich alles speist, was der Mensch hervorbringt – „das Urbestimmende dessen, was dauernd Miene macht, sich um ihn herumzustellen –, im Raume seine *moralische Umwelt*, in der Zeit sein *Schicksal*, d. h. der Inbegriff des Möglichen zu werden, das ihm passieren und *nur ihm* passieren kann. Denn schon die Aufprägung des Reizwertes, seiner Art und Größe nach, auf irgendwelche vom Menschen unabhängige, auf ihn auftreffende Wirksamkeiten der Natur geschieht nicht ohne Mitwirkung seines ordo amoris."

Das Urbild des „ordo amoris" ist von Gott gesetzt. Der Mensch wächst ihm gleichsam schöpferisch entgegen, indem er verschiedene

Stadien auf seines Lebens Weg absolviert, um über das „Wertwachstum der Dinge“ in der Begrenztheit menschlichen Strebens, zuweilen „einschlafend“ oder „sich vergaffend“ zu Gott hin bewegt: „Liebt der Mensch ein Ding, einen Wert, wie den Wert der Erkenntnis, liebt er die Natur in diesem oder jenem Gebilde, liebt er den Menschen als Freund oder als sonst irgend etwas –: Immer heißt dies, dass er in seinem Personzentrum aus sich als Leibeinheit heraustrete und dass er durch und in dessen Aktion mittätig sei, diese Tendenz im fremden Gegenstande zu einer eigentümlichen Vollkommenheit zu bejahen, sie mitzutun, sie zu fördern, sie zu segnen.“ Der Liebe kommt eine befreiende Kraft zu, die nicht allein, wie erwähnt, aus dem Zirkel der Egozentriertheit hinausführt, sie ist auch eine „Weckerin der Erkenntnis“. Niemals führt die Erkenntnis zur Liebe, wohl wendet sich der Liebende der Erkenntnis zu, dank der neuen Impulse, die er erfahren hat, fühlt sich bewegt, herausgefordert, gezogen. Hier wird auch der gravierende Unterschied zu einer bloßen Triebdetermination sichtbar. Der „Lüstling“ sucht die „Genussbefriedigung an seinen Annehmlichkeitsobjekten“, seien diese nun leblose Dinge oder Menschen, die er sodann wie Gegenstände behandelt, und mit „abnehmendem Triebimpuls“ eilt er stärker von Objekt zu Objekt – „Denn dieses Wasser macht durstiger, je mehr man davon trinkt.“ Demgegenüber steht der weitherzige und weitsichtige „Liebhaber“, der niemals den Augenblick zu verewigen und besinnungslos auszukosten sucht, denn er überwindet den Triebimpuls, erkennt diesen in seiner Begrenztheit und macht sich nicht davon abhängig. Seine Befriedigung nimmt zu, da er sich „geistigen Objekten“ zugewandt hat und, anders als der „Lüstling“, nicht auf sich selbst fixiert ist: „Die – ihrer Natur nach – immer rascher zunehmende und immer tiefer erfüllende Befriedigung des Liebhabers geistiger Objekte, seien es Sachen, seien es geliebte Personen, bei gleichem oder abnehmendem, ursprünglich auf sie hinleitendem Triebimpuls gleichsam immer neue Versprechungen; sie lässt den Blickstrahl der Liebesbewegung immer ein wenig weiter über das Gegebene hinausspähen. Die Bewegung entfaltet – im höchsten Falle der *Personliebe* – eben hierdurch die Person in der *ihr eigen-*

tümlichen Idealitäts- und Vollkommenheitsrichtung prinzipiell ins Unbegrenzte." Die gesteigerte Vertiefung in der Zuwendung zeigt die wachsende Fülle beim geliebten Mitmenschen und führt gerade nicht zur Abstumpfung und Langeweile, während der „Lüstling", Kierkegaards „Ästhetiker", nur eine zunehmende Unruhe verspürt, rastlos ist, ziellos umherschweift, sich und andere quält. Wonach er auch strebt, er verkümmert regelrecht, während die „glückselige Fortbewegung von Wert zu Wert" von einer „wachsenden Ruhe" und umgreifenden „Erfülltheit" begleitet ist, von „neuem Hoffen und Ahnen", und so eine absolut bejahenswerte „Wesensunbegrenztheit der Liebe" offenbart. Diese aber ist auch als kontrastierendes, negatives Modell im triebhaften, unreifen Umherschweifen des „Lüstlings" gegenwärtig: „Die Wesensunbegrenztheit des Liebens selbst tut die konstitutive Beschränktheit der Liebesreiche keinen Abbruch. Denn eben in der mehr oder weniger bewussten Gewahrung eines grenzenlosen, aber ‚leeren' Feldes von Liebenswürdigkeiten – gleichsam hinter jedem Subjekt gegebenen oder doch als erreichbar gegebenen – kommt ja diese Wesensunbegrenztheit zum Erlebnis. *Vergaffung* ist dagegen erst da vorhanden, wo dieses leere Feld, diese ‚*Aus*sicht' vor dem Hoffen, Ahnen, Glauben, wo die *metaphysische Liebesperspektive* im Erleben *fehlt*; und umgekehrt ist es gerade die beginnende *Auflösung* einer Vergaffung, die sich in der steigenden Bewusstwerdung der Leere kundgibt." Die Liebe des „Liebhabers" besteht unabhängig von flüchtigen Gefühlszuständen und unterscheidet sich auch signifikant vom bloß schlicht anteilnehmenden Mitleid, das Scheler, wie andere Philosophen vor ihm, als entbehrlichen Jammer ansieht, der von einer schöpferischen Liebe grundverschieden ist und wechselvollen Phasen unterliegt, von spontaner Rührung ausgelöst ist, aber genauso rasch wieder sich auflöst. Die Liebe hingegen gleicht eher einem ruhigen Strahl, der fest auf das Objekt ausgerichtet ist, und von der vielfältigen Veränderung dieser Zustände im Alltag unberührt bleibt. Die Kontinuität einer Beziehung zwischen Menschen lässt sich nicht durch solcherlei Widrigkeiten aufheben. Allein dem „Lüstling" böten solche Ereignisse oder Gefühlszustände den willkommenen Anlass, weiterzuschweifen in der grell schillernden Wüstenei der ästhetischen Liebe, die ungebunden fluktuiert, bindungsschwach, ängstlich, ziellos und erschöpfend. Die wahren „Liebhaber", also die aufrichtig einander liebenden Menschen, bleiben immun gegen die Wechselhaftigkeit, die die unkalkulierbaren Zufälle mit sich bringen.

Scheler widmet sich im weiteren dem Phänomen der „unglücklichen" Liebe und fragt, ob die seit alters so genannte, doch scheinbar ins Leere verpuffende Liebeskraft des Betörten überhaupt als Liebe zu bezeichnen sei, da das Objekt sich eigentümlicherweise dieser Werbung konsequent und erfolgreich entzieht. Der Philosoph spricht auch von Liebe, wenn die Erwiderung versagt wird, im Bewusstsein, dass die Spannweite dieser ausgebliebenen „Gegenliebe" zwischen rauschhaft-entrückter Seligkeit bis hin zu existenzieller Verzweiflung reicht: „So ist Liebe auch da, wo sie im Sinne eines Mangels an Gegenliebe ‚unglücklich' ist, als Akt gleichwohl von hohem Glücksfühlen begleitet; desgleichen da, wo der Gegenstand der Liebe Leid und Schmerz verursacht." Auch diese Liebe verliert sich nicht, mag sie sich zwar auf ein Objekt ausrichten, dieses aber nicht erreichen, da sie sich niemals gänzlich auflöst und als Ganzheit in sich wertvoll ist. Stets ist die Liebe dabei auf den verborgenen Kern des Objekts ausgerichtet, den Scheler andernorts beim Menschen als, wie erwähnt, „ordo amoris" bezeichnet: „Liebe und Hass gehen eben notwendig auf einen individuellen Kern der Dinge, einen *Wertkern* – wenn ich so sagen darf –, der sich nie in beurteilbare Werte, ja nicht einmal in gesondert fühlbare vollständig auflösen lässt. Das Maß der Schätzung von Wertattributen richtet sich umgekehrt danach, ob die Werte von geliebten oder gehassten Dingen getragen werden, nicht aber richtet sich die Liebe und der Hass nach dieser Schätzung."

Der Blick auf die geliebte Person ändert sich. Scheler verdeutlicht dies mit dem Beispiel eines Liebesbriefs. Niemand würde die innig dargebrachten Zeilen nur wegen orthographischer Unzulänglichkeiten abwerten. Auch geziemt es sich nicht, den Schreibenden darauf hinzuweisen, woran es ihm sichtbar ermangelt. Scheler führt aus, dass jeder, der nach allgemeinen Normen nun anfinge, die Defizite ausfindig zu machen, die stilistischen Entgleisungen zu kritisieren und sich schulmeisterlich mit dem vorliegenden Brief auseinander zu setzen, sich auch lächerlich machen würde, vor allem aber verhielte er sich ausgesprochen unangemessen. Der Liebende verliert offenbar die Nüchternheit in der Betrachtung. So würde, mit einem Beispiel erläutert, eine Frau ihrem künstlerisch tätigen Partner, dessen Bilder ausgestellt werden, Bilder, die – vorsichtig ausgedrückt – undefinierbar anmuten, vielleicht als „naive Kleckserei" beschrieben werden könnten, nicht kritisieren und auch nicht auf gravierende Mängel hinweisen. Scheler schreibt dazu: „Alle Eigenschaften, Tätigkeiten und Werke des geliebten Gegenstandes erhalten ihren vollen Wert erst durch den Gegenstand, der sie trägt, oder das Subjekt, das sie vollbringt." Macht Liebe also blind? Scheler widerspricht entschieden. Die Liebe führe dazu, eigentlich sehend zu werden. Sie vermag wahrzunehmen, was das Auge der menschlichen Vernunft zu erkennen außerstande ist. Der Liebende verfügt nicht über eine getrübte Optik, auch ist er nicht verblendet. Vielmehr verfügt die Liebe über eine ihr eigene Evidenz, die jenseits der Zuständigkeit der Vernunft liegt: „Nur der, dem diese Evidenz mangelt und der durch seine Konstitution hier zu schwanken verurteilt ist, mag dies auf Kosten einer generellen ‚Blindheit' von Funktionen und Akten setzen, die nur sein mangelhafter individueller *Vollzug* zu tragen hätte."

Wer einen Menschen oder ein Objekt anderen vorzieht, liebt – denn im Lieben leuchtet nach Scheler der „höhere Wert" auf, zu dem der Liebende sich hinbewegt. Die Liebe ist nicht ein ausschließlich gefühlsgebundenes, „bejahendes Anstarren" eines gegebenen Wertes, auch orientiert sie sich nicht auf Gegenstände oder Personen vermöge eines positiven Wertes, der diesen schon vor dem Hinzutreten der Liebe eigen wäre: „In dieser Vorstellung liegt wieder dieses ‚Anstarren' des bloß *empirischen* Faktums, das der Liebe so sehr entgegengesetzt ist. Wohl fühlen wir in der Liebe den positiven Wert der geliebten Dinge, z. B. die Schönheit, Anmut und die Güte einer Person; aber das können wir auch ohne alle Liebe zu ihr. Liebe ist erst da vorhanden, wo noch hinzutritt zu dem an ihr ‚als real' bereits gegebenen Werte die *Bewegung*, die Intention auf noch mögliche *‚höhere' Werte*, als diejenigen sind, die bereits da und ergeben sind – die aber als positive Qualitäten noch *nicht* gegeben sind. Nur als mögliche ‚Fundamente' einer Ganzheits- und Gestaltstruktur sind sie mitintendiert. Insofern zeichnet die Liebe der empirisch gegebenen Person immer ein *‚ideales' Wertbild* gleichsam voraus, das dennoch zugleich als ihr ‚wahres' und ‚wirkliches', nur noch nicht im Fühlen gegebenes echtes Dasein und Wertsein in einem erfasst ist. Dieses ‚Wertbild' ist wohl in den empirisch im Fühlen schon gegebenen Werten *‚angelegt'*, aber es ist gleichwohl nicht darin empirisch *‚enthalten'*, es sei denn als ‚Bestimmung' und objektiv idealische Forderung, ein noch schöneres und besseres Ganzes zu werden."

Wir sehen in der geliebten Person ein Ideal, das nur noch nicht empirisch realisiert ist, von der Liebe aber antizipiert und fühlend erfasst wird, auf das sich der Geliebte, möglicherweise mit dem Liebenden, zubewegt. So können beide Partner auch aneinander wachsen, miteinander reifen, weil sie gegenseitig das Beste in der geliebten Person sehen, das in diesem angelegt, aber noch nicht zur Entfaltung gekommen ist. Eigenständig und in sich wertvoll sind auch andere Formen der Liebe, etwa zur Natur, sagen wir: zu Elefanten, die nicht phantomartig geliebt, sondern um ihrer selbst willen als liebenswert erspürt und erachtet werden. Darum setzt sich ein Mensch beispielsweise für die „grauen Riesen" ein, für den Tierschutz, für das Verbot von Elfenbeinverkauf – diese Liebe ist nicht anthropathischer Art, d. h. keine gefühlsbetonte Zuneigung mit vermenschlichten Zügen. Auch ist es ein Verdienst Schelers, anschaulich gezeigt zu haben, dass die Liebe zur Schöpfung, zur Natur, sich nicht aus zweckrationalen Motiven ergibt, die primär ein ökologisches Bewusstsein um des Selbsterhalts des Menschen als Grundlage sieht, sondern die natürliche Ordnung, die Lebewesen, als Selbstzwecke für liebens- und achtenswert anerkennt. Er setzt sich hierfür ein, nicht weil die vielgestaltige Natur, Fauna und Flora, sozusagen „für den Menschen geschaffen" ist, sondern um ihrer selbst willen und gänzlich uneigennützig geliebt werden kann: „Liebe ist die Bewegung, in der jeder konkret individuelle Gegenstand, der Werte trägt, zu den für ihn und nach seiner idealen Bestimmung möglichen höchsten Werten gelangt; oder in der er sein ideales Wertwesen, das ihm eigentümlich ist, erreicht."

Verstehen wir den Liebes-Begriff in der Philosophie von Max Scheler in angemessener Weise im Zusammenhang mit der von ihm ausgearbeiteten philosophischen Anthropologie, so sehen wir, dass die herausgehobene Würdigung der „echten Liebe" landläufige, unreflektierte Auffassung über dieses vielschichtige Phänomen korrigiert – denn diese Liebe macht sehend. Die Theorie einer Erblindung durch Liebe mag nur demjenigen Menschen einleuchtend erscheinen, der die Liebe auf „sinnliche Triebleidenschaft" unzulässig verkürzt. Die Liebe in der empirischen Bewegung des Gemütes befreit, öffnet die Augen, die begleitende Triebhaftigkeit mag sogar dazu führen, dass die Liebe sich nicht entfalten kann, blockiert und restringiert wird. Doch wenn die Liebe uns auf neue Weise sehend werden lässt für bislang verborgene Wirklichkeiten, besteht sie dann nicht in einer gründlichen Untersuchung ihres Objekts? Scheler nennt jene eigentümliche Erweiterung des Sichtfelds eine bloße Folge der Liebe. Auch wird niemand bewusst suchen, Neues entdecken wollen um des Neuen willen oder um Erkennungsmerkmale festzustellen, die bei einem ganz normalen Menschen vielleicht Spuren der Heiligkeit zeigen sollen. Eine solche, oft närrische und auch alberne Verhaltensweise wäre für den Philosophen ein untrügliches Kennzeichen für den Mangel an Liebe, zugleich ein „gesteigertes Interesse" für die scheinbaren Qualitäten und ein „herabgemindertes Interesse" für die vermeintlichen Nachteile des Gegenstandes. Wer die „Vorzüge" überhöht, die „Fehler" ignoriert oder verklärt, befindet sich „auf dem Wege zur *Illusion*": „Die Echtheit der Liebe bekundet sich aber durchaus darin, dass wir die ‚Fehler' der konkreten Gegenstände wohl sehen, aber sie mit diesen Fehlern lieben."

Max Scheler kritisiert in vielen seiner Werke nachdrücklich die mangelnde Sensibilität der Philosophie für die Sphäre des Emotionalen, verweist zudem auf die transzendente Dimension des Denkens gegen jede positivistische wie materialistische Reduktion. Er kritisiert auch jene Strömungen der Philosophie, die wie ein artifizielles Spiel anmuten. Die Apologeten jener Richtungen glauben, in ungezügelter Selbstgewissheit und maßloser Selbstüberschätzung, die objektive Wahrheit mit konstruierten Begriffen erkennen, den Geist überhöhen und die Regungen des Herzens ausblenden zu können. Wer auf diese Weise philosophiert, schlägt sich sozusagen selbst mit Blindheit, da er „Reiche von Sachzusammenhängen", die sich nicht durch „verstandesmäßige Akte des Geistes" erschließen lassen, im wahrsten Sinne des Wortes übersieht: „Eine solche Philosophie gleicht einem Menschen mit gesunden Augen, der die Augen schließt und die Farben nur durch das Ohr oder durch die Nase aufnehmen wollte!" Zu einem möglichen Gegenmodell, das Vernunft und Gefühl integriert, hat Max Scheler entscheidende Vorarbeiten geleistet – und vor allem berechtigterweise darauf verwiesen, dass der Mensch seiner Bestimmung nicht gerecht wird, auch nicht entsprechen kann, wenn er die „logique du cœur" unbeachtet lässt, ja leichtfertig verkennt oder als etwas, das überwunden werden müsste, ebenso widerwillig wie hochmütig im Raum philosophischer Diskurse unberücksichtigt lässt.

Karl Jaspers

Anders als die Schriften von Bertrand Russell und Max Scheler erfreuen sich viele Werke von Karl Jaspers – trotz einer unbegreiflichen Vernachlässigung seines Schrifttums bei philosophischen Diskursen im akademischen Bereich – beim interessierten Publikum einer gleich bleibenden Beliebtheit, die sich insbesondere seinen populären, aber niemals populistischen Arbeiten zur Geschichte des abendländischen Denkens und zur Einführung in die Philosophie verdankt. Zwar sind auch in diesen Abhandlungen die Grundintentionen seines Denkens gegenwärtig, indessen werden die Hauptwerke von Jaspers heute, auch wegen seiner mitunter verstiegen anmutenden, existenzphilosophisch getönten Sprache, eher selten gelesen.

Vor allem in dem Frühwerk „Psychologie der Weltanschauungen" und in der unvollendet gebliebenden Studie „Von der Wahrheit" entdecken wir eine – von Max Scheler im Blick auf die Erstlingsschrift bemerkte – ausgearbeitete philosophische Theorie der Liebe, die zu den beeindruckendsten und tiefsinnigsten Reflexionen über dieses Thema in der Philosophie des zwanzigsten Jahrhunderts gehört und neue Beachtung verdient.

Die solitäre Stellung des Karl Jaspers wird veranschaulicht durch eine eigenständige Auffassung von der Philosophie in seiner Zeit, in Kontrast und Widerspruch zu herrschenden Strömungen wie Lebensphilosophie und Neukantianismus. Der existenzielle Ernst bleibt spürbar in seinem Schrifttum von den ersten Publikationen bis hin zu den Kommentaren zum Zeitgeschehen, in einer Zeit, in der Jaspers sich mit unerschrockener Deutlichkeit als Apologet der Freiheit und Antipode jeglicher totalitären Herrschaft äußert und an der These von der Vergleichbarkeit der Systeme von Nationalsozialismus und Kommunismus unbeirrt festhält. Blieb in besonderer Weise die öffentliche Rolle Jaspers' über seinen Tod 1969 hinaus im Gedächtnis, das Bild eines streitbaren Philosophen, dessen Ringen um Wahrheit und Wahrhaftigkeit Anklang beim philosophisch interessierten Publikum fand, so ist vor allem das tiefgründige Frühwerk hinter die Wirkung der charismatischen Gestalt zurückgetreten.

Fast vergessen scheint heute, dass Karl Jaspers unaufdringlich und sensibel eine kleine Philosophie der Liebe entfaltet hat, deren Anfänge bis in sein Frühwerk zurückreichen. Sein Denken kreist stets um die Problematik authentischer Kommunikation und seine Arbeiten zur Philosophiegeschichte sind durch eine resonanzvolle Aneignung der tradierten Schriften von der Antike bis zur Moderne gekennzeichnet. Jaspers beherzigt Goethes Sentenz: „Was du ererbt von deinen Vätern, erwirb es, um es zu besitzen." Freilich vollzieht sich der geistige Austausch auf vielfältigen Ebenen. Auch die Liebe zeigt sich als eine Form verbaler und nonverbaler Mitteilung. Die

Liebe verfügt sozusagen über eine authentische Sprache, über einen ihr entsprechenden Ausdruck. Es ist „Wahrheit, was uns verbindet", so formulierte Jaspers hellsichtig, und diese „Wahrheit" entsteht scheinbar auch zwischen zwei Menschen, die einander von Herzen zugetan sind, die sich ihre Liebe eingestehen und einander anerkennen. Auf ganz unterschiedliche Weise versuchen sich diese Menschen zu verbinden. Bald können sie auf eine eigene Geschichte schauen, sich erinnern, ganz persönliche Bezugspunkte besitzen und auch an ihrer, so könnte man sagen, eigenen Liebesgeschichte schreiben, indem sie sich gemeinsam entfalten und ihr Leben gestalten. Jaspers bezeichnet die Liebe als eine „enthusiastische Einstellung". Das mag verwundern. Eine Einstellung, so mögen wir denken, können wir uns ausdenken und bewusst einnehmen, während die Liebe, mit ihrer beflügelnden, verändernden Kraft, eher überfallartig auftritt oder langsam wächst. Der Philosoph spricht hier eher die Disposition des Gemüts an, die Begeisterung, den Elan und den Gefühlsüberschwang, auch die Glut, die Inbrunst und die Leidenschaft, die den Liebenden erfüllt, nicht zuletzt den besonderen Schwung, eben jene imaginären Schwingen, die die Liebe auf so unvergleichliche Weise verleiht, um das Stadium des „oben" zu erreichen, das Jaspers mit einprägsamen Worten beschreibt: „Die enthusiastische Einstellung ist in Bewegung auf etwas hin, das heißt nicht, dass sie aktive Einstellung ist, sie kann vielmehr in der aktiven so gut wie in der kontemplativen und der reflexiven Einstellung sich auswirken. Nennen wir jede Bewegung in der Seele ein Streben, so ist die enthusiastische Einstellung ein Streben. Doch kann dieses Streben so vollkommen innerlich sein, dass der gewöhnliche Wortsinn nicht mehr passt: Es ist eine Bewegung, die Erhebung, Aufschwung genannt wird, eine Bewegung nach oben."

Viele Betrachtungen zur Liebe haben wir uns schon vergegenwärtigt, aber den die Liebe tragenden Enthusiasmus, jene außerordentliche seelische Stimmung, hat Karl Jaspers vielleicht von allen Denkern, mit denen wir uns beschäftigt haben, am einleuchendsten in Worte gekleidet. Die Liebe führt nach „oben", sie zieht buchstäblich hinan, himmelwärts, in den sprichwörtlichen „siebten Himmel". Zu diesem Ort ganz „oben" strebt, sagen wir, ein über die Maßen verliebter junger Mensch, der gar nicht weiß, was er tut, sondern unsichtbar geführt wird. Stellen wir uns vor, dass er sich mit der Dame seines Herzens auf einem ausgedehnten Spaziergang befindet. Sie wandern durch den Wald und unterhalten sich prächtig. Es ist ihr erster größerer Ausflug miteinander. Zwar glauben sie sich zu kennen, doch sie sind noch nicht wirklich miteinander vertraut. Das junge Paar gelangt kurz vor Sonnenuntergang zu einer Aussichtsplattform, zu der eine steile Treppe führt. Während der Verliebte noch zögernd in die Gegend schaut, hat sich seine Freundin bereits auf den Weg gemacht, nicht ahnend, dass er vielleicht unter Höhenangst leidet, was er in diesem Augenblick nicht zugeben möchte. Die junge Dame steigt rasch hinauf, er folgt ihr, vorsichtig und bedächtig, erst zaudernd, aber dann bedenkenlos. Tatsächlich genießen beide die Aussicht und betrachten in romantischer Stimmung den Sonnenuntergang. Eigentlich müssten ihm vor Angst die Knie schlottern. Niemals hätte er von sich aus diese Anhöhe bestiegen, doch sie wollte hinauf, und so folgte er ihr. Später erzählt der junge Mann seinen Freunden von diesem schönen Erlebnis, die ihn staunend anhören und betrachten. Sie wissen, dass er an Höhenangst leidet und sind über seine plötzliche, gänzlich unerwartete Furchtlosigkeit sehr verwundert. Ob er denn keine Scheu gehabt hätte hinaufzusteigen, in der Abenddämmerung zudem? Er jedoch scheint gar nicht wahrzunehmen, wovon die anderen sprechen. Schließlich berichtet er mit verklärten Augen von seinem Erlebnis, enthusiastisch, vital, begeistert, als hätte ihn ein unsichtbarer Aufschwung hinaufgetragen und beflügelt, ganz einfach, er ist verliebt, er ist „oben".

Jaspers charakterisiert die Liebe als „durchdringendes Erfassen und Erleben der Realitäten", die nicht allein die Konturen der Wirklichkeit des geliebten Mitmenschen schärfer sehen lässt, sondern auch die Wahrnehmung der gesamten Sphäre seines Daseins verändert. Für den von Liebe erfüllten Menschen verschwinden die vormals unscharfen Bilder der Realität, die Kontraste treten deutlich hervor, Trennendes wird sichtbar, Möglichkeiten tun sich auf. Die

Liebe als „Bewegung in uns“ geht durch „alles Konkrete hindurch in das Absolute“. Jaspers bemüht sich, diese berückende Phase, die emotionale Ergriffenheit und geistige Offenheit auf so rätselhaft-wunderbare Weise verbindet, anschaulich zu beschreiben, und stößt doch immer wieder an die Grenzen der Sprache, so dass die verwandelnde Kraft der Liebe in Bezug auf das menschliche Erleben nur annäherungsweise erklärt werden kann: „In dieser Bewegung leuchtet alles gleichsam auf. Es gibt nichts, das nicht in diese Bewegung hineingezogen werden kann; aber es ist keinem Menschen möglich, in sich diese Bewegung wirklich universal zu gewinnen.“ Das Ich gewinnt Anteil an dieser Kraft in seinem Streben, aber es kann die Liebe nicht in sich bergen und einschließen, schon deswegen nicht, weil es sich um ein öffnendes, zugewandtes Moment des Daseins handelt, das verkümmert und sich auflöst, sofern man es in Besitz nehmen will. Klarsichtig zeigt der Philosoph, dass die Liebe weder als überschäumende Leidenschaft noch als triebgebundene Daseinsmacht ihren adäquaten Ausdruck findet, die sozusagen den von Liebe entflammten, verwandelten Menschen gänzlich erfasst und besitzt. Sie besteht ausschließlich als Hingezogensein, also in der existenziellen Kommunikation, zu etwas, zu jemand anderem, welcher den Bezugspunkt und das Ziel dieser Kraft bildet. Lässt sich die Liebe erzwingen, beliebig evozieren oder gar planen? Jaspers gesteht zu, dass sie begünstigt, gepflegt und geformt, zugleich auch gehemmt werden kann – entscheidend aber bleibt, dass sie „nicht gemacht werden kann“. Somit sieht sich der Mensch außerstande, den erwählten Partner, mag er diesem noch so zugetan sein, auch zwanghaft und gewaltsam, zu sich bekehren zu können, so dass auch dieser in Liebe für ihn entflammt. Die wechselseitige Attraktivität lässt sich nicht künstlich erzeugen, sie besteht oder besteht nicht, und selbst der machtvoll auftretende „Wille zum Glück“ (Thomas Mann) bringt nicht dieses, sondern viel eher das lieblose Unglück hervor. Denn man soll hier vielmehr, so Jaspers, von einem Gelten und Geschehenlassen sprechen, von einem Entschluss in Freiheit, aber nicht auf eine mit Zwang herbeigeführte Fügung hoffen oder gar von dieser erwarten, dass die Liebe, die weder egozentrisch noch altruistisch ist, aus Nichts geschaffen wird. Wesentlich verbindet sich das Geliebte in der Wahrnehmung des Liebenden mit dem theoretisch unerkennbaren wie unfassbaren Absoluten: „Das Geliebte ist im Ganzen eingebettet gesehen, oder nicht als Einzelnes, sondern als Ganzes gemeint. Es ist als Endliches im Unendlichen gesehen."

Bezogen auf den besonderen Wert, den das Geliebte darstellt, führt Jaspers genauso wie Scheler aus, dass es um seiner selbst willen wertvoll ist, nicht dass es geliebt würde, weil es wertvoll sei. Wer etwas lieben wollte aus dem Grund der Werthaftigkeit, der würde nicht lieben. Werte anzuerkennen, sich nach ihnen handelnd auszurichten, oder eine Person um besonderer, von ihr verwirklichter Werte wegen zu schätzen, bedeutet gerade nicht, sie zu lieben, denn für den Liebenden erscheinen die Facetten des Individuums so auf, dass es in der „Bewegung der Liebe" zu einem Wert für den Liebenden wird, aber dieser Wert wird durch die Liebe fundiert – die Liebe geht also niemals auf Werte zurück und bindet sich an sie. Das Wertvolle ist konkret gegeben und wird liebend als „ergriffene Unendlichkeit" aufgefasst: „Das Geliebte ist immer Individuum. Individuum ist ein anderer Ausdruck für das absolut Konkrete. Die logische Kategorie des Individuums wird nur in der Bewegung der Liebe erfüllt. Sonst immer gleichgültig ist das Individuum nur für den Liebenden als Individuum und für alle anderen nur als zufällige Einzelheit, als ein Individuum unter vielen. Für den Erkennenden ist es Fall, für den Handelnden Mittel, für den Historiker wertbezogen und konstruiert, für den Logiker endlos und darum unfassbar. Das empirische Individuum ist die Unendlichkeit, die vom Betrachtenden nie erschöpft werden kann. Das Individuum der Liebe ist eine ergriffene Unendlichkeit, die als solche nie Gegenstand des Betrachtens oder Erkennens wird."

Karl Jaspers kommt weiterhin auf die entscheidenden Merkmale der Liebesbeziehung zu sprechen. Als ganz besonders wichtig erachtet er das „vollkommene Verstehen" – und es fragt sich, wie weit ein solches Verstehen überhaupt möglich ist. Gewiss können wir uns das Bild einer Persönlichkeit vor Augen führen, wir können ein solches entwerfen, aus Beobachtungen, Wissensfragmenten und Vermutungen. Doch die „Gesamtheit begriffener Zusammenhänge" entspricht nicht dem von Jaspers intendierten Gedanken des Verstehens in der Liebe. Eine Kluft besteht, ja ein „Abgrund" zwischen dem möglichen Verständnis und der Ganzheit des Individuums. Somit richtet sich dieses Verstehen nicht auf ein Objekt aus, sondern orientiert sich an einer Idee, „zu der in unendlichem Fortschritt das Verstehen sich hinbewegt": „Das im subjektiven Erlebnis absolute Verstehen hat nicht einmal notwendig Zusammenhang mit psychologischem Verstehen im gewöhnlichen Sinne. Es braucht sich nicht formulieren zu können, es kann überhaupt das Eigentliche nicht mitteilen." Das Verstehen im Prozess, in der Bewegung der Liebe erweist sich als begrifflich nicht fixierbar, denn es ist wie eine schöpferische Entwicklung, welche das gegenseitige Kennenlernen umgreift, zu einer immer größeren Vertrautheit führt und auch das „liebende Kämpfen der Seelen miteinander" einschließt. Dieser Kampf ist ein Ringen, vor allem um die Gemeinschaft miteinander, nicht eine beliebige Kontroverse oder ein letzthin entbehrliches Streitgespräch: „Jede Gefahr wird gewagt, keine Grenze der Form, der Gewohnheit, der Rechte, der Grundsätze ist für immer respektiert, jede Distanz, so sehr das menschliche Leben miteinander überall Distanzen errichtet und fordert, wird irgendwann aufgehoben ... Es ist ein Kämpfen, in dem gegenseitig rücksichtslos an die Wurzeln der Seele gegriffen, alles in Frage gestellt wird, um zur absoluten Bejahung gerade dadurch zu kommen. Der Mensch allein kann sich selbst nicht so erfassen, sondern nur mit dem anderen, sich selbst im anderen; es ist ein Erfahrungsprozess der Seelen voller Risiko (des Bruchs, der äußersten Entfernung, der Täuschung und Selbsttäuschung, der leeren Schwärmerei, der individualistischen Isolierung). Man weiß nicht, wohin das führt und ist doch bei allem immerfort vom vollkommenen Vertrauen der Liebe getragen, von diesem Vertrauen, das allein jene Gefahren möglich macht, ohne lieblos zu sein." Was Jaspers mit dem existenziell gefassten Begriff des Kampfes beschreibt, bezeichnet ein einander wechselseitig befruchtendes, sich und den gemeinsamen Bund vertiefendes Ringen, ein Prozess des Verstehens, der substanzielle Auseinandersetzungen nicht scheut, aber niemals bloße und beliebige Machtpositionen aufrichtet. Das Ziel dieses prozessualen Miteinanderringens bleibt dunkel und unsichtbar, und doch trägt es, da es den Liebenden existenziell gewiss ist und sie sich vertrauensvoll hieran ausrichten. Menschen, die auf diese Weise sich zusammenfinden, Schwierigkeiten bestehen, Probleme meistern und sich immer besser verstehen, müssen möglicherweise eine entbehrungsreiche Zeit verleben und spüren, wie zeit- und kraftraubend diese Streitfälle sind. Zugleich erleben sie, dass diese Liebe das Leben nicht leicht macht – auch wenn wir von einer schwebenden Leichtigkeit sprechen, welche die Liebenden zu erfüllen scheint –, die Schwere des Daseins spüren, zugleich aber auch das Gewichtige und Bedeutsame, das sie in gegenseitiger Werbung und schließlich erfolgender Anerkennung buchstäblich gemeinsam erringen, den Sinn ihres Lebens, den sie miteinander und im geliebten Partner entdecken und gegen nichts auf der Welt tauschen möchten.

Es fällt uns schwer, in Sachen Liebe von einem „Kampf" zu sprechen, welcher die „Grundsituation des Lebens" darstellen soll. Doch gleichwohl benutzt Jaspers diesen Begriff immer wieder, vermutlich sogar zu Recht, auch wenn er als Frucht der Auseinandersetzungen die Persönlichkeiten der Liebenden selbst noch einmal in den Blick rückt und sagt, dass die Liebe zueinander gestaltend und disziplinierend, ja auf jede nur mögliche Weise formend die Partner tief greifend verändert hat: „Man kämpft nicht um Macht, sondern um sich selbst und den anderen innerlich zu wagen, dass wir durchsichtig und dass wir zum Selbst werden … Alle Liebe ist aber, wie sie im Kampf ohne Machtwillen ist, auch im Helfen ohne jene Form der Machtinstinkte, die als die Ritterlichkeit des Überlegenen für beide Teile so verführerisch zu sein pflegen. Der Kampf findet immer auf gleichem Niveau statt. Wo die Niveaugleichheit aufhört, findet irgendeine Form der Macht ihren Platz, hat der Liebe Kampf zugunsten eines Machtverhaltens ein Ende." Das Ringen im liebenden Kampf um die Substanz, um das Wesen des anderen bedeutet eine Intensivierung des Verstehens in der Liebe, das distanzlos, unbequem, fordernd, zuweilen aufdringlich ist, ohne jegliche Gewalt und ohne jeden Machtwillen, ohne mitleidige Herabsetzung, stets gleichrangig, auf derselben Ebene. Die Liebenden bleiben einander zugewandt, nicht vergegenständlicht, in existenzieller Radikalität. Diese Art der dialogischen Begegnung, die Jaspers von dem psychologischen Verstehen unterscheidet, lässt sich als liebendes Verstehen begreifen, mit dem die Menschen, die einander lieben, auf neue Weise sehen lernen: „Wo Liebe Gegenliebe wachruft (wozu immer die Tendenz ist), d.h. wo der Mensch den Menschen als absolut und eingebettet in das Absolute nimmt und rückwendend dasselbe erfährt, da bedeutet alles Verstehen ein Lieben. Alles, was nach den Wertgegensätzen als gut oder schlecht, edel oder gemein, schön oder hässlich, richtig oder falsch bewertet wird, wird in dem liebenden Kampfe gelegentlich erlaubt ohne Einbuße an Liebe. Denn der Zweck ist ja überall, die Bewegung zum Wertpositiven, die Verkettung mit dem Absoluten zu suchen. Daher ist die Liebe grausam, rücksichtslos und wird von echt Liebenden auch nur geglaubt, wenn sie so ist.“

Liebe wirkt zwar formend und mitunter transformierend, nicht aber erzieherisch. Was zunächst widersprüchlich erscheint, erhellt sich doch sogleich von selbst. In dieser Bewegung der Liebe findet sich kein Platz für hierarchische Strukturen. Jaspers gesteht aber wohl ein, dass die Liebe sich innerhalb eines pädagogischen Verhältnisses zeigt, dass sie sich auf dieses auswirken kann, denn „Tätigkeiten ohne Liebe“ vermögen nichts auszurichten. Dies gelingt allein, sofern das „liebende Verstehen“ in diesem Felde ein beiderseitiges „Hinaufsteigern des Werts“ intendiert, vielleicht nach kantischem Vorbild, dass der Philosoph mit seinen Schülern wieder neu philosophieren lernt und nicht bloß auswendig gewusste Weisheiten von diesen erfahren will, durch „kämpfendes Infragestellen“, „rücksichtslose Offenheit“ und „unüberlegenes Sehen“. Jaspers knüpft an diese Überlegungen an, wenn er, wie Scheler, zurückweist, dass man den geliebten Menschen mit Werten und Prädikaten in einer Art romantischer Überhöhung belegen soll. Denn eine Liebe um eines Wertes willen genügt nicht, ist nicht aufrichtig, nicht authentisch.

Sie stürzt wie ein Kartenhaus in sich zusammen. Jaspers formuliert sehr treffend: „Die Liebe ist hellsichtig. Wer liebend sich so illusionär angesehen fühlt, fühlt sich selbst nicht geliebt. Die illusionäre Umkleidung ist ein Feind der Liebe. Man liebt den Menschen mit seinen Fehlern, in seiner Wirklichkeit, die im Absoluten liegend gesehen und als Prozess im Kampfe liebenden Verstehens erfahren wird. Man liebt kein ruhendes, endgültiges Etwas, kein Ideal, kein Sein. Das fertige Verstehen, für das ein Mensch gleichsam ein Götze geworden ist, dieses bewegungslose Verstehen eines scheinbar Ruhenden, immerfort so Daseienden ist kein liebendes Verstehen."

Erinnern wir uns der einleitenden Worte, so werden wir erneut gewahr, dass Karl Jaspers die existenzielle Kommunikation außerordentlich wertschätzt. Diese wird von ihm besonders in seinen Werken „Psychologie der Weltanschauungen" und „Philosophie" herausgearbeitet. Die existenzielle Kommunikation gilt gleichsam als das Grundverhältnis zwischen Menschen, die einander aufrichtig und ernsthaft begegnen. In der Reflexion der Liebe begegnen uns, wie auch bei anderen Philosophen, von denen wir dies gar nicht in dieser Klarsicht oder auch Gefühlsbetontheit vermutet hätten, die Konzentration der Untersuchung auf die Phänomene Sexualität und Erotik. Jaspers erweist sich mitnichten als Apologet eines prüden Puritanismus. Zwar spüren wir gelegentlich leichte Vorbehalte gegen das Rauschhafte, das dem sexuellen Begehren und seiner Erfüllung eigentümlich ist. Auch möchte er die Erotik von der Liebe unterscheiden. Wir können leicht nachvollziehen, dass Jaspers der Erotik einen illusionären Charakter unterstellt. So wie vielleicht Sören Kierkegaard sich von Regine Olsen, von ihrer Wesensart, ihrer körperlichen Erscheinung, von ihrem sanften, zärtlichen Lächeln angezogen fühlte, vollzog sich möglicherweise in ihm jenes „Aufschäumen von Bildern", von dem auch Karl Jaspers spricht. Den Liebenden suchen Visionen heim, Tagträume, imaginierte Erlebnisse. Dies verläuft auf einer als romantisch zu bezeichnenden Ebene der individuellen Fantasie. Jaspers verbindet mit der Sexualität den reflexionslosen Taumel der betörten Sinne, die Ewigkeit wollende Lust, das momenthafte „Erlebnis des Zeitlosen", sodann machtvolle Eifersucht und heftiges Verlangen nach ausschließlichem Besitz des Partners. Doch das „schöpferische Feuerwerk" vergeht, so oft es sich wiederholt, erstarrt in routinierten Abläufen, büßt seine gleichsam künstlerische Freiheit ein. Die sexuelle Liebe wird sogar erzwungen, durch den Ehevertrag, quasi als bürgerliche Pflicht, der beide Partner zu genügen haben, ob sie wollen oder nicht, oder zwangsweise herbeigeführt mit den Mitteln der Eifersucht. Jaspers begreift die Erotik als wesentlich polygam, doch der liebende Mensch strebt nach Erfüllung und Gebundenheit, auch nach jener Art Kommunikation in einer „ausschließenden Liebe", die ein „Sinngefühl metaphysischer Erlebnisqualität" bietet, das nun freilich weit über die bloße erotische Attraktivität und triebbestimmte, zuweilen gar funktional betrachtete sexuelle Erfüllung hinausreicht.

Karl Jaspers definiert die Erotik zusammenfassend auf folgende Weise: „*Erotik* ist die geschlechtliche Liebe in geistiger Entfaltung. Reichtum und Überraschung der Reize, verborgene Versprechungen und reizende Hemmungen, Schauen und Spiel bringen eine Welt geistig entwickelter Geschlechtlichkeit hervor. Was der Mensch vermag, wird Schmuck und Zauber, Mittel und Funktion im Gang geschlechtlicher Anziehung. Mannigfaltigkeit und Wechsel sind entscheidende Werte. Die sexuelle Erfüllung ist gleichsam dumm, weil beendend."

Erst durch die Liebe erhält die Sexualität eine mehr als triebhafte Bestimmung, erst hierdurch erlangt die Erotik eine „Weihe" und wird auf diese Weise zur Ursache der „höchsten Intensivierung der Bewegung der Liebe". Die Liebenden sträuben sich, so ist Jaspers überzeugt, gegen die so genannten freien, paradoxerweise bindungslosen Beziehungen, verspüren eine starke Abneigung gegen die Askese, bei gleichzeitig durchaus enthaltsamer Lebensart und wissen, dass der Liebe die unbedingte Priorität einzuräumen ist, die nur sekundär zu erotischem Erleben und niemals zu einer Fesselung und Besessenheit in der Erotik führt. Viel komplexer, tiefgründiger, verwicklungsreicher und stabiler sind die seelischen Beziehungen, die sich weder biologisch erklären noch durch bürgerliches Recht kodifizieren lassen: „Der Geist als Realität ist für uns nur Persönlichkeit. Wer diese weltanschauliche Grundstellung erfährt, kann als Letztes überhaupt nur die Persönlichkeit lieben. In der Realität ist diese Persönlichkeit ein endliches Wesen mit Wandlung und Tod. Geliebt ist sie Symbol des Unendlichen, Ganzen. Da wir vom Symbol wohl als Betrachtende reden, das Symbol aber für den Erlebenden unmittelbar Realität ist, so kann der Erlebende nur eine Persönlichkeit so lieben, dass er in ihr ganz das Unendliche erfährt. Er liebt nicht das zeitliche Individuum, die endliche Persönlichkeit, wie derselbe Mensch für alle anderen da ist, er liebt die Idee. Wie der Mensch sich selbst, so wie er sich sieht und weiß, nicht als ein Letztes empfindet, sondern als Erscheinung und Symbol, so auch den Geliebten. In der Liebe erfahren die beiden in der Bewegung in dieser Welt in der Gestalt endlicher Persönlichkeiten das Unendliche, die Idee, das Absolute. Dazu bedarf es der Ausschließung."

So erwählen die Liebenden einander unter allen Möglichkeiten mit dem Anspruch der Ausschließlichkeit. Sie erfahren ein einziges Mal den „Strahl von Metaphysischem". Dieses außerordentliche Erlebnis beschreibt der Philosoph als die „Erfüllung durch das einmalige Absolute", gegen welches die Erotik nur eine nichtige Kraft ist, die das negativ Triebhafte darstellt, das erst durch die Liebe auf beste Weise genutzt und entfaltet sein kann, so dass es dem Höchsten dient, der existenziellen Verbindung zweier Menschen in der liebenden Gemeinschaft. Bleibt die Erotik als polygam bestimmt, so zwingt die Liebe zur Monogamie. Allein in der Ausschließlichkeit fühlt der liebende Mensch seine Liebe überall wachsen. Diese Persönlichkeit, die er ganz und gar liebt, bildet das Zentrum seines Daseins, doch alles rings um ihn erscheint in einem neuen Licht, leuchtet ihm auf gänzlich andere Weise auf als zuvor. Der Wille zu diesem Menschen begrenzt Leidenschaften und Triebe. Jaspers sagt, die Persönlichkeit könne nur „eingipflig" bestehen. In diese Liebe, die wiederum als Einheitssinn den Enthusiasmus ordnet und prägt, sind Erotik und Sexualität eingebunden, aber von nachrangiger Bedeutung. Sie sind gleichsam Medien, durch die sich Liebe zeigt und verwirklicht: „So weit die vereinende Gestaltung nicht gelingt – und es gelingt niemals völlig –, steht Liebe in Kampf auf Leben und Tod mit Sexualität und Erotik, wobei dann oft die Liebe, selten auch Sexualität und Erotik, vernichtet werden. Wie Sexualität die Erotik zu stören vermag durch Übereile, Ungestaltetheit, Arhythmik, so stört Erotik die Liebe. Es ist ein Kampf zwischen diesen Sphären, wobei Sexualität und Erotik untereinander wohl oft, alle drei zusammen wohl nur in seltenen Glücksfällen eine lebendige Synthese eingehen."

Was der „echtesten Liebe" in all ihren Bezügen zur Welt eigen ist, lässt sich als tiefe Ernsthaftigkeit beschreiben. Doch welcher Mensch wollte wirklich von sich sagen, dass er eine absolute, in ihrer Ernsthaftigkeit von nichts irritierte Liebe fühlt und empfindet, dass er sich ausschließlich in liebender Kommunikation, in tiefer emotionaler Verbundenheit mit einem Partner befindet, der, um an Platons Worte zu erinnern, tatsächlich die „andere Hälfte" des eigenen Selbst bildet und ohne den er für immer einsam, verloren und heimatlos wäre? Auch Karl Jaspers maßt sich nicht an, hierauf eine endgültige Antwort zu kennen. Die Frage müsste vielleicht eher lauten: Wer aber kann sich der Liebe sicher sein?, oder: Wo gibt es endgültige Sicherheiten, Gewissheiten? Dies bleibt, wie so vieles in seiner Philosophie, in der Schwebe, unbeweisbar, doch darum nicht bedeutungslos, denn ein jeder Mensch vermag in dieser Situation eine ihn tragende existenzielle Gewissheit zu erfahren, die ihn stärkt und hält, die seinem brüchigen Dasein in der Welt einen dauerhaften Sinn verleiht. Können wir aber unser Leben auf die Liebe gründen? Jaspers kommt auf die „utopische Freiheit" zu sprechen, die Menschen, welche philosophieren, oft zu suchen scheinen, so als ob es möglich sei, allein aus reinem Denken über die Objekte in der Welt wie über sich selbst zu verfügen, sich selbst setzen und bestimmen zu können. Doch er bestreitet den „abstrakten Ichpunkt", bezweifelt, dass wir unser Sein und unseren Charakter aus uns selbst hervorbringen können. Wer sein Leben auf ein bloß rationalistisches „ich denke" gründen will, greift zu kurz, gerät in die zutiefst inhumane „stoische Abstraktheit" oder in die „fälschliche Ruhe eines Herrschaftsbewusstseins im Wissen". Denkend vermögen wir uns in einer solchen Haltung gegen all das zu wappnen, was uns in dieser rationalen Ordnung widerfährt, doch es wird bloß gedacht, nicht erkannt. Ganz apathisch kann das Individuum in dieser Haltung werden, scheinbar souverän, vermeintlich frei. Das „Denken ohne Liebe", so Jaspers, erfährt den „Schein einer Herrschaft durch das Wissen", in der eine „Bosheit des Vernichtetsehens von allem vermöge seines Gewusstseins" besteht, denn über dem, was gewusst werden kann, scheint nichts zu bestehen, weder das fühlende Herz eines anderen noch der offene Himmel einer metaphysischen Sphäre. Der Mensch leidet an rationalistischem Stumpfsinn, endet als ein „leeres Ich", das alles zu wissen meint und dem es zugleich an dem Wesentlichen, das es nicht aus sich selbst zu schöpfen vermag, immer mangeln wird. Jaspers empfiehlt, die „*Liebe als Grund*" zu leben, durch den ein jeder Mensch vermöge der „Helligkeit dieses Denkens" bestehen kann. Im „Liebenkönnen" verfügt der Mensch nicht über sich selbst, da die Liebe nicht gewollt, nicht gemacht werden kann – „*Liebe ist nicht zu wollen:* Liebe ist nicht abhängig von meinem Plan und Willen. Ich verfüge nicht über meine Liebe, kann nicht bezwecken, ob und was ich lieben möchte oder nicht. Ich liebe schon, ehe ich weiß, dass ich liebe."

Die abstrakte Freiheit, die vorhin „utopisch" genannte, ist eine „Scheinfreiheit", eine negativ bestimmte Freiheit: „Liebe ist meine eigentliche Freiheit, nämlich erfüllte Freiheit, in der ich mich aufschwinge." Jaspers bezeichnet die Liebe als das „Band des Seienden", als das Einzige, was wirklich trägt und Bestand hat auf dieser Welt: „Liebe ist nicht wirklich in weltabgewandter Ferne ... Durch alles Wissen in seiner Trostlosigkeit, durch den Schein des Bösen als Grund der Welt, durch den Schein des wesenlosen Versinkens alles Wirklichen in der endlosen Zeit vollzieht allein die Liebe den Durchbruch, in dem alles wie gerettet aussieht und der Liebende sich gerettet weiß. Nur der Liebe zeigt sich das Wesen noch in der Verkehrung, das Mögliche noch im scheinbar unmöglich Gewordenen."

Die Liebe öffnet. Erst liebend vermag der Mensch die Wirklichkeit zu sehen, da diese Kraft den „ursprünglichen Gehalt" offenbart. Schließlich geht die Liebe auf die Transzendenz aus und verbindet uns, so schreibt Jaspers mit Worten einer metaphysisch getönten Sprache, mit dem „Sein vor der Schöpfung", mit der „abgründigen Transzendenz", mit dem verborgenen Gott.

Erst durch die Liebe werden wir ganz wir selbst. Die Individualität kommt zu sich selbst, indem sie auf ihren Eigenwillen verzichtet. Der Mensch sucht, wodurch er besser wird, er orientiert sich am Höheren, an Idealen und Ansprüchen, entwickelt sich und entfaltet sich zum Guten hin. Die Liebe wird realisiert durch den existenziellen Entschluss, der der unverbrüchlich bestehende Weg der Treue ist – „die Liebe zum treuen Menschen ist etwas unersetzbar Gewisses, das ich nicht weiß, sondern dem vertrauend ich erst ich selbst bin" –, einer Treue, die als „unbedingte Bindung" zum Mitmenschen mehr ist als „moralische Verlässlichkeit" und „Unveränderlichkeit des Temperaments", auch wenn sie dies beides in sich schließt. Diese Haltung des Charakters ist befestigt in einem „metaphysischen Grunde", und die Liebe ist „Selbstwerden mit dem anderen Selbst in Kommunikation". So formuliert Karl Jaspers resümierend: „Personale Liebe ist eigentlich Liebe, erste und ursprüngliche Liebe, in der alle Liebe zum Sein seine Erfüllung findet. Die Ableitungen in narzisstische Selbstliebe der empirischen Person und in die Vergötzung des Anderen zeigen durch ihren Verfall nur umso entschiedener das Ursprüngliche: die Liebe zur immer einzigen, unersetzlichen Person als Quelle aller Liebe … Nur der Liebe erschließt sich Sein und Wahrheit. Ohne Liebe versinkt beides. Der Lieblosigkeit bleibt übrig die Partikularität der Dinge, ein leeres Sein im Schein von Gestalten und Gedanken. Sein und Wahrheit offenbaren sich nur dem Sein dessen, der erfährt und denkt unter dem Antrieb der Liebe."

Literatur

Die Zitate stammen aus den nachfolgend genannten Werken. Die Schreibweisen wurden der gegenwärtig mehrheitlich gebräuchlichen (und mehrfach reformierten) neuen deutschen Rechtschreibung angepasst. Da es sich bei diesem Werk um ein Buch mit dezidiert einführendem Charakter handelt, welches sich in besonderer Weise an interessierte Leserinnen und Leser ohne philosophische Vorbildung, aber mit ausgeprägter, im eigentlichen Sinne philosophischer Neugierde handelt, wurde auf die übliche Zitierweise mit Fußnoten und Anmerkungen um der besseren Lesbarkeit willen verzichtet. Die Darstellung ist somit orientiert an Fontanes berühmtem Diktum: „Es ist kein Nachteil, verstanden zu werden." Sollte es gelingen, mit Hilfe dieser populär gehaltenen Schrift die „Lust auf philosophisches Denken" zu befördern oder gar, aus neu erwachter „Liebe zur Weisheit", zu vertieften, eigenständigen wissenschaftlichen Studien hinzuführen, so wäre ihr Verfasser sehr zufrieden.

Augustinus, Aurelius: Deutsche Augustinusausgabe. Werke in deutscher Sprache. Hrsg. u. übers. v. C. J. Perl u. a. Paderborn etc. 1955 ff.

Boros, Ladislaus: Der gute Mensch und sein Gott. Olten – Freiburg im Breisgau 1971.

Ders.: Aus der Hoffnung leben. Zukunftserwartung in christlichem Denken. Olten – Freiburg im Breisgau 1968.

Dostojewskij, Fjodor: Verbrechen und Strafe. A. d. Russischen übers. v. Swetlana Geier. Zürich 1994.

Guardini, Romano: Ethik. Vorlesungen an der Universität München (1950–1962). Aus dem Nachlass hrsg. v. Hans Mercker. Unter Mitarbeit v. Martin Marschall. 2 Bd. Mainz – Paderborn 1993.

Ders.: Tugenden. Meditationen über Gestalten sittlichen Lebens. Würzburg 1963.

Hegel, Georg Wilhelm Friedrich: Werke. Auf der Grundlage der Werke von 1832–45 neu edierte Ausgabe. Redaktion Eva Moldenhauer u. Karl Markus Michel. Frankfurt a. M. 1969/70.

Howald, Ernst (Hrsg.): Die Anfänge der abendländischen Philosophie. Fragmente und Lehrberichte der Vorsokratiker. Übers. v. Michael Grünwald. Zürich 1949.

Jaspers, Karl: Einführung in die Philosophie. Zwölf Radiovorträge. Unveränd. Neuausgabe. München 1971.
Ders.: Philosophie. München 1994.
Ders.: Von der Wahrheit. Philosophische Logik. Erster Band. München 4. Aufl. 1991.
Kant, Immanuel: Sämtliche Werke in sechs Bänden. Hrsg. v. Wilhelm Weischedel. Mit Übers. v. Monika Beck u. Norbert Hinske. Darmstadt 1983.
Kierkegaard, Sören: Gesammelte Werke. Hrsg. v. Emanuel Hirsch u. Hayo Gerdes. Gütersloh 1979 ff.
Mantegazza, Paul: Die Physiologie der Liebe. A.d. Italienischen v. Eduard Engel. Jena 1877.
Nietzsche, Friedrich: Kritische Studienausgabe in 15 Bänden. Hrsg. v. Giorgio Colli u. Mazzino Montinari. 2., durchges. Aufl. München 1988.
Platon: Werke in acht Bänden. Griechisch-deutsch. Hrsg. v. Gunther Eigler. Übers. v. Friedrich Schleiermacher. Darmstadt 1990.
Russell, Bertrand: Ehe und Moral. Übers. v. U.C.A. Krebs. Stuttgart 1951.
Scheler, Max: Grammatik der Gefühle. Das Emotionale als Grundlage der Ethik. Ausgew. u. mit einem Vorwort hrsg. v. Paul Good. München 2000.
Schopenhauer, Arthur: Sämtliche Werke. Textkritisch bearb. u. hrsg. v. Wolfgang Frhr. von Löhneysen. Frankfurt a. M. 1986.
Seneca, Lucius Annaeus: Philosophische Schriften. Fünf Bände. Lateinisch-deutsch. Hrsg. v. Manfred Rosenbach. Darmstadt 1989.
Thomas von Aquin: Summa theologica. Vollständige, ungekürzte deutsch-lateinische Ausgabe. Bd. 17 A: Die Liebe (1. Teil). Kommentiert v. Heinrich Maria Christmann OP. Heidelberg – Graz – Wien – Köln 1959.
Xenophon: Erinnerungen an Sokrates. Übers. u. Anm. v. Rudolf Preiswerk. Nachw. v. Walter Burkert. Stuttgart 1997.

Dank

Augustinus schreibt: „Alle Menschen sind in gleicher Weise zu lieben. Da man aber nicht für jedermann sorgen kann, so muss man vornehmlich für jene Sorge tragen, die einem durch die Verhältnisse des Ortes, der Zeit oder irgendwelche andere Umstände gleichsam durch das Schicksal näher verbunden sind.“ – So möchte ich den vielen Menschen von Herzen Dank sagen, die nicht allein die Entstehung dieses Buches begleitet, sondern durch ihre treue Sorge mir beistehen in aufrichtiger Freundschaft und herzlicher Zuneigung. Ohne ihre Nähe und ihre Verbundenheit hätte ich diese kleine Abhandlung nicht schreiben können.

Namentlich danken möchte ich an dieser Stelle meinem Doktorvater, Herrn Professor Dr. Gerd-Günther Grau, dessen philosophischen Anregungen und freundschaftlicher Verbundenheit ich unendlich viel verdanke, auch den Mut zum eigenständigen Philosophieren – und Herrn Professor Dr. Günther Mensching, dem Direktor des Philosophischen Seminars der Universität Hannover, durch dessen Einsatz und Förderung ich seit Jahren als wissenschaftlicher Mitarbeiter am universitären Leben in Verwaltung wie Lehre und am stets neu belebenden Gedankenaustausch mit Studierenden wie Dozierenden teilhaben darf. – Nicht zuletzt danke ich meinem Lektor, Herrn Dr. Bernd Villhauer, für die gute Betreuung und Begleitung meiner Schriften; mit ihm verbindet mich auch die Überzeugung, dass neben gehaltvollen wie tiefgründigen wissenschaftlichen Studien allgemein verständliche, in einem guten Sinne populäre Abhandlungen für die Philosophie heute wichtig sind, vielleicht nicht um ihrer selbst willen, sondern weil diese Schriften wegweisend sein mögen, damit so manche Leserin, so mancher Leser still für sich oder mit anderen selbstständig zu philosophieren beginnt.